U0793501

《潮汕文库》大型丛书组委会

主　任： 顾作义　方健宏　许钦松

副主任： 周镇松　曾晓佳　赵　红　方赛妹　罗仰鹏

委　员： 许永波　徐义雄　黄奕瑄　邱锦鸿　饶　敏
林　农　刘雨声　陈荆淮　陈海咏

《潮汕文库》大型丛书编委会

顾　问： 饶芃子　曾宪通　陈平原　陈春声

主　任： 顾作义

副主任： 罗仰鹏　林伦伦　徐义雄

委　员：（按姓氏音序排列）
陈海忠　陈汉初　陈荆淮　黄　挺　刘洪辉
倪俊明　吴二持

《潮汕文库》大型丛书编辑室

成　员： 黄晓丹　曾旭波　林志达

潮汕文库·文献系列

王弘愿年谱 冯达庵年谱简编

陈雪峰 著

暨南大学出版社
JINAN UNIVERSITY PRESS
中国·广州

图书在版编目（CIP）数据

王弘愿年谱 冯达庵年谱简编/陈雪峰著．—广州：暨南大学出版社，2018.4
（潮汕文库．文献系列）
ISBN 978－7－5668－2072－3

Ⅰ．①王… Ⅱ．①陈… Ⅲ．①王弘愿—年谱②冯达庵—年谱 Ⅳ．①B949.92

中国版本图书馆CIP数据核字（2017）第038148号

王弘愿年谱 冯达庵年谱简编
WANGHONGYUAN NIANPU FENGDAAN NIANPU JIANBIAN
著者：陈雪峰

出 版 人： 徐义雄
项目统筹： 黄圣英
责任编辑： 何镇喜
责任校对： 亢东昌
责任印制： 汤慧君 周一丹

出版发行： 暨南大学出版社（510630）
电　　话： 总编室（8620）85221601
营销部（8620）85225284 85228291 85228292（邮购）
传　　真：（8620）85221583（办公室） 85223774（营销部）
网　　址： http://www.jnupress.com
排　　版： 广州市天河星辰文化发展部照排中心
印　　刷： 广东广州日报传媒股份有限公司印务分公司
开　　本： 787mm×1092mm 1/16
印　　张： 12.5
字　　数： 298千
版　　次： 2018年4月第1版
印　　次： 2018年4月第1次
定　　价： 42.00元

（暨大版图书如有印装质量问题，请与出版社总编室联系调换）

《世灯》月刊上的王弘愿坐像

百度“唐密贴吧”中的冯达庵肖像

自傳

馮達庵

我姓馮，名宝瑛，別号達庵，一八八六年二月二十一日出生於惠州。籍貫雖屬博羅，实則遷居惠州城已五世矣。父親是当地小商家，可以維持一家生活。我七歲（足歲計）便入私塾讀書，直至十五歲三月考入前清公立惠州中学。十八歲二月考升廣东高等学堂（原名廣东大学堂）。二十歲十一月，選充外国遊学生；先在廣州設館補習英日語言。当時同学多有革新思想；遭粤督岑春煊之忌，中途下令解散。時在一九零六年八月也。次年二月我往廉州中学教書，連續四年。辛亥革命民国肇興，一九一二年（即民国元年）三月，我在廣州民治日報社任编輯，社長楊叔陽，係遊学館同学。次年廣东討袁軍失敗，偽当局以我報有

百度“唐密贴吧”中的冯达庵自传手稿（1）

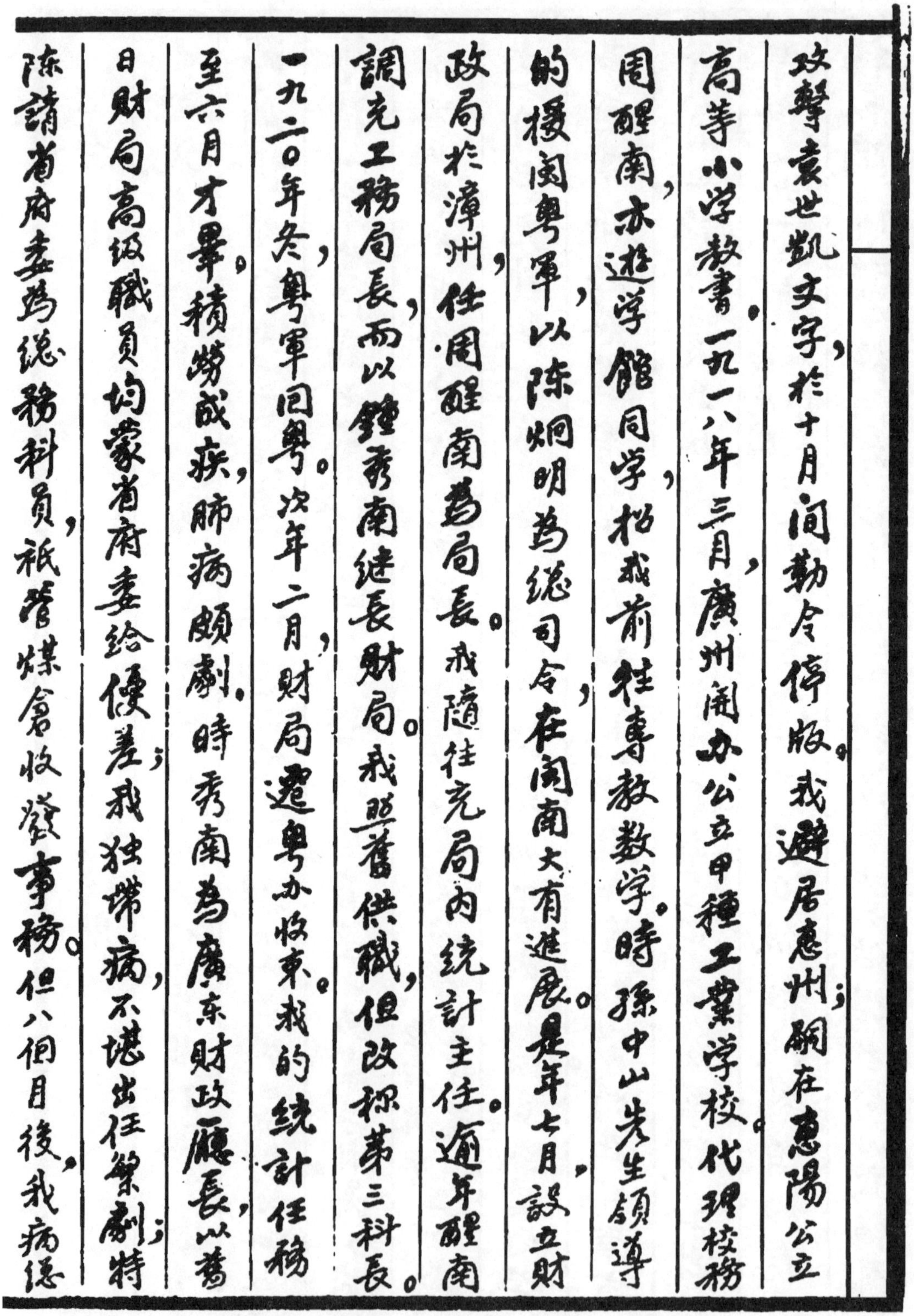
攻擊袁世凱文字，於十月間勒令停版。我避居惠州；嗣在惠陽公立
高等小学教書。一九一八年三月，廣州闽办公立甲種工業学校，代理校務
周醒南，亦進学館同学，招我前往專教数学。時孫中山先生領導
的援閩粵軍，以陳炯明為總司令，在閩南大有進展。是年七月，設立財
政局於漳州，任周醒南為局長。我隨往充局內統計主任。逾年醒南
調充工務局長，而以鍾秀南繼長財局，我照舊供職，但改稱第三科長。
一九二〇年冬，粵軍回粵。次年二月，財局遷粵办收束，我的統計任務
至六月才畢。積勞成疾，肺病頗劇。時秀南為廣東財政廳長，以舊
日財局高級職員，均蒙省府委給優差；我独帶病，不堪出任繁劇；特
陳請省府委為總務科員，祇管煤倉收發事務。但八個月後，我病總

百度“唐密贴吧”中的达庵自传手稿（2）

日本真言宗胎藏界的大日如来画像，珍藏于潮州开元寺

总 序

潮汕文化历千年久远，底蕴渊深，泱泱广袤，又伴随着潮人的迁播而兼收并蓄，独树一帜，是中华文明中的重要一脉。

秦汉之前，潮汕囿于海角一隅，与中原殆少来往；自韩愈治潮，兴学重教，风气日开，人文渐著。宋朝文教兴盛，前七贤垂范乡邦；明朝人才辈出，后八贤称显于时。明清以来，粤东地区借毗邻大海的地理优势，与域外商贸频仍，以陶朱端木之业，成中西交汇之势，造就多元开放的文化格局。饶宗颐等学界巨匠引领风骚，李嘉诚等商海翘楚造福民生，俊采星驰，郁郁称盛。

而今国家稳步发展，蓬勃兴盛，潮汕地区凭借深厚的历史积淀，务实进取，努力发展传统文化及其产业，如潮剧、潮乐、潮菜、工夫茶、陶瓷、木雕、刺绣等，保持并革新精巧特色，在世界各地广泛传播，备受青睐。更有海外潮人遍布全球，为经济文化交流引桥导路，探索共赢模式，拓宽发展空间。

为促进潮汕文化的传承与创新，进一步推动潮汕文化“走出去”，在广东省委宣传部的大力支持下，海内外学者编写《潮汕文库》大型丛书。本丛书包括文献系列和研究系列，涉及历史、文学、方言、民俗、曲艺、建筑、工艺美术等多方面，囊括影印、笺注、点校、碑铭、图文集、口述史等多种形式，始终秉承整理、抢救传统文化的原则，尊重潮汕地区的家学渊源和治学传统。以一腔丹心，在历史沿袭中为文化存证，修旧如旧，求新而不媚俗于新；以一笔质朴，在字斟句酌中为品质立言，就事论事，求全而不迷失于全；以一纸恳切，在纷扰喧嚣中为细节加冕，群策群力，求深而不盲目于深。惟愿以此丛书，提升潮汕文化品位，凝聚海内外潮人，齐心发展，助力腾飞。

在成书过程中，广东省委宣传部高度重视，协调汕头、潮州、揭阳、汕尾市委宣传部，委托潮汕历史文化研究中心、韩山师范学院、暨南大学出版社组织编写与出版。海内外潮学研究专家倾注笔墨，潮汕历史文献收藏机构及热心人士鼎力襄助，在此一并致谢！

《潮汕文库》大型丛书编委会

2016 年 7 月

自 序

潮汕地区地处闽粤之交，佛教氛围十分突出，即使放眼全国，潮汕佛寺密度之大，也不亚于江浙一带。千百年来，潮汕地区高僧辈出，有影响的大居士却屈指可数。近代，岭东竟然冒出一位密宗大居士王弘愿，潮汕俨然成为汉地密宗复兴的重心，这是潮汕人的福分，也是广东人的福分，更是中国佛教的福分。王弘愿竭力弘传的正是中国失传已久的唐密——其发展形态即是东密。将日本东密引入中国，王弘愿之功甚伟！

王弘愿可谓是宋代大峰祖师之后，潮汕人在佛教界的影响最大者。大峰祖师名字在潮汕家喻户晓，而一般潮汕人却不晓得王弘愿。如此情况，和后来潮汕地区密宗地位丧失有关，也和潮汕人的佛教取向有关，普通潮汕人注重佛教信仰的实用性和世俗性，对复杂佛理不屑了解，能认真阅读王弘愿著述者更是很少。有鉴于此，厘清王弘愿生平事迹是完全必要的，这有助于潮汕地方史研究，也会让更多人了解一位密宗大德的不凡一生。

至今清楚记得，公元二〇〇〇年在广州中山大学读研时，读过佛学研究者邓子美的一本中国近代佛教通史，第一次看到王弘愿名字。书中介绍王弘愿只有一二百字，却让笔者倍感兴奋，原因有二：其一，王弘愿是广东潮州人，笔者出生于饶平县（今属潮州市），王弘愿和笔者算是同乡；其二，王弘愿曾被聘请为广州中大讲师，参与广东通志馆修志工作，当时中大校长是大埔县人邹鲁，而本人就学于中大，在此南国学府读了本科和研究生。多年后，笔者还了解到，一位来自北方的中大学生以王弘愿研究作为论文课题，同样因在中大图书馆查阅资料，发现王弘愿和中大关系的蛛丝马迹。相较这位中大学生，笔者和王弘愿还多了一层同乡关系。

可惜，尽管读研时的导师研究近代思想文化，却不是专攻佛教史的，他不支持佛教研究，而且佛教名相复杂，研究佛教、特别是比较生僻的密宗，更是一般研究生所不敢为。

笔者的硕士毕业论文是关于陈济棠时期的一所广东省立高校。尽管长期没有动手佛学研究，本人对王弘愿的关注一直没有停止过。迟至公元二〇一四年，笔者才真正开始整理王弘愿的研究资料。这时，距离第一次看到王弘愿的名字，已经有十多年了。

编撰王弘愿年谱时，发现王弘愿自述，“四十始读华严”，《华严经》是佛教中的一部大经，王弘愿早年学习韩愈文法，是由儒入释的奇人。笔者研究王弘愿时，恰好也是四十岁，按孔子的说法，“四十而不惑”。王弘愿如果有知，相信会拍手称叹此事，这不仅是一种巧合吧？

王弘愿生活在风云激荡的近代时期，他由儒入释，由显入密，最终选择密宗为努力方向。研究者不难发现，近代中国存在各种救国思潮，佛教是其中重要一种，近代以其他身份开始、最终皈依佛门者并不少见，如：巨赞早年是中共党员，后来归心佛门；李叔同原是一名大才子，以律宗大德身份终老；圆瑛少年是举人，舍弃科举之路成为佛界龙象……佛学悲智双全，信解行证并重，皈依佛门者是很多知识人的选择。至于成佛有无数法门，密宗只是其中之一，王弘愿选择密宗，和很多皈依显教的大德相较，路径有所不同，理念却是相似的——摆脱自身苦楚，拯救世道人心，为国为民努力。

四十岁，是人生的里程碑之一。就笔者而言，至四十岁时经历不少事情，看过太多高谈主义者往往沦为民众不齿的败类。多年思索促使笔者相信：儒释道是几千年中国传统文化的支柱，是中国人精神的真正所在，也是以后中国人价值的回归。笔者整理王弘愿年谱，与其说是基于佛学志趣，不如说是理念选择使然。

王弘愿年谱之后是冯达庵居士年谱简编。冯达庵为王弘愿传法弟子中最重要者，他是惠州人，长期居于广州。中大钟东教授认为，把王弘愿之高徒冯达庵阿阇黎的年谱附在后面，让他们师徒年谱合在一起，变成合谱的形式，更有利于读者了解二十世纪密宗的传承情况，让人对于密教在近现代中国的主要成就，有较为完整的认识。师徒二人年谱合在一起出版，此前已经有先例，比如一九八七年台湾新文丰出版公司就把王弘愿译的《密教纲要》和冯达庵的《学密须知》合编在一起，所以，师徒二人年谱合刊，是完全可行的。

本人学识有限，平日忙于生计，能花几年宝贵时光编写密宗人物年谱，实是基于对文史和佛学的志趣。年谱存有种种不足之处，希冀大家谅解。

陈雪峰

2017 年 8 月 8 日

王弘愿年谱

目　录

凡　例

一、名号：居士先名师愈，字慕韩，皈佛后，改名弘愿，号圆五居士。又自号四圆居士、宏愿。居士文章署名还经常有“四圆”“圆五”“四圆居”“圆五居”等。受灌顶后得“遍照金刚”名号。文中对谱主一般称王弘愿。

二、民国时期，公历、农历（夏历）往往并用，文中民国时期的月份和日期一般指公历。年谱中如果明确出现农历（夏历），则同时换成公历。

三、佛教名相复杂，而密宗名相对一般读者而言更是陌生。文中对相关佛教名相和谱主交涉人物进行一定解释，方便读者理解。

四、年谱中，附有相应时代大事介绍，以便更好地了解谱主生活的时代背景。至于这些大事和谱主关系如何，是比较微妙的。大体说来，复杂、动荡的时代，人们更易产生人生无常心理，以及对佛教的向往之心。

五、文中的引文，字体一般用仿宋。如果引文中出现错误，则加以说明。

六、年谱以正文为主，辅以附表、附图等，互相发明，互为印证。正文之前有谱主简介、谱主家族情况、谱主所处环境和民国潮汕居士佛教兴起的时代背景介绍。

谱主简介

王弘愿（1876—1937），近代佛教居士。因爱唐韩愈文章，取名师愈，字慕韩，号圆五居士。广东潮安人。初读古书，颇有卓见。后博览西方书籍，探求西学，写下不少提倡新思想的文章，名噪一时，时称“得风气之先”。后于潮州中学任教，前后30余年，并一度出任该校校长。中年后，始对韩愈辟佛之说怀疑，广泛搜求佛典而穷究之。初读《华严经》，对普贤境界有悟而身体力行；继读日僧权田雷斧所著《密宗纲要》，且将它译成中文；后即广探密教经轨，颇有心得。1924年日僧权田雷斧来华，亲临潮安，于开元寺设坛，授予他两部大法。1926年奉权田雷斧之命东渡日本，受阿阇黎位。回国后，设会讲习，引渡有志于密法之士。1928年起，先后在潮安、广州、香港、汕头等地开灌顶坛，几年间受灌顶者数千人。1933年辞去潮州中学教席，住持广州解行精舍，弘扬密教。后被中山大学聘为佛学讲师；同时主修《两广通志》中的《宗教志》。次年回潮州，继续弘法。1937年逝世，葬于广东潮安砚田山。译著有《十八道私勘重制两部曼荼罗通解》《大日经疏会本》等。[①]

按：上述的《密宗纲要》是《密教纲要》之误。

---

① 张志哲主编：《中华佛教人物大辞典》，合肥：黄山书社，2006年，第1101页。

谱主家族

潮州王氏之上溯，载于王弘愿撰《揭阳王氏大宗祠记》：

传云“王氏皆王者之后”，而吾族则系出周灵王太子晋。晋之东渡，延绵六朝，尤重门第，而王氏实为弁冕。唐末有审知者，以检校刑部尚书、同中书门下平章事，节度威武军，封郎邪郡王。后梁兴，晋封闽王，有福泉等州五，薨谥“忠懿”。五传而并于南唐，子孙散居闽南泉漳，有迁赣迁浙者。而忠懿之玄孙名坦者，实始入潮。坦公之曾孙赠礼部尚书、正议大夫昌国。正议公生四子：长大宝，南宋高宗建炎间，登进士榜眼及第，仕至礼部尚书，封开国男，为一时名卿；弟大鼎、大圭，并以进士任郎官；季大纲，任东莞县。公兄弟贵显，子孙繁衍，凡潮州之王氏，大率自名公兄弟胤。凡潮州王氏之祠宇，大率祖闽王，而以尚书公兄弟配。又上祀正议公及坦公。坦公者，入潮之始祖也。①

王弘愿后撰《世父春海先生家传》，该传可助研究王弘愿先祖来源：

君讳洪，字文命，号春海。世居潮州海阳。五季之世，王审知节度威武军，领有福泉汀建漳诸州地，晚得王号。其后子孙流散，转徙闽粤。宋之初渡南，揭阳人王大宝者，起家甲第，致位尚书锡爵，号名臣，名迹载在史传。潮州王氏，大率尚书裔也。当明清之交，有明恺者，自埠庵镇之水吼桥，载家室迁于郡城之下市，是为君五世祖。越六传，至君祖赠朝议大夫讳熙发，又迁于仁贤坊仙街头，设肆砺器晶玉焉。朝议公早殁，有子二人，长为布政司经历衔赠朝议大夫，讳家香，号兰亭。次为候选同知奉政大夫，讳家桂，号丹亭。丹亭，师愈大父也。时生方七月，然二公能勤慎自奋，克殖荷其家，品望推戚里。有子十余人，皆有名行。或起家科第，故仙街头王氏，颇有望族声。②

世父即伯父。上述的“埠庵镇”应是庵埠镇之误。庵埠镇于 1993 年始为潮安县城。王弘愿之父是读书人，早逝。对王弘愿成长较重要的是其母。王弘愿《先母行述》，自述其母洪氏及一家事情：

先母，姓洪氏，阃号克端，外王父海阳生员讳锡珪次女也。年二十一，归吾先考讳淦号丽生府君。先母擅女红。逮事王父母，王父有子六人，先君最幼，孙曾绕膝。诸妇、孙妇敬事隆谨，皆有大家风范，而吾母独为祖母薛氏所钟爱。先母生子三，长弘愿、次邦秀、次叔谦。女一，适邑生员陈钟镛。洪家故邑故富，擅池台之胜。至外王父稍稍不及前时，然尚温饱余裕。吾家当王父时，亦子侄科名显达，家有赢资。迨王父之殁，伯父某以

① 《揭阳王氏大宗祠记》，王弘愿著述，于瑞华主编：《密教讲习录》（伍），北京：华夏出版社，2009 年，第 309 页。

② 《世父春海先生家传》，王弘愿著述，于瑞华主编：《密教讲习录》（伍），北京：华夏出版社，2009 年，第 30 页。

不善经纪，又多糜滥，商业骤倾。先君幼聪慧，弱冠补博士弟子员。不知商货事，又禀赋弱，旋弃养。当是时，弘愿年十二，诸弟妹益幼弱，皆仰吾母而哺也。母治家勤俭，能持大体，有丈夫风识。骤贫且寡，衣食维艰，而不使儿子失学。弘愿稍长，知读书，求《史记》于市。吾母所给直，从质库中来也。逮弘愿稍能自立，妥葬先君，虔治虞事，宾友来集。长男显智生六年矣，能从弘愿后礼谢亲友。吾母乃喜慰，谓似弘愿儿时也。先祖母弃养，年八十余矣。然先母每念及，尚悲涕出，谓不及见弘愿之长成也。长姑黄，晚年贫甚，每来吾家寄食。人颇有厌之者，而吾母独善待之。其于他人皆有德意，故吾母之殁，戚族中多叹息泣下者。先母殁于清宣统三年闰六月，年五十有八。其行实颇见于大埔温廷敬先生所为"像赞"，谨补述之云。

中华民国十八年十二吉旦

男弘愿涕述[①]

王弘愿乡人饶锷（国学大师饶宗颐之父）的《书王弘愿先生先母行述后》，载饶锷《天啸楼集》卷二，此文对了解王弘愿的成长环境有一定参考价值：

弘愿先生既述其母洪太孺人行实，书来征言。余读之，太孺人非有过人之才、绝特之行，盖先生所述者，仅记其事。尊章能得其惧心，抚儿子，能使不失学与待人接物，咸有德意，如斯而已。呜呼！先生可谓善于称述其亲也。与夫承姑、教子、仁人，此三者，妇女之庸行也，然《诗》《书》所载，古后妃夫人之德，固莫非庸。自汉以降，妇行之能守其庸者，鲜矣。于是遂以不庸者为异，而节烈美才乃为世所取称。迨至近世，妇行之藩篱益决，微特三代之庸者，弗可得闻。即中古之不庸者，亦几如凤毛麟角。然则太孺人之行固庸，岂不有合于古后妃夫人之德，而又得见于今之世，不尤弥足贵乎？况先生秉母之教，而卒以文学知名于时，其言足信。今而传后，今以足传之笔述足贵之事。太孺人洵不朽矣。而余用先生命，谨缀数语，附史其末，虽不文，亦足引以自重云。[②]

洪氏生长子王弘愿、次子王仲岚（邦秀）、三子王叔谦。王弘愿自述兄弟之事："吾兄弟出身贫寒，生丁离乱，然能于险陂中安隐生活，今逮中寿，天之所以予我者已厚。然其间之忧患颠顿，都已饱经；亲友间之夭折或得祸以危其生者，见亦不少。即次弟仲岚，其墓木亦拱矣。"[③]

王弘愿之弟王叔谦后长居广州，受王弘愿影响，由信景教（基督教）而转信佛教，其事见陈历典撰《叔谦王大居士六十开一寿言》：

景教之输入中国也，至清末信者始众。叔谦居士，吾师圆五居士之贵介弟也。慨慷有卓识，论事独标灼见。虽操陶朱术，于社会科学非所习；然衡论群治是非，洞见社会症结，岭东学子留学省垣与居士相识者，多佩其识见超卓。初，居士信景教甚笃，赞助教会，以为可救中国也。既经历变故，悟世相无常，且薰陶于吾师所敷演之妙谛，遂返本而

---

① 《先母行述》，王弘愿著述，于瑞华主编：《密教讲习录》（伍），北京：华夏出版社，2009 年，第 316 – 317 页。

② 《天啸楼集》卷二，潮汕历史文化研究中心编，陈贤武、黄继澍整理：《饶锷文集》，香港：天马出版有限公司，2010 年，第 56 – 57 页。

③ 《纥哩（二合）说寿叔谦》，王弘愿著述，于瑞华主编：《密教讲习录》（伍），北京：华夏出版社，2009 年，第 311 页。

皈心大觉焉。岁戊辰，予来广州，谒见居士。登楼，明镜香炉，供图极乐世界。庋藏佛书颇多，盖吾师之寄与居士者。予因叩居士所得，居士以为佛教非其他宗教可比，无漏圆实，独得心源。且因果轮回之理，尤为人生安心立命之规则也。①

附：

谱主相关家庭成员

祖父：王丹亭，讳家桂，丹亭是号。王弘愿称其为“丹亭府君”，曾在清末光绪年间修过潮州开元寺。一共生六子。

祖母：薛氏。

外祖父：洪锡珪，海阳生员。

父亲：王月轩。是王丹亭最小的儿子。

王弘愿撰有《题家月轩先生遗照》：“吾宗月轩子，遗范此静嘉。须眉呼欲活，有子能克家。（仁谷，拱之君祖；月轩，父也。弘愿记）”② 王弘愿又在《先母行述》中称“先君幼聪慧，弱冠补博士弟子员”，“先考讳淦号丽生府君”。

母亲：洪氏（前已述），阃号克端。洪锡珪的次女。

兄弟：次弟仲岚（邦秀），早逝。三弟叔谦，小王弘愿四岁。

姐妹：一人，适邑生员陈钟镛。

妻子：陈氏，邑先达陈公诗柳女，母翁氏。陈氏和王弘愿同年生，十八岁嫁给王弘愿。

子女：王弘愿本人有子女共五人。

长子显智，毕业于中山大学农科，后为中山大学植物研究所员。娶柯氏，生二女一男。

次子福慧，业商，终身持素不婚。他是王弘愿病逝前传法的四人之一。

长女慧芳，幼残，不嫁，逝于民国十七年（1928）农历六月初七。

次女荣滋，嫁给同邑陈正之，修业厦门集美女子师范，尝充揭阳县立中学女学主任。

幼女慧兰，亦号慧子，毕业于广东省立第四中学，终生不嫁，能通日文、梵文，译《真言宗小史》，书《悉昙十八章》行世。

女婿：陈正之，王弘愿同邑人。

孙辈：据陈历典在民国十九年（1930）所述，“有孙一，孙女二，皆幼”。

---

① 陈历典：《叔谦王大居士六十开一寿言》，王弘愿著述，于瑞华主编：《密教讲习录》（伍），北京：华夏出版社，2009 年，第 428 页。

② 《题家月轩先生遗照》，王弘愿著述，于瑞华主编：《密教讲习录》（伍），北京：华夏出版社，2009 年，第 455 页。

附：

记王弘愿居士之家庭①

王弘愿居士，今年五十九岁。夫人陈氏，齐年，无妾。长女慧芳，早亡，临殁，念佛坚定，弘愿居士有记。

次女年三十五岁。嫁陈正之。

长男显智，年三十二岁。娶柯氏，生二女一男。

次男福慧，年二十八岁。研精佛理，有志修持，立誓不娶。

三女慧兰，亦号慧子。年二十三岁。亦研佛理，有志修持，立志不嫁。

姻亲：

王洪，字文命，号春海，王弘愿的世父（伯父）。是兰亭公（讳家香，丹亭公兄弟）第六子。春海公生有三子，长王其敬，恩贡生，先春海公一年卒。次王其敏，次王其铎。春海公有二孙，均早逝。

王子英，王福慧称对方是“族伯父”。

王永锡，王弘愿的堂侄。

黄氏，王弘愿在《先母行述》中称其为“长姑”。

洪梧孙及子洪令闻，是王弘愿的母家亲人，洪令闻是王弘愿外甥。

陈纯慧，王弘愿妻之堂弟。

陈钟镛，王弘愿的妻舅。

纯密法师，潮汕密宗人物，师从南澳叠石岩仁智大师的高徒怡光法师，曾到日本学习东密，王弘愿是纯密的表姑丈。

吴少荃，曾任潮安县长，王弘愿称其为“世叔”，曾受权田雷斧灌顶。

以上人物，据本年谱析出。

---

① 杜腾英：《记王弘愿居士之家庭》，《世灯》月刊第3期，1934年9月。

谱主生活的潮州古城

查《潮州日报》(2015 年 9 月 1 日)之“视点”专版，该版对潮州老市区的义安路“新街头”报道，其中有王弘愿生活地点及王氏宗族的相关介绍，列举如下：

潮州古城区的义安路，自明代以来便是府城核心街道。然而在旧时，义安路另有其名。据清代乾隆年间《潮州古城地形图》标注，义安路自宰辅巷以北称为“府前街”，中段称为“书坊街”，如今的西马路至开元路这一段，便是老府城人惯称的“新街头”。

……

说到新街头，潮州有句歇后语：“新街头目(眼)镜——在人呷(合)目。”意思是，新街头销售的眼镜，以每位顾客的具体需求量身定制。这句歇后语并非凭空杜撰，清代至民国年间，新街头确有一王姓家族，专门制售水晶眼镜。由于手艺高超，能够“在人呷目”，生意极其红火。资产丰厚的王家建宅立祠，培养子弟读书进取，其族人中不乏贤才名士，如曾为饶宗颐先生老师的王弘愿等。

以上“视点”专版还提及：

开元中学所在地，原来是王氏祠堂和镇平会馆。王氏祠堂自然是王家发迹后所建，不仅如此，王家不甘居“士农工商”四民之末，开始培养子弟读圣贤书、考取功名。后来，王家出了不少人才，相传仅举人便有三位，更不乏出仕为官者。……镇平会馆是清代镇平县(今蕉岭县)客商设在潮州的团体组织，清末名贤丘逢甲曾设新学——同文学堂于此，后来移至汕头。

……

王家祖居潮安区庵埠镇水吼桥一带，明末清初举家迁至府城下市(今牌坊街义井市场一带)，其后一位叫王熙发的祖辈，捐官“朝议大夫”，迁入新街头置业，于清代道光五年(1825)创立了“王振和”水晶眼镜商号。王熙发有二子：长子名叫王家香，官至布政司经历，赠朝议大夫；次子名叫王家桂，官候选同知、奉政大夫。

……

掌柜王显群(1925—2005)，是“王振和”商号第五代传人。与王显群同时期的王氏族人中，还有知名国画家王显诏(1902—1973，曾任教省立金山中学和韩师，中国美术家协会广东省分会理事)，以及知名宗教人士、被称为“中国近代弘扬密宗第一人”的王弘愿(1876—1937，原名师愈，字慕韩，王显群堂叔)。

尤为值得一提的是，王弘愿早年掌教省立金山中学，为国学泰斗饶宗颐先生的老师。饶公曾回忆道：“我的古文教师王慕韩却有一样东西给了我很大影响，那就是做古文要从韩文入手……现在我还是要说作文应从韩文入手，先立其大，先养足一腔子气。”[①]

按：王弘愿对饶宗颐的影响，除了作文，还使他对佛教有偏爱。饶宗颐自称：“少日趋庭，从先君钝盦先生问业，枕馈书史，独喜涉猎释氏书。又得王弘愿师启迪，于因明及密宗，初窥门径。”[②] 饶宗颐又称：“自童稚之年攻治经史，独好释氏书，四十年来一直几无日不与三藏结缘。”[③]

潮州虽然是小城，但多年来一直是粤东政治、文化中心。鸦片战争后，潮州地位渐为汕头代替，但潮州仍活跃着一大批旧文人，古城文化气氛十分浓郁，闵定庆提及当年潮州旧文学争奇斗艳的局面，可见当年潮州古城传统文化之盛：

民国初年，王慕韩崛起于潮州文坛，大力倡导韩文，在他身边渐渐形成了一个颇具规模的古文创作群体。第二，曾点翰林的吴道镕来潮州主韩山书院、金山书院讲席，京师大学堂首届文科毕业生姚梓芳返潮执教，相继将“桐城文”引入潮州……潮人出现了“远宗退之而近法桐城”的转向。……阮元抚粤、督粤十多年，正值乾嘉学派如日中天之际，他将乾嘉朴学引入广东，建学海堂延请考据名家系统讲授考据学方法。其中，学海堂肄业生温仲和于光绪二十年（1894）至潮州金山书院讲学……温廷敬先从温仲和学……饶锷、饶宗颐父子又师从温廷敬，接受系统的考据学训练，为文朴茂渊雅，不事雕琢，以事理胜，逻辑性很强。[④]

---

① 《潮州日报》之“视点”专版，2015年9月1日。

② 饶宗颐：《〈梵学集〉小引》，氏著：《饶宗颐东方学论集》，汕头：汕头大学出版社，1999年，第350页。

③ 陈韩曦：《宗颐名说》，氏著：《梨俱预流果：解读饶宗颐》，广州：广东高等教育出版社，2006年，第4页。

④ 闵定庆：《从“韩愈崇拜”到“六一风神”：试论饶锷散文文体学认知的体验化特征》，林伦伦主编：《饶学研究》（新版）第一辑，广州：暨南大学出版社，2014年，第184－185页。

潮汕地区独特的地理、人文环境

潮汕地处中国大陆东南隅、广东省东端，是呈西北—东南走向的狭长地带，东面、南面滨海，北面毗邻福建省，总面积一万三千多平方公里，不及广东省总面积（近18万平方公里）的十分之一。[①] 韩山师院的郑群辉曾对潮汕地区的地理环境、人文环境进行分析，最后总结道：

潮汕北邻福建，海岸相连，福建移民从陆地或海上都可到达潮汕，在文化上与闽南文化有极深的渊源；相对封闭的自然地理区域，使其在闽南文化的基础上，又吸收了广府文化和客家文化的部分因素，最终形成了自己的特色。

就宗教而言，纵观潮汕地区，首先，从远古以来积淀深厚的土著先民的民间信仰，它作为一种土壤，作为一种重信仰的浓厚氛围、一种宗教心理的强大动力，易于接纳外来宗教。

其次，作为中原移民的目的地，自晋代至明代，北方移民多次移入本区，既带来了先进的生产技术，又聚集了各种思想观念，包括宗教。因为与福建闽南地区接壤，其信仰对象、方式、氛围相同，除产于本地的三山国王和风雨圣者崇拜外，在中原地区多次移民潮汕的过程中，因为主要途经福建地区，所以也随之带来了中原尤其是福建地区的宗教信仰。宋代以来，两地交往频繁，恰逢福建佛教发展的繁盛期，潮汕地区佛教也随之进入了一个大发展时期。

再次，由于中国南方地区的宗教信仰呈现多元性、兼容性的典型特征，所以，从古代到近代，各种宗教纷纷登陆潮汕进行繁殖、发酵和混融。佛教作为一种更为高级的宗教，其传入时间较其他宗教要早，其思想观念又较本土一般民间信仰和其他宗教更为系统、精致、高级，一旦传入本地，非常容易生根发芽、开花结果，但也一直受到各种宗教信仰的挑战。为了生存和适应，尤其到了封建社会后期——明清时期，佛教不得不进一步与本土民间信仰相融合，演化成中国化、民俗化的佛教，放弃或改变某些宗教品格，为吸引更广泛的信众，试图占据更广大的生存空间。[②]

---

① 郑群辉：《潮汕佛教研究》，广州：暨南大学出版社，2015年，第14页。

② 郑群辉：《潮汕佛教研究》，广州：暨南大学出版社，2015年，第20页。

民国潮汕居士佛教之兴起

上文论述潮汕传统佛教的兴盛，但到了近代，潮汕僧人总体素质偏低却是不争的事实，这种情况和全国一样。郑群辉论述近代潮汕居士佛教之兴起情况：

民国期间出家佛教之凋敝衰落，已如上述，与之形成鲜明对比的是，居士佛教运动的开展却是蓬勃有生气。20世纪20年代，潮汕各地已有各种念佛社及居士林出现，如创立于1926年的潮州“震旦密教重兴会”、1929年的潮州“诚益友念佛会”、1934年的“汕头密教重兴会”、1934年“浮洋佛教会”、1936年的庵埠“净宗念佛社”、1939年的潮州“净宗念佛会”等，这些仅仅是其中的荦荦大者。其实，各地的居士林林林总总，为数众多，已经难以考证，也无法列举，如上面提到澄海县居士林团体就有十多个。潮汕居士佛教之兴盛可见一斑。这些居士佛教团体，规模较大的普遍设有佛经流通处，有自己的居士林办有林刊，宣扬佛教教义。除了集众念佛诵经、食斋放生外，还与当时盛行于潮汕的善堂类似，会定期不定期地举行一些救困扶危等善事活动。……

居士佛教的兴盛，反衬出当时出家佛教之衰落，不能以正法启信世人，僧人都浑浑噩噩，醉生梦死。

就教外而言，西方宗教如基督教乘虚而入，各种各样的民间宗教也纷纷勃兴，严重挤占佛教等正统宗教的生存空间。第二次鸦片战争后，从1860年起，汕头辟为通商口岸，基督教随西方殖民主义者纷纷涌入，落地生根，依据其传教的热忱、教义的晓畅，以及多采取灵活的诸如医学传教、教育传教等传教方式，实行救困扶危，开办学校，建造医院等服务民生的措施，逐渐赢得中下层人士的好感，信徒日益增多，教堂如雨后春笋般建立起来，与佛、道两教鼎足抗衡。这种外来异质的迅猛渗透，引起秉持中国传统文化思想的知识分子及正统宗教人士的深深忧虑，苦思拯救良策；元明以来，随着佛、道两教走下坡路，白莲教、八卦教、罗教、白阳教、先天道、一贯道等十几种新兴民间宗教先后兴起，并一直流传至近代。这些宗教往往杂糅了儒、佛、道思想，多以秘密结社的形式与政治势力和黑社会相勾结，在民间迅速发展，与佛、道两教争夺信徒，极大地挤压了佛、道两教的生存空间。在潮汕地区，清末民初以来最有影响的民间宗教是先天道、一贯道与天恩道，不少善堂、善社正是这些民间宗教设立的。①

① 郑群辉：《潮汕佛教研究》，广州：暨南大学出版社，2015年，第159页。

年谱正文

光绪二年（1876） 丙子 一岁

农历七月十八日，王弘愿生。生日时间据其弟子陈历典《圆五大居士大阿阇黎耶六十开二寿言》①《庆祝圆五大居士大阿阇黎耶寿辰纪盛》② 所载。

本年，潮州开元寺之万寿宫于本城东府巷曹通判行署。③

附：咸丰四年（1854），邑绅魏哲斋、童思园、辜笠舸、李谨人等，皈依开元寺住持可兴和尚为师，于开元寺诸天阁给社念佛，祈消兵难（时有吴忠恕之乱）。事平后，还于城南“古日庵”，组“潮郡念佛社”，为集体礼拜之所。嗣复聘开元寺释可声教授和板之礼诵及焰口施食全部佛事（包括金刚上师仪规），潮之有居士团体及居士僭为金刚上师之事，自此始。④

征引上节史料意在说明，潮州历来佛教气氛浓郁，密宗传统有一定影响力，王弘愿后来以白衣身份行灌顶之事，和本地佛教传统不无关系。郑群辉在《潮汕佛教研究》一书中指出，“元代佛教在元蒙统治者的扶植下继续兴盛，藏传密宗曾在胆巴帝师贬潮时期一度流行于潮州地区”。⑤ 郑群辉进一步指出：

胆巴的潮州之行，虽然不到两年时间，却是佛教文化史上一件非常重要的事件。他把藏传密宗传入中国南方沿海地带，这在汉藏文化传播史上是值得一书的事。这么一个以神异著称的、闻名全国的金刚上师的到来，加之有驻潮大吏的推崇，并且创建了一所颇具规模的藏式佛寺，必在当时潮汕社会掀起一股藏传密宗的热潮，故史载潮人“倾心佛化”，藏密由此“大显于潮”。但因蒙元政权被推翻后，义军对诸如蒙元文化如帝师殿、宝积寺之类的遗留物及其宗教传承等加以摧毁消灭，而今资料有限，其盛况已无法进行整体描述。但有学者认为，现存开元寺至正年间的“铜云钣”，可看作是元代潮州开元寺已受到藏传佛教密宗影响的实物见证，这与元初胆巴在潮州活动有关，这个论断是有道理的。⑥

本年，潮州总兵方耀拨款在金山顶筹建金山书院，将原建在金山顶的两个火药库分别

① 《圆五大居士大阿阇黎耶六十开二寿言》，王弘愿著述，于瑞华主编：《密教讲习录》（伍），北京：华夏出版社，2009 年，第 370 页。

② 《庆祝圆五大居士大阿阇黎耶寿辰纪盛》，王弘愿著述，于瑞华主编：《密教讲习录》（伍），北京：华夏出版社，2009 年，第 372 页。

③ 《大事纪要》，姚金城主编：《潮汕佛教文化》，汕头：汕头大学出版社，2003 年，第 593 页。

④ 《大事纪要》，姚金城主编：《潮汕佛教文化》，汕头：汕头大学出版社，2003 年，第 593 页。

⑤ 郑群辉：《潮汕佛教研究》，广州：暨南大学出版社，2015 年，第 3 页。

⑥ 郑群辉：《潮汕佛教研究》，广州：暨南大学出版社，2015 年，第 87 页。

搬走。[1] 金山书院后改为中学，王弘愿长期任教于此。

光绪三年（1877） 丁丑 二岁

五月，潮州刮飓风。[2]

光绪四年（1878） 戊寅 三岁

十月二十九日，潮州地震，屋梁发出响声。[3]

光绪五年（1879） 己卯 四岁

七月，潮州秋溪都八角楼火灾，烧毁民房数十间。[4]

光绪六年（1880） 庚辰 五岁

光绪七年（1881） 辛巳 六岁

六月，潮州刮飓风。[5]
八月二十二日，夜，潮州春城楼外暴风骤雨，拔木毁屋。[6]

光绪八年（1882） 壬午 七岁

本年，法国人在潮州城内渔沧巷边建洋楼及天主教堂。潮州城最早的教堂建在上水门附近，后迁于李爷宫巷，是年再迁于此。[7]

光绪九年（1883） 癸未 八岁

本年，潮州开元寺住持永祥和尚，募修罗浮山密因老和尚墓塔及续增《开元寺传灯录》刊行流通。[8]

潮州开元寺在中外文化交流史上具有重要地位。在唐宋以前，岭南第一古刹——广州光孝寺是中外佛教文化交流的门户。近代以来，光孝寺被其他机关占用，其地位一落千丈。而潮州开元寺则得到较好的保护，在中外佛教文化交流中的地位越来越重要：潮州开元寺的僧人走出国门，前往日本学习东密，而东密回传时，潮州开元寺是广东乃至全国的主要弘传基地，所以说近代潮州开元寺的地位相当于唐宋时期的光孝寺，并不是毫无根据的。尤其是在民国佛教的复兴运动中，潮州开元寺的作用尤其突出，可称得上是广东佛教

---

① 《大事记》，潮州市地方志编纂委员会编：《潮州市志》，广州：广东人民出版社，1995 年，第 65 页。
② 《大事记》，潮州市地方志编纂委员会编：《潮州市志》，广州：广东人民出版社，1995 年，第 65 页。
③ 《大事记》，潮州市地方志编纂委员会编：《潮州市志》，广州：广东人民出版社，1995 年，第 65 页。
④ 《大事记》，潮州市地方志编纂委员会编：《潮州市志》，广州：广东人民出版社，1995 年，第 65 页。
⑤ 《大事记》，潮州市地方志编纂委员会编：《潮州市志》，广州：广东人民出版社，1995 年，第 65 页。
⑥ 《大事记》，潮州市地方志编纂委员会编：《潮州市志》，广州：广东人民出版社，1995 年，第 65 页。
⑦ 《大事记》，潮州市地方志编纂委员会编：《潮州市志》，广州：广东人民出版社，1995 年，第 65－66 页。
⑧ 《大事纪要》，姚金城主编：《潮汕佛教文化》，汕头：汕头大学出版社，2003 年，第 593 页。

复兴运动的中心。①

本年，中法战争爆发。

光绪十年（1884） 甲申 九岁

光绪十一年（1885） 乙酉 十岁

八月，大水，秋溪乌藤堤溃四十余丈。②

十二月，朝廷救济潮州水灾。③

本年，法国人在城内渔沧巷原教堂附近购地筹划再建造大型天主教堂；同时，天主教由城区逐步向农村传播。④

光绪十二年（1886） 丙戌 十一岁

光绪十三年（1887） 丁亥 十二岁

三月十五日，潮州地震。⑤

四月，潮州瘟疫流行。⑥

十二月十四至十九日，两广总督张之洞视察潮汕，增拨修建海阳县（今潮安区）堤防和金山书院办学的经费。⑦

光绪十四年（1888） 戊子 十三岁

二月，架设广州至潮州电话线。同年成立潮州电报局，地址在叩齿庵。从此，潮州有了电话和电报通讯。

四月，招商局始设潮州轮船码头。⑧

光绪十五年（1889） 己丑 十四岁

光绪十六年（1890） 庚寅 十五岁

本年，仁智禅师回南澳居叠石岩，传黄檗法脉于潮汕。⑨

---

① 达亮：《东密与潮州开元寺》，《人海灯》季刊，2013 年第 2 期，第 15 – 16 页。
② 《大事记》，潮州市地方志编纂委员会编：《潮州市志》，广州：广东人民出版社，1995 年，第 66 页。
③ 《大事记》，潮州市地方志编纂委员会编：《潮州市志》，广州：广东人民出版社，1995 年，第 66 页。
④ 《大事记》，潮州市地方志编纂委员会编：《潮州市志》，广州：广东人民出版社，1995 年，第 66 页。
⑤ 《大事记》，潮州市地方志编纂委员会编：《潮州市志》，广州：广东人民出版社，1995 年，第 66 页。
⑥ 《大事记》，潮州市地方志编纂委员会编：《潮州市志》，广州：广东人民出版社，1995 年，第 66 页。
⑦ 《大事记》，潮州市地方志编纂委员会编：《潮州市志》，广州：广东人民出版社，1995 年，第 66 页。
⑧ 《大事记》，潮州市地方志编纂委员会编：《潮州市志》，广州：广东人民出版社，1995 年，第 66 页。
⑨ 《大事纪要》，姚金城主编：《潮汕佛教文化》，汕头：汕头大学出版社，2003 年，第 594 页。

光绪十七年（1891） 辛卯 十六岁

光绪十八年（1892） 壬辰 十七岁

三月，潮州地震。[①]

六月，潮州大雨，水涨，江东堤崩。[②]

十一月，潮州严寒，下雨成冰，草木果菜被冻坏，还有人畜被冻死。[③]

本年，金山藏书楼落成，藏书万卷以上。该楼是两广总督张之洞到潮州考察时倡建。[④]

光绪十九年（1893） 癸巳 十八岁

四月，潮州大水。[⑤]

本年，陈氏嫁给王弘愿，事载王弘愿之徒陈历典《王师母陈夫人六十开五寿言》，现引述文中若干情况：

余既识福慧居士，闻道吾师，遂获登堂谒见师母。师母年老矣，而威仪肃整，言语蔼和。器物庋置，秩然有序，华而清，洁以丽。入其室，闻其语，如坐春风中也。师母为邑先达陈公诗柳女，父早丧，母翁氏，贤也。师母闲习母训，工女红。年十八，归于吾师弘愿居士，居士勤学，不治家人产，而以文行卓著社会。然幼失怙，家贫，师母来归时，居士未知名。太师母洪太夫人，苦节持家，而贫瘠彻骨。师母以女红助治家，犹不足，更需典质师母所赍奁具。师母欣然奉献，未尝有闲言也。乃未几而吾师蜚声黉序，馆谷之所入益丰。师母遂得以展其爱好之天能，而其事姑孝，待人和蔼殷勤，贤慧之声，益闻族党矣。盖尝论人之遇境，有天有人，而往往相叶。其品性良者，其遇境往往嘉；其遇境辛者，其品性亦往往劣。此佛家言果报，所以有异熟、等流、增上之诸义也。今以师母论，当其及笄论婚未定时，凡王氏之子弟，皆可以相攸也。然而雀屏之中，独得吾师，虽师母之性质柔和，遇境即不佳，亦堪当受。而天固早许其世间有福人，是以嘉偶于吾师也。

吾师晚而研佛，师母忧惶甚，语人曰："其为人不学则已，学则必穷入深际。"意盖恐其舍家，堕在僧数也。逮吾师研究有得，每为人讲解，师母习其大义，则恍然归心。既从权田大僧正受明灌顶，又从吾师受修持法，治家之暇，日事勤行也。师母育子五，男二，长显智，毕业于广东中山大学农科，今为中山大学植物研究所员。次福慧，业商，深明佛理。女三，长慧芳，已丧，其谢世有入佛之征端。次荣滋，归于同邑陈正之，修业厦门集美女子师范，尝充揭阳县立中学女学主任。幼慧兰，毕业于广东省立第四中学，能通日本文、梵文，译《真言宗小史》，书《悉昙十八章》行世也。孙一，孙女二，皆幼。师母于

① 《大事记》，潮州市地方志编纂委员会编：《潮州市志》，广州：广东人民出版社，1995 年，第 67 页。
② 《大事记》，潮州市地方志编纂委员会编：《潮州市志》，广州：广东人民出版社，1995 年，第 67 页。
③ 《大事记》，潮州市地方志编纂委员会编：《潮州市志》，广州：广东人民出版社，1995 年，第 67 页。
④ 《大事记》，潮州市地方志编纂委员会编：《潮州市志》，广州：广东人民出版社，1995 年，第 67 页。
⑤ 《大事记》，潮州市地方志编纂委员会编：《潮州市志》，广州：广东人民出版社，1995 年，第 67 页。

儿女深爱，而育以义方，故儿女皆卓然有立。……①

门下士陈历典敬言，堂侄永锡谨书

中华民国十九年六月吉旦

光绪二十年（1894） 甲午 十九岁

三至四月，潮州旱。②

五月，大水冲溃社甲堤。③

七月初十，潮州大地震，声如闷雷，从申时至丑时共震七次，第二天再震，日夜共十多次，直至二十七日才停止。④

七月，中日甲午战争爆发，南澳总兵刘永福被清廷派往台湾加强防务，潮州全境戒严。⑤

光绪二十一年（1895） 乙未 二十岁

四月，潮州地震。⑥

本年，王弘愿之长女王慧芳生。⑦ 王慧芳事见王弘愿《故女慧芳临殁坚定记》：

慧芳，余长女也，生逊清光绪乙未。幼患废疾，誓不俪人。迨余信解佛理，导之以觉路，芳信焉，能持观音"大悲不动火界"、弥陀"拔除业障往生净土"诸真言，《弥陀》《普贤行愿》《观音普门》《大乘起信》诸经论，又喜吟《西斋净土论》。而修持未专，盖犹未能忘虚荣念也。

本年，芳生三四十年矣，于四月患伤风咳嗽，医得小愈，而反复多端。比五月末，遂大渐，医谓为不可复救药也。芳事余及其母孝顺，能解彻净土理。既自知不起，则归心极乐，祈往生焉。余遵雨僧正法，为书陀罗尼经被，又以光明曼荼罗为衣，于其卧榻前为坛，修开眼加持秘法。芳心甚喜且感也。

六月初七日下午，三女慧兰为持诵"光明真言"及佛号。既毕，余方为修法。三女见芳以手作招势，曰来来来。事后推验，其见佛欤？芳以私财购团鱼数圆放生，余方为修加持法，忽饬侍疾人请余为书佛字，俾得手执持。余因书决定往生真言梵文与之，而侍疾人已报气绝。迨余法事毕，已气绝四五十分。遍身冰冷，而顶连额独温暖。准之佛说：意殆往生极乐矣！以匪有显证，未敢径书。

初，芳病卧楼房，余妻亦卧病，家人多侍奉余妻。芳独卧病闲，满目昏黑，噤不能声，为状至苦。时芳独心念"观世音菩萨救我"，久之，忽有光明二线至目，而疾遂小愈。

---

① 陈历典：《王师母陈夫人六十开五寿言》，王弘愿著述，于瑞华主编：《密教讲习录》（伍），北京：华夏出版社，2009 年，第 378－379 页。

② 《大事记》，潮州市地方志编纂委员会编：《潮州市志》，广州：广东人民出版社，1995 年，第 67 页。

③ 《大事记》，潮州市地方志编纂委员会编：《潮州市志》，广州：广东人民出版社，1995 年，第 67 页。

④ 《大事记》，潮州市地方志编纂委员会编：《潮州市志》，广州：广东人民出版社，1995 年，第 67 页。

⑤ 《大事记》，潮州市地方志编纂委员会编：《潮州市志》，广州：广东人民出版社，1995 年，第 67 页。

⑥ 《大事记》，潮州市地方志编纂委员会编：《潮州市志》，广州：广东人民出版社，1995 年，第 67 页。

⑦ 《故女慧芳临殁坚定记》，王弘愿著述，于瑞华主编：《密教讲习录》（伍），北京：华夏出版社，2009 年，第 319 页。

又自二日前，已语人，知时期将至。

潮安王弘愿记

中华民国十七年夏历六月初七日[①]

本年，中日《马关条约》签订。

光绪二十二年（1896）　丙申　二十一岁

光绪二十三年（1897）　丁酉　二十二岁

本年,曾参加台湾抗日斗争的爱国志士丘逢甲任韩山书院主讲，在韩山书院任教时，他积极宣传维新救国思想，被守旧势力视为异端。不久，丘逢甲赴潮阳东山书院任教。[②]

光绪二十四年（1898）　戊戌　二十三岁

四月,潮州米价大涨，城内外鼠疫流行。桑浦山狼虎成群出没。东莆（今金石）、上莆（今彩塘）附近各乡中午以后关闭门户，路上断行人。[③]

本年，王弘愿世父（伯父）春海公回乡，王弘愿见之，事载《世父春海先生家传》："君客游久，常十余年不回乡；然闻家有佳子弟者，其欢喜奖拔靡不至。戊戌，以登内艰奔回，师愈只谒，一见尤伟重，多赐书物劝读。"[④]

按：世父一般指伯父。王弘愿撰有《世父春海先生家传》，内载："君，兰亭公之第六子也，幼尤颖异。年十八，补博士弟子员，旋以优行廪上舍。是时江苏巡抚丰顺丁公日昌在籍，颇宏奖儒士，潮州镇总兵官方耀慕焉。君慷慨有大志，状貌魁奇甚伟，故尤为二公所重，礼遇宾上座。然君公正不阿好也，方耀奉治乡斗，权能生死毁人家，君所活冤人多矣。有来谢者，笑却之。"又载："君终于民国元年六月十二日，年七十六。娶郑氏，妾郑氏、林氏、黄氏。子三，其敬，恩贡生，先君一年卒；次其敏，次其铎；孙二。葬北山。"[⑤]

本年，王弘愿补博士弟子员（俗称秀才）。[⑥] 陈历典后叙述其师王弘愿早年励志读书：

吾师圆五居士王弘愿先生者，广东潮安县人。父淦，县学生员，早卒。母洪氏，师幼秉母教。既孤贫无藉，然秉性殊常人。知读书，已志传名后世。论古今史事当否，不肯循常毁誉。每出语，往往惊其前辈，其于文事，特有天授。往往神会唐昌黎伯韩愈之为文

---

① 《故女慧芳临殁坚定记》，王弘愿著述，于瑞华主编：《密教讲习录》（伍），北京：华夏出版社，2009 年，第 319、320 页。

② 《大事记》，潮州市地方志编纂委员会编：《潮州市志》，广州：广东人民出版社，1995 年，第 68 页。

③ 《大事记》，潮州市地方志编纂委员会编：《潮州市志》，广州：广东人民出版社，1995 年，第 68 页。

④ 《世父春海先生家传》，王弘愿著述，于瑞华主编：《密教讲习录》（伍），北京：华夏出版社，2009 年，第 31－32页。

⑤ 《世父春海先生家传》，王弘愿著述，于瑞华主编：《密教讲习录》（伍），北京：华夏出版社，2009 年，第 30－31 页。

⑥ 慧原编：《潮州市佛教志·潮州开元寺志》第八章《人物》，潮州：开元寺，1992 年，第 794 页。

也，故师少署名师愈。既补博士子弟员，乃以慕韩自号焉。[①]

本年，发生戊戌变法。

光绪二十五年（1899）　己亥　二十四岁

四月至五月，潮州鼠疫流行，龙溪都特别严重，仅茂龙一乡便死数百人。[②]

本年，王弘愿考列优行，补廪膳生（俗称廪生）。[③] 王弘愿曾为《圆五居文集》作自序，自述早年自学诸书：

幼时喜文事，研精于韩欧骚选枚马迁固之著书，盖未尝一日离也。比长，欧学东来，凡科哲算诸译籍，颇涉其藩；而于群治国际之义，稍稍摩其垒。时书院未绝废，赍以应试艺，又尝操笔政报肆。顾其时方纵极其才气以警动时人耳目，故余于选刻《缵槐堂文集》时，皆摒去不录；而所录者，又多淡泊，若未曾学问焉者之为文也，余亦自不善之也。[④]

光绪二十六年（1900）　庚子　二十五岁

春夏间，鼠疫继续流行，潮州城受害严重。[⑤]

本年，潮州金山火药库爆炸。震动二百多里，压死十七人。[⑥] 同年，八国联军侵华。

光绪二十七年（1901）　辛丑　二十六岁

本年，《辛丑条约》签订。

光绪二十八年（1902）　壬寅　二十七岁

四月，金山书院改称潮州中学堂，继续招收府属九县学生。原书院山长温仲和任总教习。[⑦]

十二月七日（农历十一月初八），仁智大师在叠石岩圆寂，世寿九十岁。其显亲寺弟子奉骨灰供养，虚云和尚为作《宜兴显亲寺仁智和尚真赞》。[⑧]

本年，潮州发生饥荒、鼠疫。[⑨]

同年，革命党人林义顺集资翻印邹容《革命军》五千册，改名“图存篇”，秘密运往潮州各县，分送各界人士，传播民主革命思想。[⑩]

同年，王弘愿之友陈宝瑜（艮山居士）以疾卒，年三十九。王弘愿曾撰《艮山居士传》：

---

① 陈历典：《圆五居士王弘愿先生之历史》，王弘愿著述，于瑞华主编：《密教讲习录》（伍），北京：华夏出版社，2009 年，第 52 页。

② 《大事记》，潮州市地方志编纂委员会编：《潮州市志》，广州：广东人民出版社，1995 年，第 68 页。

③ 慧原编：《潮州市佛教志·潮州开元寺志》第八章《人物》，潮州：潮州开元寺出版，1992 年，第 794 页。

④ 《〈圆五居文集〉序》，王弘愿著述，于瑞华主编：《密教讲习录》（伍），北京：华夏出版社，2009 年，第 194 页。

⑤ 《大事记》，潮州市地方志编纂委员会编：《潮州市志》，广州：广东人民出版社，1995 年，第 68 页。

⑥ 《大事记》，潮州市地方志编纂委员会编：《潮州市志》，广州：广东人民出版社，1995 年，第 68 页。

⑦ 《大事记》，潮州市地方志编纂委员会编：《潮州市志》，广州：广东人民出版社，1995 年，第 69 页。

⑧ 《大事纪要》，姚金城主编：《潮汕佛教文化》，汕头：汕头大学出版社，2003 年，第 594 页。

⑨ 《大事记》，潮州市地方志编纂委员会编：《潮州市志》，广州：广东人民出版社，1995 年，第 69 页。

⑩ 《大事记》，潮州市地方志编纂委员会编：《潮州市志》，广州：广东人民出版社，1995 年，第 69 页。

陈君宝瑜者，字琼莹，自号艮山居士，邑人也。君性嗜奇古，凡经史子集，骈俪词赋。旁逮碑帖印章，庄老佛耶，外国之学，莫不探讨，而尤精于史法。其于勤学，亦天性也。自其生六七年，已能属对知声病。十二三，为童子应试文，博达可喜。人皆谓君耳目聪明，识智慧敏，远大之器者也。……年十七，补博士弟子员。二十五，举光绪戊子科乡荐。……亦既读二十四史遍矣，以谓例理驳杂，虽迁固于《史》有不免也，则毅然以廓清为己任而从事焉。曾示稿于友人王师愈，且商体例。师愈曰：自苏轼氏逊不敢理《三国志》，君剩饰乃遍二十四史邪，可谓神勇。然未几而君以疾卒矣，年三十九，光绪二十八年也。所著有《改二十四史草稿》若干卷、《粳斋集》若干卷。《粳斋双钩碑帖》若干卷，《庋古阁篆刻自课》若干卷，《图书丛集帖本》若干卷，《图书丛集摹本》若干卷。……君尝遵例报捐江苏知县云。①

《艮山居士传》文末评论：

王师愈曰：甚矣，君之《改二十四史》也，顾属余以唐书。余谓君于此事有难者三焉，曰成难、曰板难、曰传难。然君精力绝人，有巨刃摩天，赤手捕长蛇手段。天之生若而人者，固将以不朽之也。②

光绪二十九年（1903） 癸卯 二十八岁

光绪三十年（1904） 甲辰 二十九岁

本年，日僧高田栖岸来粤，开设支那南部佛教会于广州。时日本教干管真海复往来海阳（即潮安县）、惠来、澄海、普宁等县，设堂传教，潮人入教者数百人，豪商富贾相率加入，其后屡与天主教徒交讧。③

同年，日俄战争爆发。

光绪三十一年（1905） 乙巳 三十岁

约本年，王弘愿开始执教于金山中学堂。《潮州市佛教志·潮州开元寺志》载王弘愿早年事："值晚清变法，潮之金山书院，改为中学堂，居士任教席八年。民国肇兴，迁校长。旋辞职，与谢安臣孝廉（俗称举人），同主汕头《汉潮日报》笔政，嗣复归校任教席及名誉顾问。"④ 陈历典述王弘愿执教情况：

晚清变法，创设学校，各地往往即书院改设。金山书院者，潮州之最高学府也，亦改创中学堂。既数年，始有监督。首膺其选者，盐山崔炳炎大令也。大令研教育，能"古文"有声。既至潮，锐意整顿。首聘师充教席，盖师是时已探究西洋群哲政理史地之学，以其妙笔驱使为文，新学界所推为先觉者也。师讷于口，不善应酬交人。厌事而勤学，其为学者皆自师其心，不待传授。尝从人传得东邻片假名字音，百方搜讨，遂能读东文书

① 《艮山居士传》，王弘愿著述，于瑞华主编：《密教讲习录》（伍），北京：华夏出版社，2009 年，第 36－37 页。
② 《艮山居士传》，王弘愿著述，于瑞华主编：《密教讲习录》（伍），北京：华夏出版社，2009 年，第 37 页。
③ 《潮汕佛教大事记》，林俊聪编著：《潮汕庵寺》（上册），广州：花城出版社，2004 年，第 16 页。
④ 慧原编：《潮州市佛教志·潮州开元寺志》第八章《人物》，潮州：开元寺，1992 年，第 794 页。

矣。然家贫，衣食于教席，不能自拔去，既任潮州中学教席八年。①

光绪三十二年（1906）　丙午　三十一岁

春，盐山崔炳炎为王弘愿的《缵槐堂文集》作序，对王弘愿文章倍加赞赏：

海阳王子慕韩以《缵槐堂文集》示予，并索序。迟之又久，乃为之言曰：昔曾文正序欧阳生文，述桐城宗派，由皖而赣而湖湘，流衍于广西，广东则无闻。……

粤之广州，向称人文渊薮。南海新会之徒，昌言新学，顾其于文繁费，自一时之体，不足语古作者之林。予需次粤垣，询邦人士夫，与于斯道者盖鲜。岁次丙午，监督潮州中学，识王子幕韩，读其文嗟赏久之。慕韩宗法昌黎，兼出入半山眉山二氏。其义法于桐城靡弗合；其于修词，殆由雅健而窥崇奥之域。所谓辛苦而自得之者，可不谓豪杰之士与。他日广览天下名山大川以充其气，博稽中外社会人情幻态以尽其变。昌黎所谓因文见道，微慕韩吾谁与归。虽然，此可为知者道耳。以至甫先生之于文，海内奉为山斗。犹有主司学枋之巨公，斥其破坏中国文字。慕韩勉乎哉，异时容有以破坏文字见斥者，则慕韩之文愈益不朽矣。是为序。②

按：从上文看，崔炳炎是王弘愿在潮州中学的同事，精于古文义法。他对王弘愿文章十分推崇。但王弘愿行文不拘一格，甚至受到某些人非议。王弘愿不遵循常规与传统的性格，在早年就体现出来。王弘愿曾自作《慕韩玉印歌（有序）》，诗和序足见韩愈对早年王弘愿的影响巨大，以及王弘愿希图出名的心理——

慕韩玉印歌（有序）

近得白玉小印一方，以晋铜尺量之，方一寸强，厚可四分，合纽一分弱，琢小篆二，文曰慕韩。刀法精妙，纽作汉瓦形，有小草书二，曰小岩。殆奏刀人之号欤，此印二十年前，见于笠香黄丈所。笠香喜搜集古今佳印，为铭雀砚斋印谱若干卷。其时以此印笠丈已收入印谱，未敢请也。数年后求之，云已失去。今无意得之，宁不欣快，作歌纪之云尔。

何人为我篆斯玉，两字慕韩精态足。
正方一寸厚四分，形作汉瓦制古朴。
纽有小草蟠虬螭，奏刀之人小岩琢。
不知何事豫作此朱文，遗我今朝钤图录。
小冠子夏更盲杜，名姓雷同无今古。
姚集（惜抱轩）尝诗王慕韩，宋史先传王师愈。
泰山北斗昌黎公，千秋景仰人所同。
丈夫有才贵自立，虎皮蒙马果何功。
我今得此欲何为，四十无闻圣所悲。

---

① 陈历典：《圆五居士王弘愿先生之历史》，王弘愿著述，于瑞华主编：《密教讲习录》（伍），北京：华夏出版社，2009年，第52页。

② 崔炳炎：《缵槐堂集·序》，王弘愿著述，于瑞华主编：《密教讲习录》（伍），北京：华夏出版社，2009年，第461－462页。

什袭护持且宝此，留与他年慕韩子。[①]

光绪三十三年（1907）　丁未　三十二岁

生日，作诗四首，其一为：

苍苍云树影迷离，秋雨秋风有所思。生不传名甘速死，世无可语独吟诗。……远望登高大九州，印平西极（五洋名）水交流。笙歌花月明颠岛（英岛名大不列颠），风浪鱼龙捣亚洲。猛虎歌残南国雨，党人牌矗石城秋。闾阎况是沉酣惯，欲把生涯付白鸥。[②]

本年，潮汕爆发丁未黄冈起义。

光绪三十四年（1908）　戊申　三十三岁

十月，同盟会潮州分会成立。[③]

宣统元年（1909）　己酉　三十四岁

宣统二年（1910）　庚戌　三十五岁

是年，桂伯华东渡日本于高野山学密宗。期间与《民报》主编章太炎等相过从，宣传佛学。但他于一九一五年在日本病逝，未能把他的学习成果带回国内，对国内佛教界并未产生任何影响。[④]

宣统三年（1911）　辛亥　三十六岁

闰六月（公历七月二十六日至八月二十三日），王弘愿之母洪氏殁，年五十有八。[⑤]

本年，潮州发生大水灾，韩江堤坝溃决。灾情在王弘愿撰《谢知县传》有载：

谢质，四川成都人。宣统间，以进士来宰海阳，为人素朴廉谨。会辛亥潮州大水，东津凤砂堤岸皆溃决。北堤踞府城北，障防尤广远。历世增筑，势峻体坚。而辛亥水势雄巨，北堤穿穴，势且溃。质日夜督民夫防守。东津与北堤对岸，迨堤决，水势澎涨稽天，波涛怒暴。质驾小舟横渡，冲波犯险，舵几失主力。既至，放急振。是时乡民流离，人屋牲畜皆没。得脱者走依山，而大雨淋头，衣屐尽湿类鱼鳖。质目击其苦，凄然堕泪，电省港告急，难民赖以得全。持身俭朴，时潮州初有人力车，路未修人鲜乘者，质喜其贾廉，每藉以代步焉。会广东光复，潮州守陈兆棠赞成革命，质弃官去。[⑥]

本年，武昌起义爆发，清王朝统治在全国陆续结束。

---

① 《缵槐堂集·慕韩玉印歌（有序）》，王弘愿著述，于瑞华主编：《密教讲习录》（伍），北京：华夏出版社，2009年，第478－479页。

② 《缵槐堂集·丁未生日（四首录二）》，王弘愿著述，于瑞华主编：《密教讲习录》（伍），北京：华夏出版社，2009年，第469页。

③ 《大事记》，潮州市地方志编纂委员会编：《潮州市志》，广州：广东人民出版社，1995年，第71页。

④ 郑群辉：《潮汕佛教研究》，广州：暨南大学出版社，2015年，第168页。

⑤ 《先母行述》，王弘愿著述，于瑞华主编：《密教讲习录》（伍），北京：华夏出版社，2009年，第316页。

⑥ 《谢知县传》，王弘愿著述，于瑞华主编：《密教讲习录》（伍），北京：华夏出版社，2009年，第42页。

民国元年（1912）　壬子　三十七岁

本年，中华民国成立。陈历典叙述民国成立后王弘愿情况，曾一度当校长：

会民国兴，广东光复，教育部长丘沧海者，师之乡人，素知师，遂任师长潮州中学。卸职，已又聘充教员，而师之年垂垂老矣。师既绊于家累，又性不善交人，无援拔。曾一次至京师，不见一人而归。自审年老家贫，终无从表显所畜，名声不出里巷，则往往慷慨欷歔，自谓希望已绝也。[①]

上段值得注意，说明王弘愿当时尚贫，缺乏背景，渴求出名而无门，读书人通过科举成名、飞黄腾达的时代早就过了。至于王弘愿自己一个人到北京的事情，笔者只见于此处，而王弘愿自己写的文章也没有提到。

附：王弘愿《与某君书》。此文载当时地方军人侵夺中学堂租款以充军费，而王弘愿据理力争，要求对方退还该款，此文颇见早年王弘愿刚烈、执着的性格，还有行文奔放、慷慨的特点。本文具体写作时间不详，推测是在民国成立后不久：

某某足下：敬启者：武汉树义，潮州光复，义军奋起，局促未展也。独足下以北伐标名，可谓之磊磊大丈夫矣！师愈虽文弱书生，不能执鞭策以相从，然固已心仪其人矣。昨天敝堂管租员李君回，言足下于十月十五晚，勒租丁陈松将本堂收租执照及图章交出，又夺其已收租款二百余元，且欲驱其向各佃收租以入已。李君即请敝宗雨若兄函书，亲登贵处理较。足下忿然大诟，不容分说。声言“何物教育？吾所不知”，必欲将本堂租款抄夺入已等语。师愈始闻而骇，既而疑焉！骇者何？骇足下之以义兴师，而乃计出于劫夺也？疑者何？疑足下之以义兴师，必不肯出于劫夺！而出于劫夺者，之或系别一人而假足下之名以行也。使此事而果出于足下，愿足下之深长思。使此事而或出于假托足下之名者，足下当为本学堂追究此人，追出此项劫夺物事，以雪足下之耻。

……

吾今与足下约，二十四点钟中，足下所夺吾中学堂之租款执照当还吾，足下所夺吾中学堂之已收租款二百余元及有盗收之租款者当还吾。如其不然，当将此函登报。并以足下劫夺之事，告之我潮州之父老兄弟，告之我潮州民军，告之我全国。告之我海外侨民，告之我寰球各国。未已也，我且移请潮州民政长以查办，我且申请粤省第四军司令暨潮州民军军官以查办，我且申请粤省军政府大都督教育部长以查办，我且申请全国军政府大元帅以查办。吾非不知足下现方拥兵，力能杀我也。虽然，人谁无死？马援有言“大丈夫当死沙场，以马革裹尸”。师愈恨驽弱，不能披坚执锐，从黎、黄诸公后以死。盖古人有言“君子居其位则思死其职”。若今日之事，则潮州府中学堂者，潮州王师愈之沙场也。潮州府中学堂监督之名义者，潮州王师愈之马革也。饮刃如饴，无有后悔！[②]

按：王弘愿之信件见其正直无畏、不屈不挠的人生态度——

一介文弱书生，为了社会正义和教育事业，敢于以笔为枪，大义凛然，视死如归，真

---

① 陈历典：《圆五居士王弘愿先生之历史》，王弘愿著述，于瑞华主编：《密教讲习录》（伍），北京：华夏出版社，2009 年，第 52 页。

② 《与某君书》，王弘愿著述，于瑞华主编：《密教讲习录》（伍），北京：华夏出版社，2009 年，第 176 – 178 页。

正做到了儒家“威武不能屈”“君子居其位则思死其职”的刚毅精神，令人肃然起敬！也许是被王弘愿这种无所畏惧的勇武精神所威慑，或者是被书信中那种雄辩滔滔、气势逼人的韩文似的阳刚风格所折服，这位司令最终只好将所夺学款如数奉还。

我们下面将会看到，这种“虽千万人吾亦往矣”的特立独行、不屈不挠的人格精神和充沛雄辩的写作风格，也淋漓尽致地体现在日后他的佛学著作和佛学论争当中。此先略过。①

民国二年（1913） 癸丑 三十八岁

十一月二十四日，王弘愿之友、《汉潮日报》笔政谢锡勋逝。王弘愿撰有《谢锡勋先生传》：

先生名锡勋，号安臣，海阳人。海阳，今潮安也。先生性聪慧，家贫力学，中光绪己酉科举人，援例得知县，需次福州。然其于乡里，尝以先觉自任，创唱新学业：艺木于山，牧畜于野，养蚕于桑，织机于布，皆仿太西人新法为之。虽草创造端，有效有不效，然其志可尚也。……民国元年三月受代，新令曰张广荣，其所以倾先生者靡不至，遂奉押旧学者。……先生之在押也，同志组报馆于汕头曰“汉潮”，延先生遥主笔政，虽囚羁而执业不倦，志意愉快，不失滑稽本色，盖其天性亢爽，遇不之能困也。……而先生随事匡弥，微文见志，于拥护中央，统一大局，三致意焉。独立取销，而“汉潮”声誉鹊起于社会者，则先生力也。为文豪辩健笔，其来如飘风疾雨，霹雳震蛰，抨击奸回，不避势要，摹社会状态毕肖，而语杂嘲谐，善沁入人意。其于文事，可谓能矣，当世知而信之也。民国二年十一月二十四日以疾卒，年五十。②

《谢锡勋先生传》文后载，谢锡勋之殁也，王弘愿为文诔之：“记其交谊曰：幼识君名，如雷轰耳。蹇拙无能，徒有钦企。君顾纡尊，征音下里；鮀江诗别，写序生纸。金石契坚，河梁词美；入新年来，欣同晨夕。弹古画今，伤时忧国；语杂俳谐，意或枝格。覆手云翻，披肝心赤；方谓此乐，永无穷期。奄忽物化，悠悠我思。”③ 从上文看，王弘愿对谢锡勋十分推崇，双方交往曾较密切。

本年，潮州中学堂改称省立潮州中学校。④

民国三年（1914） 甲寅 三十九岁

本年，有诗《园居杂咏》四首，现录其一：

劳生三十九，世纲婴羁束。幸有山水缘，方深草木绿。把酒闻鸣蝉，荷锄看叱犊。红尘隔江流，明月满山谷。置身画图中，人生此清福。斜阳明村墟，儿童手提壶。提壶亦何为，读罢灌园蔬。余亦欣习劳，采药亲荷锄。百岁牛背翁，角挂无字书。短笛正横吹，清

① 郑群辉：《潮汕佛教研究》，广州：暨南大学出版社，2015 年，第 175 页。

② 《谢锡勋先生传》，王弘愿著述，于瑞华主编：《密教讲习录》（伍），北京：华夏出版社，2009 年，第 33－34 页。

③ 《谢锡勋先生传》，王弘愿著述，于瑞华主编：《密教讲习录》（伍），北京：华夏出版社，2009 年，第 34－35 页。

④ 《大事记》，潮州市地方志编纂委员会编：《潮州市志》，广州：广东人民出版社，1995 年，第 73 页。

音满蓬芦。[1]

上诗有陶渊明田园诗意味，可以发现王弘愿已经厌弃世俗，有归心佛道之意。

本年，汕头念佛社（1912 年成立[2]）礼请根宽法师为社长。[3]

民国四年（1915） 乙卯 四十岁

本年，因读华严，始信佛，恒从开元寺怡光法师请益教义，借阅经典。[4] 王弘愿后来自称：

弘愿自始知学，慕韩退之，故自名师愈，重习其文，颇喜辟佛。继读译书，沈潜于人群进化法治之学。幸才绌治事，鲜大恶业。而三毒炽盛，盖顽然一下愚之腐士也。年濒四十，感于身世之艰危，始有志于佛学，读贤首清凉书，颇解华严帝网重重之理。又因持准持密言，益进求密部经。始知非有师承则成盗法。然吾心乃不以自阻，盖持佛法之本为众生也，盖恃大轮陀罗尼之足以补缺也。及读权田大僧正之书，益有以窥法佛三密之旨，而事相之微妙精密，非亲传固不能尽其曲折也。[5]

王弘愿弟子陈历典则称：

初，师研习韩欧文，自于佛无所仰，然颇知中国哲士多归心大觉者，欲求得其书读之，顾地僻无所得。至是则敛心一志研求，既诵习华严，领悟普贤境界，则务欲体之于身。而尤喜研摩三密瑜伽之旨矣。[6]

王弘愿《圆五居文集》序中也称："初，余以自力学日本人文法，能阅译东邻籍；顾地僻交寡，衣食于校役，所译书未能印发问世。四十以后，委心大觉，读普贤书，发明性理。"[7]

按：王弘愿在四十岁左右由儒入释。表面上看，似乎显得十分突然。按笔者的看法，自晚清废科举、中华民国成立，儒家正统地位已经丧失。走科举"学而优则仕"之路已经不太可行，王弘愿和当时中国很多晚清举子一样，放弃儒学有必然性。真实的情况是，除了居士身份，王弘愿毕生以中学教员面目出现。另外，中国旧文人往往受儒、释、道影响深刻，而佛教更是对旧文人有极强的吸引力。王弘愿所处的潮汕地区，自唐宋以来，就已经形成了儒、佛互补、交融的地方特色，佛教在潮汕地区影响巨大，而正统道教则明显落后。即使是韩愈，研究者已经指出，他并非是简单反佛，韩愈下贬潮州，就和大颠和尚结下深厚友谊。王弘愿选择佛教为终极关怀方向，有一定必然因素，至于王弘愿为何偏爱密

---

① 《缵槐堂集·田居杂咏（四首录二）》，王弘愿著述，于瑞华主编：《密教讲习录》（伍），北京：华夏出版社，2009 年，第 473 页。

② 王弘愿：《敬告海内佛学家》，《海潮音》月刊，1923 年第 11 期。

③ 《大事纪要》，姚金城主编：《潮汕佛教文化》，汕头：汕头大学出版社，2003 年，第 594 页。

④ 慧原编：《潮州市佛教志·潮州开元寺志》第八章《人物》，潮州：潮州开元寺出版，1992 年，第 794 页。

⑤ 《〈圆五居文集〉序》，王弘愿著述，于瑞华主编：《密教讲习录》（伍），北京：华夏出版社，2009 年，第 194 页。

⑥ 陈历典：《圆五居士王弘愿先生之历史》，王弘愿著述，于瑞华主编：《密教讲习录》（伍），北京：华夏出版社，2009 年，第 52－53 页。

⑦ 《〈圆五居文集〉序》，王弘愿著述，于瑞华主编：《密教讲习录》（伍），北京：华夏出版社，2009 年，第 194 页。

宗，和藏密在历史上传入潮汕有一定关系，潮州开元寺至今有密宗的陀罗尼经幢，元代藏密八思巴之弟子胆巴曾在潮州传法。潮汕地方信仰的多样性，和密宗的多神信仰也有某些共通之处。以下据郑群辉教授说法：

总体而言，自汉代以来，中国就形成了儒道佛三家并存、各种民间信仰此起彼伏的宗教多元化文化。但就区域文化建构过程来说，除去占主流地位的儒家不论，不同宗教（如佛、道、基督、民间信仰等）所起的历史作用、所占的文化权重以及历史地位等，却是不一样的，所形成的区域文化特色也不一样。潮汕不仅历来有“海滨邹鲁”“岭海名邦”的美誉，也是岭南著名佛地。佛、道两教从传入的时间看，从现有的资料来说以佛教为早，并且长时间占据了主流地位。佛教从南朝刘宋年间（420—479）（详见本书第二章）就传入潮汕，有1 500多年的历史，对潮汕文化的塑造产生了巨大的影响。“儒佛交辉”是饶宗颐先生对潮州文化源头的基本定性，若我们把各种民间信仰归入小传统文化，那么，在大传统文化（儒、道、佛）当中，这也可以看作是对潮汕文化主要特质的把握。它揭示了儒佛两种文化在潮汕文化建构中主要的异质互补——正统道教的作用和影响，在潮汕文化建构中一直不能与佛教相媲美。这从其宗教地标中也能看出来。从思想文化方面来看，中国文化总体而言无疑是儒道佛三教混融的文化，但一般来说，每一个地方都有其较显著的宗教地标。谈起潮汕地区的宗教地标，我们马上会想到潮州开元寺、潮阳灵山寺和揭阳的双峰寺，正如谈到惠州地区时，我们会首先想到道教圣地罗浮山一样，尽管惠州地区的佛教也同样兴盛过。在潮汕，从唐代迄今也创建过一些道教宫观，但从来就没有一所道教宫观可与三大寺相提并论，更没有所谓的道教名山，在惠州地区情况则恰恰相反；在潮汕，起码还出现了大颠和大峰这两个在区域文化中影响深远的宗教人物，道教则一个都没有，而高僧大颠、大峰之于潮汕，也正如高道葛洪、黄大仙之于惠州。这些地标性建筑和象征性人物的明显不同，或足以表明粤东与粤中区域文化的某种差异性。佛教在潮汕的深刻文化意义，正如道教之于惠州。

自唐代至今，潮汕佛教在各个历史时期的基本面貌并不相同，但都对塑造潮汕文化起到重要作用。中唐大历到贞元间（766—805），本地高僧慧照、大颠西传禅宗南宗法脉，开法潮阳，秉承禅宗南宗单刀直入、明心见性的宗旨，建立岭南又一禅修中心，显示了山林佛教特色。其追求心灵超越解脱的精神，激励了后世无数潮汕僧人追求佛法的最高灵境；大颠与韩愈交往的故事，则象征了潮汕文化中儒佛的互补与交融；以儒佛交辉为主体的潮汕文化雏形开始彰显。①

郑群辉还从外来思想传入、新旧文化对抗方面分析王弘愿思想的转变：

清末废除科举后，潮州金山书院改为新式的中学堂，王弘愿作为前清的饱学秀才，在此任教八年，并曾自学日文，他能直接阅读日本著作，所以其对西方新学有相当的涉猎；后又任汕头《汉潮日报》主笔。汕头于1861年开埠，其时已为中国东南沿海一大通商口岸，对外贸易兴盛，西方宗教与文化大举进入，如在汕头乃至潮汕各地创立基督教堂，编印宣传教义的书籍和刊物，组织教会活动，开办医院、学校等，进行文化渗透。王弘愿作为报社的主笔，耳闻目睹，作为以儒文化为本位思想的他肯定深受刺激，同时也对时局有

① 《绪论》，郑群辉：《潮汕佛教研究》，广州：暨南大学出版社，2015年，第2－3页。

了更广阔更深刻的了解。由此可知，王弘愿出身于旧式科举，跻身教育界，又曾涉足报界，与梁启超、章太炎、丁福保、桂伯华这批人有着颇为相似的人生经历和知识背景，是一个新旧学兼有并得风气之先的知识人士。与梁启超等人一样，因为一时对西方科学、哲学、宗教的涌入无法理解接受，一方面只能把日本当作学习西洋文化的窗口，通过日本翻译的西方著作来汲取西方思想，为了学习的方便，王弘愿自学了日文；另一方面，在儒家固有思想中又找不到与西方文化相对应的资源，只有转而从佛经中寻求帮助，我们相信作为报人的王弘愿，在这方面必受章太炎、梁启超、蔡元培等先行者思想的影响，如梁启超鼓吹“孔教是教育之教，佛教才是宗教之教”“佛教是智信而非迷信，是兼善而非独善，是入世而非出世，是无量而非有限，是平等而非差别，是自力而非他力”的《论佛教与群治之关系》，蔡元培鼓吹“国无教，则人近禽兽而国亡”，中国之所以衰落，就是因为傅奕、韩愈等儒家反佛的姿态，宋明儒又以浅陋的见识来理解佛教，致使中国思想文化日逐衰落等论调的《佛教护国论》。这些文章、思想势必对王弘愿产生极大的触动。[①]

《潮汕庵寺》之释怡光（1874—1930）条目：

怡光法师，法讳宗耀，俗姓余，饶平黄冈人。家贫，鬻与族绅某为子，既而绅爱幸少妇，委其妻。师年逮成童，学为工，勤而能敏，所得资已能养其母及其祖母。然以少失学故，喜求学，又爱因果劝善之书，节啬以与讲小说弹词者使讲之，工暇辄借观其书，久之遂略通文义。

年二十，母及祖母已丧，未几父亦死，是时师已入所谓“大道”派者，研究其书，慕羽化凌虚术也。久之，读佛经，悟非其空间，遂从莲邦师递染于南澳之叠石岩，时年三十矣。又四年，受戒于浙之国清寺（在今浙江天台县天台山）遂入禅堂参究，更登藏阁博涉经论，闻谛玄（即谛闲）法师讲楞严经于南京毗庐寺，遂与讲席。

年三十八岁回潮，时叠石岩以风破坏，乃募缘修建，久之转锡开元寺。开元为潮郡古刹，是时已律驰学崩，法师严守戒律，威仪整肃，又能宣扬佛理，为人所敬，因受请讲金刚般若经，又率众同堂聚餐，持诵经咒如仪，上殿礼诵，日课五次，而已则又于晚际向西方三圣像，入观礼四十八拜也。会八二风灾（民国十一年阳历八月二日，潮汕大风灾），藏经楼朽颓，乃募缘修建，庄严三圣金容。会病肺颇重，益勤礼弥陀忏，余介绍郑君晓初诊治，郑君诊断为第三期，无可救，强以新法注射，稍有效，然声终不能复，师来开元，本有为人意，既声哑，无能说法，乃返石岩。

师戒律精严，过午不食，既受谛闲法师讲，尤熟习天台宗，益博览贤首、慈恩义，而委心于净土。其住南澳时，有强人到山强借者，师曰：“公既来临，我应负汝。”遂开箱筐，恣所取焉。其人曰：“我不愿多求也，得毫不四十枚足矣。”久之其渠闻其事，渠魁者，某某，钦师德，能知敬慕，曾谐师请训，师开以因果律，且劝弃前业，虽不能改，而力任保护南澳佛寺责。既闻其事，侦得其人，责偿所负，师闻，书收单予母也。（按：师书收据与其母，令交其渠魁，表示已收回该强人所取去之款，使该强人免受渠魁之责罚也。）

师住南澳九年，声渐复，入本年春，饭食渐减，知不能永，乃召集其徒，日为讲授净

① 郑群辉：《潮汕佛教研究》，广州：暨南大学出版社，2015 年，第 168－169 页。

土义，其徒亦轮值助持诵佛号。迨二月十八日，泊然入寂，时中华民国十九年（1930）也。世寿五十有七，戒腊二十有四。

（民国《圆五居文集卷下·传记类》）①

按：怡光是密教中人纯密之师，后者是王弘愿姻亲，曾到日本学习东密。怡光之师为仁智和尚。《潮汕庵寺》之释仁智摘录：

释仁智（1813—1902）祖师，于清末创建南澳岛叠石岩，使其成为现代潮汕人海内外黄檗法派（属禅宗临济派之一脉）祖堂，后裔龙象辈出。中国高僧释虚云（1840—1959）、来果、志开又亲近过其座下，故名重梵宇。

师俗姓名蔡隆，为僧后被人称为“隆师”。俗家南澳岛（县）云澳镇，世代务农，兄弟四人居末。十六岁时，跑到岛上的雄镇关，拜了一俗家福建籍的和尚为剃度师，当了小沙弥，成为黄檗法脉的子孙。不久，师到“三江”（江西、江苏、浙江）参学，更加明心见性，精通佛理。首次回雄镇关时，能启迪师父，指点迷津，令僧众吃惊。后又远游，到福州鼓山的涌泉寺受戒驻锡，受聘为羯磨师。继至江苏镇江的金山天禅寺当首座和尚。

道光年末，师重返南澳岛。为觅一幽静之处修心养性，便选中在雄镇关西侧约二公里远的马鞍山岭后，麓仔围山之东北侧，西天岭东南畔数公里远的山上创建岩寺。斤洞修筑后，以寺前山坡上两块高约五米的相叠巨石的奇观而取名为“叠石岩”。潮州秀才王弘愿撰、郭照庭书其门联曰：“马腊闲云楼叠石，鼎峰朝日现高岩。”（东面雄镇关近处有鼎甲峰）②

本年，作《韭香斋记》，落款是“王师愈记”，此文抒发其在韭香斋的读书之乐：

幼时读苏子由《东轩记》，曾子固《南轩记》，私怪士之生世，自为与为人而已。二君子既沦于卑宦，有遯举之志，忍弗能自拔也。彼宁沉溺于富贵者，抑无乃其为人之意过多，而自为之意过少与？余少也贱，食力于砚田。第舍迫窄，虽儿女子须寄顿他所。十年前为商岩子记朱园，曾喟为深慨。本年赎回先人别业，移家居之。而广其东轩，架重屋以自处，陈子云秋为吾隶其额曰“韭香”。韭香斋方可丈余，无水石之胜、花卉之荣，又嚣湫近市。然畜古今书帖数千卷，俯仰啸傲，日与群籍为偶，儿女歌诵随倡，足以自乐。③

本年，日本对中国提出“二十一条”密约。日本公使日置益于本年一月十八日提出“二十一条”要求原案，其中第五号第二款提出：“所有在中国内地所设日本病院、寺院、学校等，概允其土地所有权。”④ 日本人对中国内地进行宗教、文化和教育渗透的意图昭然可见。

民国五年（1916） 丙辰 四十一岁

三月二十八日，晚间遇盗，有《书劫》详记其事：

民国五年三月二十八日，夜，读报得“取销帝制公文”，喜跃曰“帝祸绝矣！”因与

① 林俊聪编著：《潮汕庵寺》（下册），广州：花城出版社，2004年，第72页。

② 林俊聪编著：《潮汕庵寺》（下册），广州：花城出版社，2004年，第58－59页。

③ 《韭香斋记》，王弘愿著述，于瑞华主编：《密教讲习录》（伍），北京：华夏出版社，2009年，第326页。

④ 黄纪莲编：《中日“二十一条”交涉史料全编（1915—1923）》，合肥：安徽大学出版社，2001年，第22页，转引自北洋政府外交部黄皮书：《中日交涉始末》。

蔡君策天下事，颇畅。蔡君去，录汤氏化龙请退位电于册，手倦而寝。中夜以后，忽人声哗噪，惊寤，审听。知为劫盗，而备御无藉，无几免望。惟新得慕韩玉印可惜，乃脱其鞍，投入盂中。仍入帐解衣假寐。时盗已至我房，撞门入。缴帐，烛余颊。拳刃交下。余起，则群盗满室，皆粉绿其面。倾箧者、解囊者、持抱卧具者、攫挟衣物者，各职司其事。一盗指余羊裘令脱，余脱裘予之；又一盗向余索钱，余解兜肚予之；遂去。时房中已空无所有，余身只有亵衣一，裤当一。上床，以席为被，寒噤殆不可忍。可熟五斗米顷，董事蔡君至，曰“贼去矣”。余曰“诸生皆当寒死矣，第一事当令诸难人围火救寒”。蔡君曰“幸有一二房未破者，当可借其衿以取暖也”。乃赤足敲门令起，让余辈著被取温。而余寒已甚，迨东方之明，犹寒侵肌髓也。久之，觉血流被面，始知头耳受创。而足胁亦有拳伤，幸尚轻微无苦。乃走告各乡，饭时董事黄君以医至，学生杨熙诏以衣履至，余乃可以起床矣。此次之祸，破房门七，受伤者十人，凶顽若此。三都校孤踞山麓，负岭面田，左近无人家。而普邑数年来，劫盗甚炽，无及三都校者，人谓“盗亦有道也”，而今忽有此变。午得许丈五楼汕书，曰：“噫！潮州独立矣。汕市恐慌甚，皇帝害之也。”余乃悟潮州已纽解，而此次之变，乃帝祸之延于校中。

大埔温丹铭廷敬先生曰：“昔黄巾知拜郑君，今劫盗乃伤及王子，此以见吾国盗贼之亦退化也。且事主并未抗拒，即拳刃交下，其蛮野尤从来盗贼所无。王子遭此，信不幸矣。虽然，王子叙此，从容不乱，即小见大，其文字可传，其胸衿尤可尚也。”①

本年生日，作《丙辰生日》诗二首：

半生言论频惊俗，老去颓唐更罕俦。
四十无闻空壮志，五洲多事又新秋。
纷纷风雨鱼龙变，莽莽乾坤鬓发愁。
把酒狂歌聊自慰，锋烟幸不到潮州。

秋风挂树月生香，除却街杯无短长。
枉说东坡同丙子，何尝北海索文章。
星河漏水珠成露，鼙鼓声高鬓欲霜。
何日罗浮行访道，梅花丹鼎兴难忘。②

罗浮山在今广东惠州市博罗县，是道教名山，东晋葛洪在此炼丹，此两诗表明王弘愿有意从道的想法。

民国六年（1917）　丁巳　四十二岁

十一月二十一日，王弘愿之友林彦卿逝世。王弘愿后撰有《林彦卿传》，所需注意者，是二人谈佛理之事：

林君焯熔，潮安人，将家子。年二十，补博士弟子员，旋食饩。君生而聪敏，长身玉

① 《书劫》，王弘愿著述，于瑞华主编：《密教讲习录》（伍），北京：华夏出版社，2009年，第383－384页。

② 《缵槐堂集·丙辰生日（二首）》，王弘愿著述，于瑞华主编：《密教讲习录》（伍），北京：华夏出版社，2009年，第480页。

立亭亭，眉目如画。是时号读书能文士，大抵皆醉心制举业。君独能探古今典籍，洞知文章利病，而尤工于诗。其为诗，奇丽倩艳，如天半朝霞，采绚夺人目；而组错精绝，非复人工也。晚年尤苍秀，识者比之唐玉溪生。性爱酒，知音律，尤喜客，于人无所不交，座上客常满。吹竹弹丝，沨沨盈耳；或弹棋引满，杂以谐剧，君于是最乐。君于诗，天授也；于骈散文，若书若画，皆能工焉。即小术数，如星命医卜，无不造其藩而得其要者，晚年遇益穷。偶以医自名，为人治病，则名声鹊起。盖其才高有若此。卒时年四十有六，中华纪元六年十一月二十七日也。君既有疾，余每即病榻为谈佛理。君每有意焉。既病，谓余曰：倘幸得起，誓归心大觉。

又曰：余卧念陀罗尼，每恍惚见梵文，或时若有佛像焉，余乃导之以弥陀名号也。

王弘愿曰：彦卿之殁，余挽之以联曰：且回倒峡词源，君弃尘埃，我焚笔砚。还是毗卢法界，愿依净土，永侍觉王。画像成，孤云襄以赞请。余叹曰：余之笔砚，终不能于吾友而焚也。爰为赞曰：众生智慧，不减如来；甘心凡下，自安蠢才；凿窍煎肠，曷其苦哉！大觉愍之，为设方便；醒梦拯沉，琼林宝座。君于其中，莲花满空；以文字缘，呗赞佛功。觉与不觉，在乎一念；念念寂圆，清净华严。（叶）我瞻君容，君容如昨。悟世无常，永离橐籥；庶几与君，同登极乐。①

本年，开元寺释怡光师讲《金刚经》，并倡导僧人、居士念佛。潮州讲经法会、念佛之风由此兴起。②

民国七年（1918）　戊午　四十三岁

二月十三日（农历正月初三日），潮汕大地震，开元寺受损颇重，郑国藩有诗纪之："戊午履端才三日，忽然簸撼雾尘生；坊表摧颓墙壁倒，远近但闻呼号声。……人物颠扑衢路上，四顾骇愕目空瞠，老佛恻然舍身起，截断右足将地擎。"③

郑国藩（1857—1937），清光绪十一年（1885）拔贡，曾于一九一九年、一九二七年两任潮州金山中学代理校长，与王弘愿亦师亦友，他们曾为办好中学、保护地方文物、整理历史文献等事而殚心竭力，而在佛学领域中认识亦颇接近。④

住持传实和尚倡修之，居士为之作募捐启，适地方兵乱，事遂寝。⑤

本年，王弘愿将日文之《密宗纲要》，译华传布，事见《王师愈诤潮中的闲话》中引述：

至民国七年，潮州王弘愿将日文之《密宗纲要》，译华传布，余时在沪纂觉社丛书，得之广为流播，极力提倡，冀中国密教早日恢复。未久，而'密教''密教'之声，竟遍中国矣！⑥

上文的"余"指太虚。上文原文在《海潮音文库》中查得。陈历典叙述王弘愿译

---

① 《林彦卿传》，王弘愿著述，于瑞华主编：《密教讲习录》（伍），北京：华夏出版社，2009年，第46－47页。

② 《潮汕佛教大事记》，林俊聪编著：《潮汕庵寺》（上册），广州：花城出版社，2004年，第16页。

③ 慧原编：《潮州市佛教志·潮州开元寺志》，潮州：开元寺，1992年，第679页。

④ 曾楚楠：《从师愈到密宗大阿阇黎（二）：王弘愿先生皈佛成因蠡测》，《人海灯》季刊，2015年第1期。

⑤ 慧原编：《潮州市佛教志·潮州开元寺志》第八章《人物》，潮州：开元寺，1992年，第794页。

⑥ 密宗革兴会：《王师愈诤潮中的闲话》，《海潮音》月刊，1934年第3期。

《密教纲要》及影响：

师以因缘得读权田大阿阇黎《密教纲要》之书，大好之。译成汉文，会有善友丐以刊资，遂得行世。然是时师尚以渡东求法之无希，搜读密部经轨，知有自求灌顶之法，特著论附之书末也。然是书既出，缁素之求法东渡者颇多。久之，权田大僧正亦感于中华密教有重兴机，而师之有志不能自达，乃与其徒小林正盛僧正等，赍法来潮。①

按：近代密教的兴起有各种原因，由于显教偏重理论，密教特重修持，对沉滞已久、逐渐失去生命力的传统佛教，无疑是一大挑战。当时，中国佛教里特重修持的禅宗与律宗已经逐渐衰落，重新兴起的密教便有取而代之的趋势。而且，在传统佛教中，禅宗与律宗皆属于“自力本愿”，以自力救度为主，并不强调诸佛加持的力量，禅宗更是如此。由于当时局势混乱，人心惶惶，对神力直接加持的需求变得强烈了，于是密宗强调佛力的加持、神通威力，使人直接感应到诸佛的加被，加持便顺应此势而兴起。密教开始兴起的情形令人振奋，但不久之后却因为各种因素而停顿了。由于当时日本开始侵略中国，许多弘密的大德，或多或少都和日本有直接或间接的关系，当时赴日研究密教者，受日本侵略的影响，中国的密教便由东密逐渐转向藏密。②

密宗骤兴的原因，也跟反日爱国的大背景有关。民国四年（1915），日本对中国提出的“二十一条”密约中，第五条就是日本人在华有自由传教的权力。这引起了当时中国僧俗两界的强烈不满和抗议，他们认为日本佛教本传自中华，乃我国佛教的枝叶，此时日方的自由传教，无异于子哺母以乳。日方则反驳道：日本的佛教虽然传自中国，但密教在当时的日本已蔚为大观，而在中国则成为绝学。这种说法刺激了当时中国的佛教界，他们开始留意密教，不少僧人留日和进藏，学习密法，试图重兴汉地密法宗风，或者说重新建立中国自己的密宗。③

本年，王弘愿作《赠怡光师序》，事见《潮州市佛教志·潮州开元寺志》之《文苑·诗文》，原文录于《圆五居士文集卷中·序跋类》，据《潮州市佛教志·潮州开元寺志》载，“民国七年戊午（1918）怡光法师任监院，此序当为是年所作，时李律云居士亦贺联曰：‘怡神国里可常住，光影门头勿当家。’寓意对仗均佳。”王弘愿在序中称：

余晚读内典，每礼师问名相，又从借读藏经，尝从容劝师取证，师颇以末法钝根为歉，其有所托而不我告邪?！本年僧众举师任监院，李君律云，谓余为文以贺，余乃为此说以赠师，盖愿与师相偕于大道，而不在拘拘于俗也，于是乎言。④

民国八年（1919）　己未　四十四岁

五月十一日，撰写《密教纲要》之序，序文标明是“潮安王弘愿原名师愈撰”，序中称：

---

① 陈历典：《圆五居士王弘愿先生之历史》，王弘愿著述，于瑞华主编：《密教讲习录》（伍），北京：华夏出版社，2009 年，第 53 页。

② 洪启嵩：《密宗的源流》，北京：华夏出版社，2011 年，第 60 – 61 页。

③ 赖永海主编：《中国佛教通史》（第十五卷）第九章《民国时期的密宗中兴》，南京：江苏人民出版社，2010 年，第 373 页。

④ 慧原编：《潮州市佛教志·潮州开元寺志》，潮州：开元寺，1992 年，第 693 页。

呜呼！吾悲夫吾之日在此曼荼罗中，而以其毗卢遮那之身，自罥尘网也。呜呼！吾又悲夫人之日在曼荼罗中，而以其毗卢遮之身，自罥尘网也。吾译此书竟，而为之序曰：……

呜呼！岂佛教之清净光明真常不变者。其盛衰显晦，亦随乎国运邪！抑其所影响乎社会国家者，固足以为之帝而宰其道德精神也。是书为日本阿阇黎权田雷斧所著。提纲挈领，启窾导问，无愧其纲要之标名。可谓有功于我佛之密教矣。余既爱读其书，遂移译之。会同邑有大善士方养秋先生者，捐巨资弘传佛法，而吾书遂得以锓木，特志其缘起焉。愿以此径寸纸墨之书，开显普尽无余诸有情界之心内曼荼罗也。[①]

序的落款是“佛应世二千九百四十六年，大岁在屠维大荒落，即中华民国八年五月十一日，书于四圆居之校经楼”。[②]

附：据中山大学古文献研究所钟东教授提供信息，权田雷斧相关日文著述如下——

权田雷斧著：《密教纲要》，东京：丙午出版社，一九一六年，计一册。

权田雷斧著：《密教奥义》，东京：丙午出版社，一九二〇年，计两册。

权田雷斧述：《曼荼罗通解》，东京：丙午出版社，一九一六年，计一册。

权田雷斧著：《真言密教法具便览》，东京：丙午出版社，一九一七年，计两册。

权田雷斧、大村西崖合著：《佛像新集》，东京：丙午出版社，一九一九年，计两册。

另外，日人冢本贤晓编《国译密教》（东京：国译密教刊行会，一九二〇至一九二三年，计十六册）也收入权田雷斧相关著作。

上文提到的方养秋是潮汕著名侨商，据《中华佛教人物大辞典》：

方养秋（1883—1941），近代佛教居士，广东潮安人。曾在家乡经商，因正直明练，而为乡人表率。为人乐善好施，凡救灾息难，育才兴学及乡里河床疏壅畅流，修复堤坝，拟定护堤路计划，无不乐于参加。1924年疏浚韩江，即集设计、董工、筹款于一身，总司其事。后移居香港，仍热心公益事业。中年皈依佛法，泛游密乘宗门。曾拜谒虚云、圆瑛、太虚、宏愿诸大师，多方请教，深有获益。又资助创立香港佛学会、佛教居士林、慈航学院等机构，出资修建南华佛寺。后皈依苏州灵岩山印光大师，为虔诚弟子，专心净土。1941年冬，日军侵袭九龙，遂令家人避难，自己与子业光留下未走，最后为流弹所伤至死。著有《学佛津梁》。[③]

六月二十八日（农历六月初一），《密教纲要》书成，潮安刻经处附识：

本书四编，并卷首共六万七千六百一十四字及绘图。又初次印送共银一百八十九元五式。捐资者潮安沈友士先生三十元；潮安方养秋先生一百五十九元五式；校字者潮安王显智君；覆校者普宁郑晓屏先生。[④]

---

① 王弘愿：《序》，权田雷斧著，王弘愿译：《密教纲要》，台北：新文丰出版股份有限公司，1987年，第3－5页。按，本书和冯达庵的《学密须知》合编。

② 王弘愿：《序》，权田雷斧著，王弘愿译：《密教纲要》，台北：新文丰出版股份有限公司，1987年，第5页。按，本书和冯达庵的《学密须知》合编。

③ 张志哲主编：《中华佛教人物大辞典》，合肥：黄山书社，2006年，第1118页。

④ 权田雷斧著，王弘愿译：《密教纲要》第四编《附识》，台北：新文丰出版股份有限公司，1987年，第349－350页。按，本书和冯达庵的《学密须知》合编。

《密教纲要》计四编：第一编《密教之流传》，第二编《密教之教相》，第三编《密教之事相》，第四编《附录》。卷首还有《序》和《绪言》；第四编《附录》包括《小引》《密宗灌顶之研究》《大轮金刚陀罗尼》《孔子之轮回说》和《附识》。因此书在王弘愿译作中较重要，现摘录前三编目录如下：

第一编：密教之流传
第一章：印度之密教
第二章：中华之密教
第三章：日本之密教
第四章：弘法大师之相承
第五章：血脉之等次
第六章：立教开示
第七章：关于立教开宗之八宗论
第八章：十大弟子
第九章：野泽十二派
第十章：古义新义之分流

第二编：密教之教相
第一章：显教与密教（附显密二教之起因）
第二章：教相与事相
第三章：教相之二大学派
第四章：两部大经大意
第五章：两部大经之教主身土野山根本分派之原因
第六章：横竖之判教
第七章：诸法缘起说显密不同
第八章：六大四曼三密
第九章：一法界多法界
第十章：心法色形
第十一章：纸木绘刻之图像
第十二章：所化机类
第十三章：即身成佛
第十四章：往生净土
第十五章：非情成佛
第十六章：三句八心三劫十地
第十七章：过患断与功德断
第十八章：五智四身
第十九章：教门与观门
第二十章：实证与教道即顺常途
第廿一章：安心决定与教力殊胜

第廿二章：三密具不具
第廿三章：三妄执与四妄执

第三编：密教之事相
第一章：野泽十二派
第二章：十指异名
第三章：十二合掌
第四章：四种拳
第五章：灌顶仪式
第六章：灌顶种类
第七章：四种法五种法
第八章：护摩
第九章：三种菩提心
第十章：阿字月轮观
第十一章：月轮观五种三昧
第十二章：五相成身观
第十三章：五字严身观
第十四章：道场观之广略
第十五章：五种三昧道
第十六章：供养
第十七章：两部曼荼罗
第十八章：诸尊曼荼罗大例①

第四编的《孔子之轮回说》值得注意，这是王弘愿所作。王弘愿由儒入释，对儒、释二家有所调和：

于幽明便宜知其故，于死生便知其说，于鬼神便知其情状。随触随穷，所知虽有三项，止是一个灵明，此是圣人心易之妙也。惜乎孔子之后无有孔子，故轮回之义，虽孔子明言，而后儒不敢如义以解。加以东汉而后，轮回之说，昌于释氏，为孔子之徒者，方将救求异于释氏，更不敢如义以解。而不知反没我孔子至精之旨、至确之义矣。故因读易而为此说云。②

冬至日，撰写《重刻龙舒净土文序》，足见王弘愿学佛之初对净土法门的重视："净土法门，我佛大悲至极之法门也。今夫博地凡夫，烦恼业障包覆之身，而念佛往生，遂得与观音势至诸大菩萨偕登不退。……龙舒净土文者，吾宗王虚中居士之所著也。"落款是"佛应世二千九百四十六年冬至潮安王弘愿序"，王虚中名日休，龙舒人。王弘愿又作《又题词并序》，序之落款仍是"佛历二千九百四十六年己未冬至日，潮安王弘愿和南撰，

① 权田雷斧著，王弘愿译：《密教纲要》，台北：新文丰出版股份有限公司，1987 年。按，本书和冯达庵的《学密须知》合编。

② 王弘愿：《孔子之轮回说》，权田雷斧著，王弘愿译：《密教纲要》，台北：新文丰出版股份有限公司，1987 年，第 349 页。按，本书和冯达庵的《学密须知》合编。

弘愿为此书序。尝请正于普陀山法雨寺大德印光禅师。禅师为另作此篇。且嘱必用弘愿名。弘愿不敢违旨也。然亦不敢掠美，故附志于后”。[①]

按：另查有王弘愿《重刻〈龙舒净土文序〉》，落款却是“中华民国二十年六月十八日”。[②] 此两文其实不同，后面出现的《重刻〈龙舒净土文序〉》文中有一些梵字，并述及王弘愿儿子福慧修持佛理治肺病之事。

本年，五四运动爆发，反帝爱国运动在潮汕出现，省立潮州中学校（后改为省立金山中学）学生示威。

民国九年（1920） 庚申 四十五岁

《海潮音》本年第二期刊发王弘愿的《复印光禅师函》，署名是“潮安四圆居士王弘愿撰”。函首称：“印光禅师佛照，承手示及净土文序、校勘表、戒烟方等种种，欢喜无既。禅师宏扬大法，利泽群伦。弘愿宿世有缘，故得亲被其庆，感何如之？兹将所欲请正者书呈，乞教示焉。”王弘愿在函中盛赞密宗的作用，认为密宗和净土可以互补。文末称：

兹寄到拙译《密教纲要》二部，乞求赐正，权田氏尚有两部《曼荼罗通解》一部，与此书相为发明，尚拟译出，登之太虚法师将出之海潮音，以使其流传广远耳。戒烟方等当遵谕刊送。此上。王弘愿和南。[③]

印光是近代佛门龙象、净土大德：

印光法师，名圣量，别号常渐。陕西郃阳人。俗姓赵氏。少为儒生，有声庠序。年二十一，悟世相无常，出家圆光寺。由是遍参知识，叩向上事，淹通宗教，专教提倡净业。初驻红螺山，既而卓锡普陀法雨寺。一衲之外，身无长物。终岁居藏经楼，脱粟粝食，影不出山者二十年。二六时中，唯持弥陀名号。……法师之推尊净土，于此可见。居普陀时，虽与世鲜通，然缁白闻名而求开示者众。法师口宣笔答，凡所为文，字字从性海中流出，而仍无一语无来历。会高鹤年朝普陀，得师文稿数篇，刊于上海《佛学丛报》。浙西徐文霞复搜求师之文字，汇印成册，名《印光法师文钞》行世。于是读其文而向慕者益多，皈依弟子几遍海内。[④]

太虚是近代佛学大宗师，《海潮音》月刊主编。该刊是民国时期发行时间最长、影响最大、学术水平最高的佛刊，自创刊第一年，王弘愿即有大量文章见于该刊。《海潮音》大量发表王弘愿的文章，使王弘愿成为具有全国性影响的密宗人物。

释太虚（1889—1947），近代高僧。俗姓吕，名淦森，法名唯心，号太虚。浙江崇德（今并入桐乡）人。十六岁出家，依宁波天童寺寄禅和尚受具足戒。1909 年随寄禅参加江苏省僧伽教育会，在南京从杨文会学《楞严经》，从苏曼殊学英文。1911 年，被推为广州白云山双溪寺住持。1918 年，在上海主编《学社丛书》《海潮音》月刊。1922 年在武昌始创佛学院。1927 年任厦门南普陀住持兼闽南佛学院院长。1932 年任潮州开元寺岭东佛

---

① 王弘愿：《重刻龙舒净土文序》，《海潮音》月刊，1920 年第 2 期。

② 王弘愿《重刻〈龙舒净土文序〉》，王弘愿著述，于瑞华主编：《密教讲习录》（伍），北京：华夏出版社，2009 年，第 187 – 189 页。

③ 王弘愿：《复印光禅师函》，《海潮音》月刊，1920 年第 2 期。

④ 蒋维乔：《中国佛教史》，扬州：广陵书社，2008 年，第 243 页。

学院院长。①

《海潮音》本年第五期刊发王弘愿的《书方童子生瑞相》：

方童子海生，吾友方君养秋之子也。养秋素力善行，迩更倾心净土。海生年七岁，随其父母侨居香港。常学乃父礼持念。又能诵准提真言，及华严破地狱偈。且能转述净土景象于其所亲，曰当念佛，念佛能生极乐世界也。民国九年阴历二月十九日忽染病，至二十一日西归。②

《海潮音》本年第九期专门推出“密宗研究”专号。该刊较重要文章有：权田雷斧述、王弘愿译《曼荼罗通解》，吟雪《密宗弘传史》，王宏愿《复印光法师书》和《复程演德居士论摩书》，四圆居士《与兴东居士论吕祖注讲金刚经书》和《复俗了人觉如书》，王师愈《评日本马田行启印度佛教史》。另有其他人撰写的三则“杂记”：《汉口佛教会成立记》《汉口佛教会会章》《净尘上人事略》。③ 以上的“王弘愿“ “王宏愿”“四圆居士”“王师愈”都是王弘愿一人。

《曼荼罗通解》是王弘愿较重要的译作，现摘录《海潮音》所刊该书目录：

第一编：玄谈
第一节　许可灌顶
第二节　密教者佛教之总体亦真髓也
第三节　称秘密教之意义
第四节　现图曼荼罗之作者
第五节　现图之意义
第六节　曼荼罗语义及诸种之曼荼罗
第七节　两部曼荼罗总体上之别
第八节　初金后胎与初胎后金
第九节　两部曼荼罗之种子
第十节　两部曼荼罗各有浅略深秘两种
第十一节　讲传与注释书
第二编：胎藏界曼荼罗
第一章　总论
　　第一节　大悲胎藏生之得名
　　第二节　胎藏曼荼罗之种类
　　第三节　四重圆坛之建立
　　第四节　十三大院（附金刚门）
第二章　分解
　　第一节　中台八叶院
　　第二节　遍知院

① 姚金城主编：《潮汕佛教文化》，汕头：汕头大学出版社，2003 年，第 171 页。
② 王弘愿：《书方童子生瑞相》，《海潮音》月刊，1920 年第 5 期。
③ 《海潮音》月刊，1920 年第 9 期。

第三节　持明院　主五尊

第四节　观音院

第五节　萨埵院

第六节　释迦院

第七节　文殊院

第八节　除盖障院

第九节　地藏院

第十节　虚空藏院

第十一节　苏悉地院

第十二节　外金刚部院①

吟雪《密宗弘传史》开篇盛赞《曼荼罗经解》的作用：

太虚法师在《海潮音》本号内，以王弘愿居士所译的《曼荼罗通解》介绍给我国人，这是振兴我国密宗之绝学，为学问界、思想界重新开辟一天地。我国佛学不振到现在已臻绝顶，能得法师提倡，佛学复兴之时期，或者即在今日也，未可知。②

王师愈《评日本马田行启印度佛教史》值得注意，王弘愿对日本人此著作持否定态度：

日本人所为印度佛教史，余见二种，而此书尤为详明。其书以有系统之编纂，实于研求佛教史者为便。然吾谓于佛教无大益，而或反有损者。③

《海潮音》本年第十二期载有太虚《答弘愿居士》之文。原先王弘愿致函太虚，内容乃关于《密教纲要》翻译及寄送《海潮音》杂志之事，需注意者，王弘愿函中提及“近涉相宗，于真带质境颇有颖义，不知以心缘心，其行相能于日用间指实否”？文后有“大悲指示为感此上敬请”，落款是“弟子王弘愿和南十月十六日”。则是函写于本年年底，是王弘愿就法相学请教太虚。后者对王弘愿的疑惑进行解答，落款有“太虚和南书于九江舟次”之字样。④

《海潮音》本年第十二期还刊有：王弘愿《答汤雪筠先生问》，以对答形式阐明王弘愿对佛法的看法，内容与禅宗、密宗和净土宗有关。⑤ 汤雪筠即是汤瑛居士，后法号融熙：

融熙（1888—1959）现代僧人。俗姓汤，名真，字雪筠，法号宽筠，又号九指头陀。广东番禺人。毕业于广东高等师范学校。未出家前，曾任番禺小学校长、教育厅视学官、广东省银行秘书处秘书、西南政府政务委员会高等顾问等职。1920 年，出资在广州创办佛教阅经社，兼设佛经流通处。又组织六一佛学研究会，创立《圆音》月刊。1947 年，于粤北南华寺皈依虚云大师。1949 年初，迁居香港。不久诣荃湾竹林禅院依融秋法师剃度。翌年，依大屿山灵隐寺灵溪法师受具足戒。1954 年后，常往返新加坡与吉隆坡之间弘法，并于吉隆坡创办马来亚佛学研究社。著有《佛教与禅宗》《无相颂讲话》《葛藤集》《百喻

① 权田雷斧述，王弘愿译：《曼荼罗通解》，《海潮音》月刊，1920 年第 9 期。

② 吟雪：《密教弘传史》，《海潮音》月刊，1920 年第 9 期。

③ 王师愈：《评日本马田行启印度佛教史》，《海潮音》月刊，1920 年第 9 期。

④ 王师愈：《评日本马田行启印度佛教史》，《海潮音》月刊，1920 年第 12 期。

⑤ 王弘愿：《答汤雪筠先生问》，《海潮音》月刊，1920 年第 12 期。

经选讲》等。[①]

王弘愿著有《读一行居集》。《一行居集》八卷，清长洲彭绍升居士著。王弘愿文中称："有清佛学不振，而居士中得二人，曰石埭杨仁山先生及居士也。……余欲集密教之关于净土者，汇刻成书，以便同志者之采择修持"。[②]

王弘愿撰有《日本密教高祖弘法大师传》。此篇署名是"圆五居士"。[③] 弘法大师即东密开创者空海。《日本密教高祖弘法大师传》之后有《潮安刻经处代北京佛教筹赈会捐款报告》：

客冬，承北京佛教筹赈会寄到第四百六十六号北五省旱灾捐册一本。经蒙范芝生、张镇春、陈广述、陈少亭、陈云秋、杨棠初、光兴昌诸君，各捐五元。王弘愿、陈少舟、刘潮记诸君，各捐二元。[④]

上述的范芝生是范家驹，为民国时期潮汕地区著名居士，曾任职汕头孔教会。

民国十年（1921）　辛酉　四十六岁

《海潮音》本年第七期刊登有太虚的《复弘愿居士书（附来函）》（署名悲华）、王弘愿的《近世岭表三僧传》（署名弘愿）、《圆五居读书录》（署名弘愿）。[⑤]《复弘愿居士书（附来函）》卷首是王弘愿商榷显密之事：

仁航悲华二大德尊鉴：去年于《海潮音》读法华六十五种不思议功德大著，叹为得未曾有。然而字字皆从法华流出，不添设一文一画也。弘愿尝心向往之。顷又于《海潮音》读所惠书，则固平素所心仪之人也。感仰靡既，愿时教言以大法惠为感。至悲华所著讨论之讨论，申印师之说，全是以显理疑密义。昔者弘法学密教于吾国，归而著书判教，翘密教于华严法华之上。一时诸宗大师，皆群起击噬。然大师会硕德于帝官，亲现即身成佛义。尔后，乃无复可诤，而密教卓立。[⑥]

王弘愿函中还引用日本日莲宗日莲上人的例子，说明密教无可厚非。针对王弘愿此函，太虚回复：

弘愿居士惠鉴：屡读大著，叹为震旦居士中之具正知见者。并叹为震旦专门真言宗之一人。因见与印光仁航二公之书，遂借附鄙议，亦聊资义蕴之发挥耳。乃居士不引据真言宗经论，将悲华所立之义，逐条抉其谬，非但传述弘法之如何示现，日莲之如何奇特，殊深惋惜。[⑦]

《圆五居读书录》是王弘愿关于密教的短文，内容包括"阿字月轮观""刹那"及"读□□会之二十祖阇夜多尊者章"。[⑧]

《海潮音》本年第九期载有随喜道人《王慧兰王若娥邢惠昭三童女合说四大皆空平等

---

① 张志哲主编：《中华佛教人物大辞典》，合肥：黄山书社，2006 年，第 1422 页。
② 弘愿：《读一行居集》，《海潮音》月刊，1920 年第 12 期。
③ 圆五居士：《日本密教高祖弘法大师传》，《海潮音》月刊，1920 年第 12 期。
④ 《潮安刻经处代北京佛教筹赈会捐款报告》，《海潮音》月刊，1920 年第 12 期。
⑤ 《海潮音》月刊，1921 年第 7 期。
⑥ 悲华：《复弘愿居士书（附来函）》，《海潮音》月刊，1921 年第 7 期。
⑦ 悲华：《复弘愿居士书（附来函）》，《海潮音》月刊，1921 年第 7 期。
⑧ 弘愿：《圆五居读书录》，《海潮音》月刊，1921 年第 7 期。

谈》，以及圆五《答唐仁慧先生四大问题》。[1] 王慧兰为王弘愿之女，圆五即王弘愿。王弘愿所答之四大问题是：第一，佛法将灭问题；第二，佛化大兴中国之乱将无已问题；第三，《楞严经》伪作问题；第四，《法华经》已亡问题。所可注意者，是《楞严经》伪作问题，这是民国时期的佛学争议中心之一，王弘愿称：

所引《印度哲学概论》第二百四十二页议论，全以私意妄疑圣境，何足寓目。至第二百四十八页所注，不过传闻异词而已。此经既非奉敕所译，后人各据所闻，以之著录，其小小舛异，乃属事理之常，何得因此而疑。经之伪，乃梁氏尚委婉出之，唐君竟从而坐实其说。抑何其不知自爱若此。[2]

《楞严经》一般认为是晚出的大乘经典，其真伪至今没有定论。上文中的"梁氏"应是梁启超。关于《法华经》已亡问题，王弘愿主要是驳斥江五民的说法，王弘愿指出：

……今之《妙法莲华经》，即释迦佛所说之《妙法莲华经》，即佛所传之一切如来第一《妙法莲华经》。今之《妙法莲华经》外，无别《妙法莲华经》也。惟其然也，故其精义妙旨已散见于各品之经文。因持诵今经，而开佛知见者，古今不乏其人。[3]

本年，王弘愿撰《献言于民声日报》。曾楚楠认为，这篇献言，不啻为王弘愿提倡佛学、皈依空门之宣言：

吾之所欲言于《民声日报》者，其言有四，其言唯一，曰：提倡佛学！

佛者，觉也。所谓觉者，觉众生之本性耳，觉众生之本心耳！人不学佛，人终不离佛，汝畏佛不学，汝能绝尔本性，汝能绝尔本心乎？

且今世所提倡之种种新学说，如社会主义等，其根柢不出于"人权平等"一言，而平等者，固佛教之产物也。且人之言平等也，限于人类，而佛之证平等也，上自诸佛，下至蠢动昆虫。世之言平等也，限于权利，故其所预期者，不必能实现，而先以召乱。佛之言平等也，根于心性，故其果报也，得涅槃大乐；而其华报也，善人满地，世成吉祥。

且今世之所纷纷者，徒以人无正信，不知因果，以为天下可以力征经营也，以夺人之财产性命，供一己之威福，而以为无偿也。故世界之竞争杀戮不可已，且日以益恣，使其知有因果，虽未必其即能反斯世于敦庞（按，意为丰厚富足），而奇祸巨争，故可以少减也。夫佛学之有益于人群，其至浅至浅者，已不可思议矣，故吾愿《民声日报》之提倡佛学也。

中国之学问，销沉久矣。近与欧美人较，事事失败，不但物质文明而已，即形而上学，吾东方文明之最发达者，亦瞠乎其后。故近世之士，不但研究泰西之物质文明，以益己之所无，亦研究泰东之精神文明，以求己之所有，而佛学其一端也。

（佛学可）影响中国之政局也。自清末之末造，我国内患外忧，人民几失其生趣，自爱之士，必无可得志于社会国家。苟非别有舍苦得乐之方，则大地几无以自托，故人反而求之佛学，而果也佛之确能拔苦而与乐也，则皈依恐后，夫又何怪乎？[4]

本年，纯密赴日本求法，纯密阿阇梨事迹如下：

---

① 《海潮音》月刊，1921 年第 9 期。

② 圆五：《答唐仁慧先生四大问题》，《海潮音》月刊，1921 年第 9 期。

③ 圆五：《答唐仁慧先生四大问题》，《海潮音》月刊，1921 年第 9 期。

④ 曾楚楠：《从师愈到密宗大阿阇黎：王弘愿先生皈佛成因蠡测》（二），《人海灯》季刊，2015 年第 1 期。

阇梨俗姓陈，本市人，诞生于清光绪二十七年辛丑（1901），父业商，少就学，家世与王弘愿居士有戚谊。民国八年己未（1919），年十九，于南澳县叠石岩，礼怡光法师出家。翌年，受戒于普陀山法雨寺了清和尚。嗣得王弘愿居士之鼓励，于民国十年辛酉（1921），往日本学真言宗于高野山。是为我省僧侣自清代至今东渡扶桑求法仅有之一人。至民国十三年甲子（1924），学成，得传法灌顶阿阇梨职位。回国居开元寺，广弘密乘，受灌顶弟子颇众，时彦名流，如李穆圃、陈侣豪、罗懋勋、方养秋、刘传秋居士等多顶礼座下。阇梨雅善真言梵书，笔划结构，妙具神韵。尝云："余素不善书法，而于真言梵书似有夙习焉。"

民十六丁卯（1927）春，应邀赴暹罗（今泰国）弘法。民国十八年己巳（1929）春，应邀赴新加坡弘法。民国二十三年甲戌（1934），往日本东京购请真言宗金胎两界全部经像、法器。

民二十五年丙子（1936），于本城北门七星桥创苏悉地园，其堂宇构造格局及设备大概仿日本真言宗寺院形状，与其他寺院迥异。是为我省现代仅有之密宗道场。民三十一年壬午（1942），代理开元寺住持。

公元一九六六年九月，与开元寺僧众同遭文化革命残酷磨折，后与众被遣散回家。一九七零年入狱，七月间在狱病笃被遣回，数日而寂，世寿七十，戒腊五十一。葬于笔架山，后迁高处塘叩齿庵普同塔。①

另，《潮汕庵寺》的《仁智传》中提及："纯密法师，民国时赴日留学数年，在高野山学密宗，回国继俗家表姑丈王弘愿（即王慕韩，潮州人）名居士之后，在潮汕传密宗。"② 据此看，王弘愿是纯密的表姑丈。黄檗派是临济宗支脉，仁智和尚的"天南法乳"高徒不少，如莲禅、纯寂、纯信、纯参、纯保、纯鉴、纯果、定然、定会、定因、定根、妙理，但和密宗有较大关系者似乎唯有纯密，这是很值得注意的。

附：蒋维乔所记之密宗求法僧人——

有清之末，我国佛教徒鉴于日本密教流传之盛，颇有重兴此宗愿望。杨文会之弟子南昌桂念祖首先赴日本留学，从云照、庆淳诸阿阇黎，赴日本高野山，留学数年，得传法灌顶以归。显荫以勉学过度，回国未久，殁于上海。大勇、持松二师在长江各省传授教法，从学者甚多。大勇又以日本密教由中国惠果阿阇黎传于弘法大师，而惠果又传自金刚智、善无畏，间接又间接；且在日本流传及千余年，中间不无变迁，而西藏喇嘛教，则由印度莲花生菩萨直接传接。于是决心入藏，先在北平创设藏文书院，招青年比丘，学习藏文。民国十四年秋，率全院生徒数十人，自四川徒步赴西藏。藏人疑其有政治作用，阻之，遂止于川边之打箭炉。积诚所感，疑团旋释。十六年春，拟赴拉萨，行至藏边甘孜地方，又为守边之英吏所阻。乃就甘孜札伽寺之大喇嘛，学习密宗，后得传阿阇黎法位。同行徒众，因水土不服，多所丧亡，迄今健在者只十余人。大勇亦以积劳成疾，于十八年八月十日，殁于札伽寺。年仅三十有七。③

---

① 慧原编：《潮州市佛教志·潮州开元寺志》第八章《人物》，潮州：开元寺，1992 年，第 797、798 页。

② 林俊聪编著：《潮汕庵寺》（下册），广州：花城出版社，2004 年，第 61 页。

③ 蒋维乔：《中国佛教史》，扬州：广陵书社，2008 年，第 245－246 页。

按：在早期东密的研究者之中，大勇、持松与显荫三人被太虚认为是最能契入密教体系者。但是显荫在归国后很快去世，而持松则在民国九年（1920）年前往日本密教中心高野山，并在此受戒。回到中国之后，他在汉口的宝通寺与常熟等地讲学，受到华中一带信众的热烈欢迎。大勇本是军中法官，民国十一年（1922）之后，在太虚大师处受戒皈依，并到日本留学。民国十二年（1923）年回到中国后，在杭州、北京、湖北、上海等地弘扬密教，吸引了许多从学者。① 民国十三年（1924），大勇离开武汉北上，在北京听说雍和宫的蒙古族喇嘛白普仁精于藏密，于是他跟随白普仁学习藏密，欲以贯通日、藏两系密教，建立完全的中土密教，但他弘传东密的活动也就此结束。②

本年，六榕、海幢、大佛、光孝等寺住持有铁禅、务勤、观禅、志光、影园等法师及陈肃简、梁季宽、汤瑛等居士，联名发起成立广州佛教阅经社，借此弘扬佛教，影响社会，净化世道人心。此举深获孙中山大总统嘉许，亲笔书赠“阐扬三密”四字大匾。阅经社设在大佛寺内。③

本年，省立潮州中学校改称省立潮州金山中学（后改为省立第四中学校），留学法国归来的张竞生博士出任校长，从日本东京早稻田大学留学回潮的李春涛任学监（后代理校长）。学校宣传新思想，推行新文化，革除陈规陋习。同时，招收女学生，实行中学男女同校同班。④

按：金山中学是民国时期潮汕的重要学校。留法博士、性学专家张竞生，著名马克思主义思想家杜国庠和李春涛都曾执教于此，以上三人主要吸纳新思想。王弘愿长期执教于金山中学，但笔者并未发现上述三人与王弘愿有往来，王弘愿属旧式文人，他和地方旧式文人如饶锷、温廷敬、佃介眉的来往较多。李春涛简介如下：

李春涛（1897—1927），海阳（今潮州）人。1917 年与彭湃同入东京早稻田大学政治经济科，1919 年和彭湃等组织学习俄国的赤心社。1921 年夏归国，应彭湃之邀，到海丰执教。次年五一，与彭湃组织集会游行，遭当局解聘后回潮州。曾任潮安金山中学教务长、代理校长。1923 年后协助彭湃从事农民运动，并不遗余力维护国共合作。1925 年第二次东征时，参加东征军总政治部工作，后任《岭东民国日报》社长，并参加《政治周报》编辑工作。1927 年蒋介石叛变革命后，受中共委派去国民党警备司令部开会时被捕，4 月 27 日被害。⑤

民国十一年（1922）　壬戌　四十七岁

年初，王弘愿发现近来频繁收到一些来自江浙的佛教报刊和参禅读物。询问过所收《嘉言报》主笔周化南后，他才晓得是浙江刘大心居士代为购赠。王弘愿得知此事后大为

---

① 洪启嵩：《密宗的源流》，北京：华夏出版社，2011 年，第 60 页。

② 赖永海主编；《中国佛教通史》第十五卷第九章《民国时期的密宗中兴》，南京：江苏人民出版社，2010 年，第 375 页。

③ 广州市地方志办公室编：《广州话旧：〈羊城今古〉精选：1987—2000》，广州，广州出版社，2002 年，第 404 页。

④ 《大事记》，潮州市地方志编纂委员会编：《潮州市志》，广州：广东人民出版社，1995 年，第 76 页。

⑤ 广东省中山图书馆、广东省珠海市政协编：《广东近现代人物词典》，广州：广东科技出版社，1992 年，第 177－178 页。

感动，遂将自己所译密教文章邮寄浙江，并修书刘大心致谢。[①]

《海潮音》本年第二期载王弘愿《复陈子略居士论日本真宗书》，此文论述日本净土真宗，对杨仁山贬低真宗进行驳斥：

承示日及日人富士川游真实教，教以译行本国，极感弘法利人之诚。我佛鉴之矣。弟粗读其书，能将近日新理以证明佛义。引导群论，至为可取。而其归极所宗，则在于真宗。真宗者，吾先哲杨仁山先生之所斥为全废自力者也。弟虽巽懦，亦有干城大法之心。故不愿为之中介焉。谨案：日本净土一宗，始于良忍上人，当我宋徽宗皇帝在位时。感得阿弥陀佛与十大菩萨，教之以融通念佛大旨，其经虽廖廖数语，而义蕴渊宏，境界广大，汇合杂华法华圆旨，超于释尊所说净土三经。[②]

《海潮音》本年第三期载有：王弘愿《复何剑菁居士书》和《广州发现舍利记》。[③]《复何剑菁居士书》原是何剑菁居士就因果报应的净土教义请教太虚法师的。王弘愿代为回答，此文虽短，但体现了王弘愿指示他人的学佛方法：

昔杨仁山先生因老亲不信佛法，在佛前为持诵大悲陀罗尼，以资冥助，后果如愿，此则可信其百发百中者也。又询楞严大悲二咒，谨奉赠咒疏一本，阅之可明，但知此亦非有何大益。以陀罗尼义曰：总持本不限于文字也。大抵持咒可得大效者有二种：一则不管文义，止常持诵，如宗门之参禅然。时节因缘豁然大悟，则了了如数家宝，原不借言语文字之疏释纷纷也。一则考求密宗大义，则当先阅华严或天台圆教，了知其旨后，乃读《密教纲要》《大日经疏》，又博考密教诸仪轨及日本密宗诸祖所著书，方能确知其观想安心之法。然其持诵轨则，又须口传足下。如有志有力能到日本亲从其阿阇黎灌顶传法，则大善矣。[④]

四月（佛诞前二十日，约农历三月下旬），撰《澄海佛诞放生会序》，文末称："澄海李律云居士，将联同志于释尊诞日，为放生之会，名曰'佛诞放生会'，而属余为序。李君学佛有年，随时地劝人，感而化者甚众。今为此会，尤为殊胜功德，故书其缘起。"[⑤]

五月三日（农历四月七日），王弘愿撰《复浙江刘大心居士书》，载于《海潮音》本年第五期，此文述及禅、密、净之关系："弘愿尝读经教，深殷佛慧，不幸生值禅学已衰，于宗祖言句，又骤不易解，故颇究心于密教。盖亲求现证，非密则禅也。今世慕道之彦，多归净土。然净土之一心不乱，亦必至禅宗司人之处，而乃生则决定生也。"[⑥]

《海潮音》本年第七期载王弘愿撰《林节母颜氏传》，文中涉及王弘愿世父春海公。文中提及，"林节母颜氏，号惠芳，潮安人，嫁同邑林之琦。之琦家贫苦学，顾屡不得志于有司，闷闷致疾死"。而林节母颜氏守妇道，奉佛至逝。文中另提及："节母之孙号笃轩者，营商业羊城，与吾世父春海公友。少时之省乡试，尝及见之，其为人长者。"[⑦]

---

① 李郑龙：《近代佛教界显密纷争的再探讨》，《中山大学学报》（社会科学版），2015 年第 2 期。

② 王弘愿：《复陈子略居士论日本真宗书》，《海潮音》月刊，1922 年第 2 期。

③ 《海潮音》月刊，1922 年第 3 期。

④ 王弘愿：《复何剑菁居士书》，《海潮音》月刊，1922 年第 3 期。

⑤ 《澄海佛诞放生会序》，王弘愿著述，于瑞华主编：《密教讲习录》（伍），北京：华夏出版社，2009 年，第 222－223 页。

⑥ 王弘愿：《复何剑菁居士书》，《海潮音》月刊，1922 年第 5 期。

⑦ 王弘愿：《林节母颜氏传》，《海潮音》月刊，1922 年第 7 期。

八月二日（农历六月十日），潮州大风灾，开元寺殿宇再次受损，居士与怡光、精光、智臻、福来诸师及李沐甫诸檀越，共倡募修。[①]

《海潮音》本年第八期载王弘愿《飓风后之因果谈》，署名是“圆五居士”。本文谈潮汕“八二”大风灾影响，发生的几则故事均涉及因果之报。文中称：

此次潮州飓风，为历来所未有。事后神话颇多。掇其有征者，以入吾笔记。

汕头市长王厅长丙若，于八月二十日，过我圆五居述因果事颇众。全面录之。

雨君言，二日之晚，汕头戏院尚演剧。人之往观者如常时，入夜，风稍大。戏院垣壁皆动，观剧人散出，有男子年可二十左右。行路间，为风所扑，翻身颠跌，适拄其后面之妇人。身得不仆，而妇人乃谓其调戏，扯至第四区警署请办。警署以大风非平时比，其时路中人，必无暇生调妇意。况该妇年四十余，与少男非偶，力劝息其事。而妇人必不肯，久之，谓其减亦须其金花红绸受罚。然黑夜大风，何处有此物。及潮至，警署倾，而此妇人与男子同毕命鱼腥中矣。此非前世恶缘，何至有此。噫！[②]

《海潮音》本年第八期还载王弘愿《李律云居士死难记》，李律云是王弘愿朋友，所需注意者，其人由道入佛，不幸死于风灾，其母和媳也死于风灾，让人怀疑学佛作用，而王弘愿对此事进行辨析，坚定人们学佛信念：

民国十一年，八月二日，夜，潮州大风，驱海水怀山，涉海数十里，庐舍荡绝。死人可十万，畜无算。西报谓自中国历史所未有。而我友律云居士，万足悲述焉。君讳翔龙，号律云，世居澄海之莲阳，壮岁补博士弟子员。澄海高氏以财雄于时，君父某主其南洋商事。君亦与高氏合资营汇兑业。为人慨慷，能振人急难。喜声色，间尝为狭邪游。会汇兑业败，负高氏债颇巨，君尽呈所有产业契券请偿。高氏义之，不尽取，又悯君已赤贫，援其子之南洋绾事。君既以商贫，乃课徒自给。会其族人有知潮阳县者，聘君充幕职。未几，得病极剧，幸不死。而耳已患聋。君自以病发，愿生平喜读书，则弃家事，赁居郡之大士庵。一志修道家术，既而知有佛者。遂专持准提密语，兼大悲秽迹金刚神咒。日课万千遍，如是者可五年。会其乡校有聘君充文学教授者，君自以次子幼学，不能夫成材望，遂就之，然礼佛持素结诵未怠也。[③]

王弘愿在上文中称：“力之不可思议者三：曰佛，曰心，曰业。凡夫虽净意菩提，而未能契真，尚无能解脱业力之掣系。而因缘之法，互通三世，其繁赜殆非佛眼不能了见。”本文的落款是“飓风后二十日潮安王弘愿记”。

按：李郑龙提出，这次大风灾可谓是密宗传播的殊胜因缘。近代广东的宗教活动在面临严峻挑战的同时，也享有难得的机遇。具体地讲，二十世纪二三十年代的广东，尤其是沿海地区灾害频仍。在巨大自然灾害面前，人们渴求宗教的慰藉。“八二风灾”发生，居民压溺毙命者五万余人，乏栖息衣食者四十万人，灾害造成财产损失达数千万元，工农业生产遭受巨大破坏。台风过后，瘟疫流行，民众生活极其悲惨，奇闻异事层出不穷，民间求神拜佛之风高涨，普通群众自不必说，就连当地的政界名流也纷纷“疑神疑鬼”，临时

---

① 慧原编：《潮州市佛教志·潮州开元寺志》第八章《人物》，潮州：开元寺，1992年，第794页。

② 圆五居士：《飓风后之因果谈》，《海潮音》月刊，1922年第8期。

③ 王弘愿：《李律云居士死难记》，《海潮音》月刊，1922年第8期。

抱佛脚。当时人心惶恐，人们迫切需要宗教来安抚内心巨大的创痛。灾后潮汕地区普遍出现的宗教需求确实有助于王弘愿的弘法活动的开展。①

《海潮音》本年第八期另载《大日经住心品疏续弦秘曲第一（因）》，署名是“日本丰山沙门雷斧著、潮安圆五居士王弘愿译”。本文是对《大日经住心品疏》之阐释。②

《海潮音》本年第九期载雷斧著、王弘愿译《大日经住心品疏续弦秘曲（续）》③

按：王弘愿纂述《〈大日经住心品疏〉精义》，载于《密教讲习录》，其序称——

（弘愿）善本宿植，巧值不思议因缘，忝受摩诃毗卢遮那两部秘印，绍阿阇黎位。为报佛恩，弘扬秘籍，既印行《金刚顶经义诀》诸宝书矣，又广求同志，重印《大毗卢遮那成佛经疏·住心品》成，颁海内外。《大疏》宏文，明白了畅，而中涵妙文，非精研秘旨者未易了知。此书在中国，解释者只有宋觉苑法师《演密钞》，而与疏皆久佚。东海邻邦，则油灯腾焰，释义者无虑千数百家，卓卓百人耳目者，犹数十百家也。岂人根之亦轸域于国界欤？猗欤何其盛也？④

《海潮音》本年第九期另有《日本权田大僧正八秩开七寿文》，此文署名“支那潮安王弘愿撰”。文首称：“中华人民建国之年，海东之君主国，亦易其纪号曰大正。其十一年之十月，为大僧正权田摩诃阿阇梨耶八秩开七之辰。门人泽抑君等，为组延寿祝贺会。来征言于余。”文中另提及：“弘愿初译密教纲要时，尝托日本留学生就正于大僧正，而不得法轮所转处。本年始由纯密得请正于大僧正。大僧正为吾校正二文，并锡吾以大日经和续弦秘曲，令趋译以施吾支那。”⑤

《海潮音》本年第十一、十二期合刊载有王弘愿译《大日经住心品疏续弦秘曲（续）》、王弘愿撰《王弘愿慰刘大心居士》，以及太虚撰《王弘愿居士来函及答复》。⑥

十一月十一日，王弘愿致信太虚（《海潮音》载《王弘愿居士来函及答复》中的王弘愿来信落款是“十一月十一日”），来信盛赞和太虚有关的佛学院及《海潮音》的作用，需注意者，内中提及“了虚公当住院，弟近日有函与他，谅当达到。内云‘刘居士以提倡禅宗被谤舍命事，不知亦尘尊鉴否?’”针对王弘愿的来函，太虚回复：

弘愿开士道鉴：蒙叠函垂讯刘大心自戕事，刘大心即刘崧申，前在杭州曾访吾数次相识，并赠吾居士参禅提要，因知其为亲近法一禅师，而留心禅宗者。至其素若何，则非所知。印光、谛闲、范古农皆相识，惟马一浮尚未知为何许人耳。然此四人对刘大心有无评谤，却非所知。惟去年偶闻刘大心略有曾谈及耳。日前由杭来汉，遂询以有无其事。据云有一姓刘之外道为一净土宗。马某批驳，愤而自戕不成，乃发此传单云云。亦疑即刘大心之事。则刘之自戕，当系确有之事，而曾毅斋直以外道咱之。则刘为杭州一带主张净土宗

---

① 李郑龙：《密宗的回传：以王弘愿为中心的考察》，林有能、李尧坤主编：《六祖慧能与岭南禅宗历史文化研究文集》，香港：香港出版社，2015 年，第 426 页。

② 雷斧著，王弘愿译：《大日经住心品疏续弦秘曲第一》，《海潮音》月刊，1922 年第 8 期。

③ 雷斧著，王弘愿译：《大日经住心品疏续弦秘曲第一》，《海潮音》月刊，1922 年第 9 期。

④ 《〈大日经住心品疏〉精义》，王弘愿著述，于瑞华主编：《密教讲习录》（壹），北京：华夏出版社，2009 年，第 452 页。

⑤ 王弘愿：《日本权田大僧正八秩开七寿文》，《海潮音》月刊，1922 年第 9 期。

⑥ 《海潮音》月刊，1922 年第 10、11 期合刊。

者所不容，当亦实事。噫！良则叹矣。太虚敬复。[1]

该期还载有《王弘愿居士致太虚法师书》，仍是关于刘大心自戕之事。王弘愿在信中痛斥：

弘愿于此事感想有三：其一，则人心愤嫉之私，虽在佛门而一发难收，至可痛若此；其二，则吾国向为禅宗盛行之地，其独霸也，至驱逐各宗疏传于海外，其弊也，比丘、比丘尼一字不识，削发披缁，公为淫妄，今之反动则虽论著之，涉及禅宗者而亦若深分宿恨矣；其三，则见谛之人，乃堪负荷大法，否则谤亦随之，而有时且无力随受也。[2]

十二月七日，王弘愿撰《王弘愿慰刘大心居士》（该文落款是“十二月七日晚灯下”），函中载：

刘大心居士慧照：本日由邮交到杭州报一张，外面书明杭州邮寄。内有记足下自杀原因一则，阅之不胜骇痛。昔当禅宗初入中土，初祖、二祖皆受妒惨死，彼无怪焉也。一切扫除，夺人所恃，人疑魔外，故生毒心。今禅宗虽稍凌夷，而研佛之人，无不知其传佛心印，自愧不能企及耳。何至于提倡振起之人，而作诬谤毒行。以此存心，去极乐远矣。乃欲望弥陀之接引耶。且现当佛教兴起之时，而竟有此事，弟窃为前途悲矣。虽然，足下此举则为大错。[3]

按：刘大心居士自杀是在十一月，事涉印光大师。刘大心是《居士参禅简录》（又名《法一禅师语录》）作者，与王弘愿是密宗同人。李郑龙在《近代佛教界显密纷争的再探讨》中，对刘大心居士之事有较详细说明，现引述若干——

一番交往后，刘大心觉得彼此能“各申衷曲，心至戚也”，对王弘愿所述困难深表同情，希望他能以“坚卓之志”弘扬密宗。自己究心禅宗已有 5 年，所耗费财力不下 2 000 洋元，虽时常遭受“排斥禅宗者陷害”，但为使《法一禅师语录》略传于世，“一身之利害则付诸度外也”。在 1922 年，刘大心除了流通《法一禅师语录》外，又开始大量印发传单攻击印光等净土宗师，在江浙一带闹得沸沸扬扬。

就刘大心传印的《法一禅师语录》而论，其内容主要是借永明延寿之口来反驳净土宗对禅宗的阐释。历史上，永明延寿曾以禅宗大师的身份提倡学习净土的重要性，流风所及，宋以后中国佛教出现了禅净合流的风潮。此后，禅宗的修行人多兼修净土，并以西方净土为归。对于当日禅净合流现象，有学者认为，禅宗人是以参禅为修行手段，以往生净土为归宿，合流并没有妨碍禅宗的独立性，这种禅净双修，实质仍是修禅。

在后世，永明延寿的思想得到了进一步发展（改造）。到了宋末元初，一些“抑禅扬净”的言论，如著名的“四料简”也被归于延寿的名下。具体到宗教实践上，当时禅门也只是参究念佛，借助参“念佛是谁”一句话头而开悟，所谓的夺禅仍不出禅。其流弊所及，口头禅仍大行其道，到了明末，狂禅风靡教内教外，鉴于当时禅门的空疏之弊，蕅益智旭最终提出了“消禅归净”的主张。他认为，先辈虽因禅宗而获大利，而现在参究念佛“徒有大害而已”，比较之下，净土宗的持名念佛法门才是真正的无上妙禅，学者应死心净

① 太虚：《王弘愿居士来函及答复》，《海潮音》月刊，1922 年第 10、11 期合刊。
② 王弘愿：《王弘愿居士致太虚法师书》，《海潮音》月刊，1922 年第 10、11 期合刊。
③ 王弘愿：《王弘愿慰刘大心居士》，《海潮音》月刊，1922 年第 10、11 期合刊。

土才是。

到了清末民初，印光承接了这一历史发展趋势，他将延寿的“摄禅归净”与智旭的“消禅归净”相结合，通过重新阐释“四料简”来进一步提出自己的主张：①按照约理、约机的方法，阐明净土法门为普被三根之易行道，禅宗乃难行道。②对于宗门来说，真正的禅净双修是指行人彻悟之后，继续深入经藏而弘扬净土。③末法时期，众生根机钝劣，真正能大彻大悟的人实属凤毛麟角。修禅劳多而功少，不比专修净土来的稳当。

1911 年，印光对禅净关系的论述被高鹤年发表在《佛学日报》上，不久，此文就引起江浙禅林的强烈反弹。民初，天童寺首座幻人和尚就曾与印光辩论，以“昔玄奘携所取经，过河落水，晒河岸石上，被一龟食尽，今只存阿弥陀佛四字”讥之。面对讥讽，印光毫不退让，坚持宣扬自己的主张。1915 年，太虚到普陀山法雨寺闭关，他对印光的印象是：“印光法师对其时号称禅师如冶开等，每加訾议……惟以折服人归崇净土为事。”1918 年，高旻寺首座法一禅师应刘大心等之邀赴杭州海潮寺作开示，刘后将笔录辑为《居士参禅简要》一册，其内容恰是借永明延寿之口来反驳净土宗对参禅的“曲解”：①参禅不问根器之利钝，亦不论有学无学，识字不识字，凡人皆可参究。②参禅乃最简易，最上乘，最捷径之法门。③参禅不问悟不悟，皆有无量无边功德。

面对刘大心的“攻击”，虽然印光没有直接回应，但引起了江浙（杭州）一带净土宗信徒的强烈不满，他们纷纷视刘为外道，以文字对其展开批驳。1922 年 11 月左右，刘大心不堪压力，一气之下竟自寻短见。刘自杀一事在当地颇惹物议，随后就有人把报导此事的《杭州报》寄送潮州，王弘愿在得知刘大心自戕一事后，即在 12 月致信以示劝慰。他表示，自己虽然对此事不胜骇痛，但大心居士的遭遇亦在情理之中。禅宗初入中土时，其初祖达摩，二祖慧可“皆受妨惨死”，如今禅宗虽然稍有凌夷，但研究佛法之人无不知其为传佛心印。某些人不自愧不能企及，反而对于提倡者作“诬蔑毒行”，“现当佛教初兴之时，而竟有此事，弟窃为前途悲矣”。[①]

民国十二年（1923） 癸亥 四十八岁

《海潮音》本年第一期继续刊登王弘愿译《大日经住心品疏续弦秘曲（续）》。并刊登王弘愿《密教之数息观》和《复汤雪筠居士论丁氏经注书》。该期还刊登汤雪筠《与丁福保居士讨论佛学丛书》以及《丁仲祜居士复汤雪筠居士书》。丁仲祜是著名居士丁福保。[②]《密教之数息观》是关于密宗静坐修行之法，有点类似中国的道家气功。[③]《复汤雪筠居士论丁氏经注书》是对丁福保所注佛书的评论，其中称：

且以所注坛经注论之，夫禅宗贵真参实契，宁复有文字可能形容。虽然，坛经既以文字传人，则亦不妨即文字以言般若。坛经文字浅明，寓理却绝精邃，且中有数则混讹公案，索解人不易者。丁氏注于此等处颇能疏通证明，有裨读者。浅见尝推此注为丁氏经注中之翘楚。[④]

---

① 李郑龙：《近代佛教界显密纷争的再探讨》，《中山大学学报》（社会科学版），2015 年第 2 期。

② 《海潮音》月刊，1923 年第 1 期。

③ 王弘愿：《密教之数息观》，《海潮音》月刊，1923 年第 1 期。

④ 王弘愿：《复汤雪筠居士论丁氏经注书》，《海潮音》月刊，1923 年第 1 期。

附：丁福保（1874—1952），字仲祜，号畴隐，江苏无锡人。通算学、日文、医学、诗赋等，历任教习。三十一岁时始学佛学，结识杨文会。1908 年在上海行医并创办佛学书局。刊印医书，后来兼刊印佛书。编纂有算学书 10 种、养生书 26 种、佛书 34 种、医书 75 种。佛学方面重要者有《佛学大辞典》《佛学指南》《佛学起信论》《六道轮回录》《佛教精华录笺注》等。①

《海潮音》本年第三期继续刊登王弘愿译《大日经住心品疏续弦秘曲（续）》《复汤一心居士书》和《日本兴教大师传》。②

《日本兴教大师传》是关于日本东密古义、新义分派的关键人物觉鑁：“兴教大师名觉鑁，学者称密严尊者。生日本嘉保二年（中国宋哲宗绍圣二年）六月十七日。肥前鹿岛人也。父伊佐平次兼元平将门之裔，生子四人，后皆为僧，师其第三子也。”该传最后提及：“兴教大师者，日本密教之中兴，而新义真言之太祖也。权田大僧正大师法裔，近日遗我以大师真实传。余因掇其尤要者著之篇。”③

四月，日本权田雷斧致函王弘愿，述及将来中国传法，事见王弘愿《告海内佛学家书》，大正十二年恰好是民国十二年，即本年：

弘愿有心入日，亲炙大僧正，亲受其心传，自惭力薄断寡，系于家狱，不能自脱。……而大僧正惠我书曰：老衲雷斧，为法不厌舍命抛身。明年度得好时机，转锡于贵地。欲建立曼荼罗，摄中华有缘之士，无障缘成，贵下可为正受者。（大正十二年晚春四月）④

《海潮音》本年第六期刊登王弘愿《惠果阿阇梨传》和《日本真言宗弘法大师传》。⑤《日本真言宗弘法大师传》是关于空海事迹的撰述。《惠果阿阇黎传》介绍惠果是“俗姓马，京兆昭应人”，他是唐代密宗大德。文中感慨：

王弘愿曰：日本所仰为密教高祖弘法大师空海者，惠果阿阇梨之弟子也。而我国乃不知其名氏。吾尝考之《宋高僧传》《神僧传》《佛祖历代通载》《佛祖统记》等，无惠果名也。呜呼！阿阇梨握两部大法秘玺，法德巍巍，而不登记录，固以吾国密教之歇绝，亦载笔者疏也。余既喜讲习密籍，故考其行事而补述之。⑥

《海潮音》本年第六期还刊登王弘愿《陈育卿居士生西事略》：

澄海陈育卿居士，于民国十二年夏历元月二十九日生西。四众围绕，念佛端坐，俨然有闻异香者。居士于二十六日因感冒风寒得疾，卧床不能起。二十八晚，自言阿弥陀佛引诸菩萨及天童三十六位，接其归西。且为言净土之乐。居士请以会宗人后行也。居士讳德，字德刚，育卿其号也。幼时与群姊嬉，见拾昆虫者，必释去乃喜。二十三岁，补博士弟子员。有一兄亦博士弟子员，相友爱。以课徒严谨，薪修颇丰。时周兄之不给也。居士体素羸，然喜习天文地理科哲诸学，布算尤有心得。尝与同志唱组不缠足会。著《赘言》及《女学歌》劝世，喜诵《关帝明圣经》，力行功过格。刊《关帝垂训文》《集福编》

① 陈兵编著：《新编佛教辞典》，北京：中国世界语出版社，1994 年，第 563 页。

② 《海潮音》月刊，1923 年第 3 期。

③ 王弘愿：《日本兴教大师传》，《海潮音》月刊，1923 年第 3 期。

④ 王弘愿：《告海内佛学家》，《海潮音》月刊，1923 年第 11 期。

⑤ 《海潮音》月刊，1923 年第 6 期。

⑥ 王弘愿：《惠果阿阇黎传》，《海潮音》月刊，1923 年第 6 期。

《高王观音经》《阿弥陀经》及验方行世。尝梦神金盔铠甲，威仪雄伟，据中堂，身俯伏赞颂也。中年，肺病益增。晚，杜门不出，礼佛持素诵经十余年如一日，世寿六十有二岁。①

八月十八日，权田雷斧再致函王弘愿，事见王弘愿《告海内佛学家书》：

又惠书曰：老衲雷斧，明十三年孟夏或晚春，引率三五同志之阇梨，往诣贵地，欲开受明结缘等灌顶坛。敢问贵意如何？若有随喜赞成志，为中华密教再兴，希竭力，又恳请定开坛地。②

《海潮音》本年第八期刊登王弘愿《一切经音义汇编跋》："无锡丁仲祜居士。以近日东返之唐慧琳法师《大藏一切经音义》、辽希麟法师《续大藏一切经音义》二书，分字画次序。名曰《一切经音义汇编》，而自为之序，凡十编。"丁仲祜居士即丁福保。王弘愿对此书十分推崇，"余读之终编，深叹居士之闳肆赅博，学有心得，而此书之成，不但有功于佛学，抑亦有功于儒学也。"本文的落款是"癸卯中伏潮安王弘愿和南"。③

十月一日，权田雷斧再次致信王弘愿，关于权田来华传法之事：

弘愿喜大僧正法驾之果将来华也，则上请大僧正，可否顺往各港，俾有志者上求。兹得复书，明年度老衲到贵地，可顺到他地他港。④

《海潮音》本年第十期刊登王弘愿的《古大寺庵承领地基募捐启》：古大士庵建于逊清康熙年间，前守即府仓旷地为之。后楼崇祀祭观音大士，故寺名古大士庵，疑篇名的中的"古大寺庵"是"古大士庵"的错写。因为古大士庵原是官地，政府想收复该地，而住持因之募信众捐款承领该地基，否则政府将该地卖人。文末称：

弘愿按：庵基故官地，饬住持缴价，自与广州之强夺者不同。今中国佛化重兴，长江各处，蒸蒸日上。而吾广东之现像乃若此，持比前清，果何如乎？此有心世道者所由黯然而神伤也。⑤

按：民国时期，广东地方寺院往往卷入地产所有权纠纷，很多寺院被政府没收。王弘愿上文正是对此种情形的感叹。

十月二十一日，王弘愿发文《告海内佛学家》，本篇较重要，录于《海潮音》本年第十一期，兹录其文如下：

王弘愿谨拜手郑重庄严敬告海内佛学大家曰：兹有一大事因缘，于吾中国佛教行将有大影响者。则日本高僧权田大僧正雷斧，于明年明春初夏之际，将莅临吾国也。权田大僧正雷斧之行义，弘愿于本年为大僧正祝寿文。（此文登《海潮音》）叙述颇明晰，兹更略言之。则其人于七岁出家，研究俱舍唯识因明，尝为学子讲之。又曾受正法眼藏于曹洞宗穆山禅师，入室嗣法。而其法脉相承，净心所住，则专在于秘密蔓荼罗即身成佛大教。登新义真言宗大阿阇梨职位。日廷礼重之，授以大僧正。大僧正者，日本僧官之最高者也。所著甚多，弘愿尝译其《密教纲要》行世。《两部曼荼罗通解》，登之《海潮音》。译而未

① 王弘愿：《陈育卿居士生西事略》，《海潮音》月刊，1923 年第 6 期。

② 王弘愿：《告海内佛学家》，《海潮音》月刊，1923 年第 11 期。

③ 王弘愿：《一切经音义汇编跋》，《海潮音》月刊，1923 年第 8 期。

④ 王弘愿：《告海内佛学家》，《海潮音》月刊，1923 年第 11 期。

⑤ 王弘愿：《古大寺庵承领地基募捐启》，《海潮音》月刊，1923 年第 10 期。

竟者，《大日经住心品疏续弦秘曲》，竟而未刻行者，《灌顶一异义私记》《十八契印标示义释》。①

……

于是王弘愿则谨拜手郑重庄严正告于天下曰：吾国当唐开元时，密教为特盛，不幸中绝。今者佛日重光，大僧正法驾将莅中国，续我神州华胄之已绝三密加持力。此真千载一时之嘉会也。世亦有欲显发其本有金刚普贤满月大菩提心者乎，幸勿交臂失此良机也。而弘愿愿为之先容。有乐求乎？请锡大教。

佛历二千九百五十年即中华民国十二年十月二十一日潮安学人王弘愿敬告

通讯处潮州仙街头佛经流通处②

《海潮音》本年第十二期继续刊登王弘愿译《大日经住心品疏续弦秘曲（续）》。③

本年，开元寺纯密法师东渡日本，于高野山学真言宗，受两部大法灌顶职位，成为传法阿阇黎。

按：东渡学法的人物中，僧人主要有纯密、大勇、持松、显荫、曼殊揭谛、又应、慧刚、海印、谈玄、悟光等人，居士主要有桂伯华、王弘愿、程宅安、顾净缘、江味农、陈济博等人。④

以下列举若干日本真言宗求法者：

桂伯华（1861—1915），名念祖，江西九江人。早岁随康有为、梁启超从事变法活动。任上海沪萃报馆主笔，宣传维新，戊戌后从杨文会学佛。1910年赴日本学真言宗。其间与章太炎相过从，宣传佛学。病逝于日本。著述唯存《起信论义记科注》及《九江桂伯华先生遗诗》。⑤

江味农（1872—1938），名忠业，一名杜，号定翁，法名妙熙、胜观。江苏江宁人。幼读儒书，曾中乡举，1918年开始信仰佛教，听谛闲讲经。曾赴日本学东密，归国后随白普仁喇嘛在沪、杭、湘、鄂等地弘扬藏密，1931年任上海省心莲社社长，常在社中讲经，一生教宗般若，行在净土，整理有谛闲讲《大乘止观述记》；著有《金刚经讲义》印行。⑥

顾净缘（1889—1973），名畴，字伯叙，号子同。密号正明，自称暗然。江苏淮安人，为顾炎武之后裔。幼随湖南宁乡傅绍岩学儒，辛亥革命前师事洛一子学道，后转而学佛。1924年，与梁融觉、李又聃等在长沙创办四众和合之佛教团体“二学园”，树“圆融不诤”为宗旨。创行大乘菩萨道。又主办两湖佛化讲习所培育四众佛弟子。唐生智师事之，并请于北伐军中布教，所部士兵将领均受三皈五戒。为纪念北伐阵亡战士将五轮塔于岳麓山，北伐胜利后被武汉国民政府聘为顾问。1928年赴日本学密，得阿阇黎位，尽得东密台密奥密以归。⑦

---

① 王弘愿：《告海内佛学家》，《海潮音》月刊，1923年第11期。

② 王弘愿：《告海内佛学家》，《海潮音》月刊，1923年第11期。

③ 《海潮音》月刊，1923年第12期。

④ 赖永海主编：《中国佛教通史》（第十五卷）第九章《民国时期的密宗中兴》，南京：江苏人民出版社，2010年，第374页。

⑤ 陈兵编著：《新编佛教辞典》，北京：中国世界语出版社，1994年，第561页。

⑥ 陈兵编著：《新编佛教辞典》，北京：中国世界语出版社，1994年，第563页。

⑦ 陈兵编著：《新编佛教辞典》，北京：中国世界语出版社，1994年，第569页。

曼殊揭谛是王弘愿师兄，但生平极低调，著述不多：

民国初年之留日学僧。籍贯、生卒年皆不详。母为日本人。原从禅宗高德微军出家，法名妙唵，后改习密宗，更名曼殊揭谛。才华出众，不拘小节，常往来中日间，博通佛教各宗，尤精密宗。民国十四年（1925），与居士王弘愿同依日僧权田雷斧学密，后以王氏违反佛戒，私自于广州六榕寺为人灌顶，而与王氏发生文笔论诤。曼殊揭谛反复申斥居士不得作阿阇梨，民国二十二年，竟因此而于广州白云山纯仁寺被捕下狱，迫令离粤。其后事迹不详。[①]

按：广州白云山有能仁寺，上述的纯仁寺应是能仁寺。另外，民国时期有苏曼殊，且其母也是日本人，疑有的资料记载将曼殊揭谛与苏曼殊误为一人。曼殊揭谛一生极为低调，有关他的生平事迹不多。

附：日本密教之曼荼罗分部——

日本密教中，台密、东密，其说大异。台密以胎藏界曼荼罗为果曼荼罗，以金刚界曼荼罗为因曼荼罗；东密反之，以胎藏界曼荼罗为因曼荼罗，以金刚界曼荼罗为果曼荼罗。又东密谓金、胎两部大法，台密则谓此两部外，圆仁尚传来苏悉地法，称为三部大法。此苏悉地法，非弘法所传，在三部中，最为重要者也。因海云《血脉》载："玄超阿阇梨，复将大毗卢遮那大教王及苏悉地教，传付青龙寺东塔院惠果阿阇梨"等语。三部大法，即以此为证。此种议论今尚存于东、台两密之间。[②]

附：东台二密相异之点——

教主：东密以大日如来为本，与释迦别体。台密以大日如来与释迦同体。

教义：东密无理密事密之分，除两部外，皆为显教。台密分理密与事密俱密，故法华、华严与两部无轩轾。

教判：东密以"十住心论"判教。台密以天台之教判，藏通别三教为显教，圆教为密教。

教法：东密以六大为体大。台密以阿字为本体。

中心：东密以《金刚顶》系金刚界为中心。台密以大日经系胎藏界为中心。

教释：东密以《摩诃衍论》为中心。台密以《大日经义释》为中心。

两部：东密偏重金刚界，为金胎次第，两部外不立不二。台密偏重胎藏界，为胎金次第，两部外立苏悉地部。

血脉：东密，两部一系，故法流统一。台密，两部各分系门，故教门分张。

修法：东密以爱染法为至极之大法。台密以炽盛光佛顶为至极大法。[③]

附：日本台密（天台宗）——

日本天台宗是由最澄从中国传入并建立教团的。最澄是接受中国天台宗六祖湛然法系传法的第一个日本人。此外，最澄还在天台山禅林寺受牛头禅法。归国前，又从密宗善无畏的再传弟子顺晓接受密宗灌顶和教法、典籍、法器。

---

① 慈怡：《佛光大辞典》，北京：北京图书馆出版社，影印台湾佛光山出版1989年第五版，第4400页。

② 蒋维乔：《中国佛教史》，扬州：广陵书社，2008年，第145页。

③ 吴信如编著：《台密东密与唐密》，北京：中国藏学出版社，2011年，第266-267页。

日本天台宗在基本教义方面与中国相同，但日本天台宗是在日本特有的社会环境中传播和发展的，所以也形成自己的特色。主要有以下三个方面：一、天台宗与密教结合，经最澄的弟子圆仁、圆珍和安然的发展，成为与日本真言宗“东密”相对应的“台密”。二、教、戒一致，只承认大乘戒，认为天台宗是大乘，只应受依据《梵网经》的大乘戒，不必据小乘《四分律》受具足戒，并贬斥禀受小乘戒的奈良六宗一律为小乘。在最澄死后，朝廷准予比睿山建立大乘戒坛为天台宗僧人授戒。三、鲜明的“护国”思想，重视以“镇护国家”“积祖灭灾”为目的的祈祷、读诵和秘密修法等。①

附：东密的传承历史与主要流派——

据《中国密教系谱》，密教付法八祖系谱是：大日如来—金刚萨埵—龙猛—龙智—金刚智—不空—惠果—空海（日本）。而传持八祖系谱是：龙猛—龙智—金刚智—善无畏—不空——行—惠果—空海（日本）。②

延历二十三年（804），空海入唐，师事惠果。大同元年（806）返国，以时机相应，受朝野归仰。自日僧入唐请回经籍者虽有所谓“入唐八家”，然得七祖之嫡传、化风之盛，则无出空海之右者，故以之为付法第八祖，并被尊为日本真言宗开祖。

弘仁七年（816），空海于高野山创设金刚峰寺。弘仁十四年，嵯峨天皇又赐予东寺（教王护国寺），遂与金刚峰寺同为此宗之根本道场。门人甚多，以真济、真雅、实慧、道雄、圆明、真如、杲邻、泰范、智泉、忠延等十人最为杰出，或媲美为世尊之十大弟子。

空海与此等门人大扬宗风，而予平安时代社会各阶层以极深之影响。然于空海寂后百年顷，事相之传承分成小野、广泽两大流派。即于真雅之下有源仁，源仁之下有益信、圣宝二哲。益信之后，经数代至宽朝时，其门流称“广泽流”。二者复各分六流，合称“野泽十二流”，其后更生三十六流、七十余流。

开出广泽传法院流之觉鑁，于天承元年（1131）登高野山，创建大传法院，并兼任金刚峰寺座主，其时为平安末期。高野山与东寺向来主张“大日如来本地法身说”，觉鑁则针对高野山之说而提倡“自性加持身说”。由是两派乃告分裂，高野山派称为古义真言宗，觉鑁及其拥护者则称为新义真言宗。其后觉鑁由于高野山徒之忌，于保延六年（1140）移至和歌山县之根来，奠立新义派之基础。

日本真言宗自小野、广泽二流开始，虽衍生众多流派，然中世以来主要为新义、古义二派。江户时代，古义派多属高野山，新义派则隶属智山、丰山二山。③ 东密的基本教义如下：

密教的基本经典是《大日经》和《金刚顶经》。唐代僧一行所著《大日经疏》是中国人所著的最重要的密教著作。空海主要依据这些密教经典和其师惠果的口头传授，阐释密教教义，创立日本真言宗。空海主要著作有《辩显密二教论》《秘密曼荼罗十住心论》《秘藏宝钥》《即身成佛义》等。其基本教义：一、显、密二教和“十住心”的判教论。空海把《大日经》等经典所说的教说称之为“密教”，意为秘奥、深奥之教，而把此外的

---

① 杨曾文、张大柘、高洪：《日本近现代佛教史》，北京：昆仑出版社，2011 年，第 13 - 14 页。

② 《附录：密教谱系》，洪启嵩：《密宗的源流》，北京：华夏出版社，2011 年，第 153 页。

③ 吴信如编著：《台密东密与唐密》，北京：中国藏学出版社，2011 年，第 233 - 237 页。

经教一概称之为“显教”，意为浅显之教；密教是法身佛所说，而显教是应、化身佛所说。又把信奉不同佛法者的心境分为十个等级，称之为十住心，用以判释全部佛法。真言宗判为第十心，抬高密教地位。二、“六大”“四曼”“三密”的教相论。真言宗把教义称为“教相”，而把修法仪轨称为“事相”。教相由体、相、用组成，即所谓“六大体大”“四曼相大”“三密用大”。①

民国十三年（1924） 甲子 四十九岁

年初，太虚闻大勇归国，传密于杭，即以严切手书，责以速来武汉，乘寒假期中传修密法。②

春，王弘愿为饶宗颐之父饶锷的《西湖山志》作序：

近日洪师长规吾潮公园，选胜得湖，于是而墓者平，台者突，梁者横，艇者泳，古文铭字之埋没于蔓草芜墟间者出。饶公纯钩为之钩稽疏证，而《西湖志》以成，则来索吾序。余老矣，惭负吾湖于君书，曷序？然近日四海隶通，人之来游吾潮者，盖无复有岭海烟瘴异感，而吾潮学子亦往往远及京沪、欧美间。他日有乐天、子瞻来润色之，则此湖名天下如杭、惠矣。饶君其亦念吾言而益自力也欤。③

附：饶锷简介——

饶锷，字纯钩，自号纯庵，生于清光绪十五年（1889），世居海阳县城。清末生员，因罢科而未应试。曾任教于省立二师（今韩山师范学院）。

饶锷嗜书史，家中藏书甚丰。毕生刻苦攻读，勤于著述，与石铭吾、王显诏、蔡儒兰、游惜予等组织“壬社”诗社，砥砺切磋。1931 年因病逝世，临终之际，仍念念不忘所著《潮州艺文志》未竟全功，召长子宗颐至榻前，谆谆嘱咐其继父志续成是书。次年，宗颐年方十六，即披阅群书，详加考核，完成父志。

饶锷生前著作，除《潮州艺文志》外，尚有《西湖山志》《西湖集》《天啸楼集》。④

附：潮州西湖自唐代开辟以来，自然景观和人文景观不断涌现，曾被称为全国三十六处西湖之一。民国九年（1920），潮梅善后处处长洪兆麟、潮安县县长陈友云等倡议辟建西湖，重建熙春园、依绿园、梅花庄、渔庄和带湖轩等景点；还新建涵碧楼、湖心亭、湖清亭、滴翠亭、游目亭、聘怀亭和醉春舫等建筑物。民国二十二年（1933），又扩建横跨西湖两岸的虹桥。这次辟建工程，历时十余年，是西湖风景区营建史上较大规模和较为系统的一次。民国期间，西湖被命名为中山公园，成为粤东的一处著名风景区。⑤

本年十月，饶锷编著的《潮州西湖山志》十卷二册由瀛社发刊，潮安梁永昌印刷所承印，青年书店总发行。樊增祥、于右任题签，温丹铭、丘复、王弘愿为之序。⑥

---

① 杨曾文、张大柘、高洪：《日本近现代佛教史》，北京：昆仑出版社，2011 年，第 15－16 页。

② 释印顺：《太虚大师年谱》，北京：中华书局，2011 年，第 108 页。

③ 《潮州西湖山志·序三》，潮汕历史文化研究中心编，陈贤武、黄继澍整理：《饶锷文集》，香港：天马出版有限公司，2010 年，第 213 页。

④ 《人物传》，潮州市地方志编纂委员会编：《潮州市志》，广州：广东人民出版社，1995 年，第 1861 页。

⑤ 潮州市地方志编纂委员会编：《潮州市志》，广州：广东人民出版社，1995 年，第 1483－1484 页。

⑥ 陈贤武：《饶钝庵先生作品系年》，潮汕历史文化研究中心编，陈贤武、黄继澍整理：《饶锷文集》，香港：天马出版有限公司，2010 年，第 192 页。

王弘愿和饶锷、饶宗颐父子，均为近代潮州旧文人的重要力量。陈伟《论饶锷古文之取法门径》一文论及饶锷古文路径：

饶锷先学韩，后学欧，于二家皆用力甚深，其《与冯印月书》曰："韩文最佳莫若赠送诸序，其理神法度博厚奇变，后有作者，终莫能逮。欧阳公自谓得力韩文，今观其文，与韩似不类。然按其义法，寻其声调，与韩靡弗合也。盖退之运法于气，永叔行气于法。殊途同归，人知之少矣。"他自己走的也是欧阳"行气于法"之法。①

《论饶锷古文之取法门径》结语归纳：

饶锷的古文创作，在这些风气的影响中，按照他自己的性情之所好，做出了选择，即从欧阳修入手，取桐城义法，出入归有光、方苞、戴名世之间，最终形成自己雅洁深婉的独特风格，在当时潮汕的古文作手郑国藩、温丹铭、姚梓芳、王慕韩之外，独树一帜，堪称民国粤东古文创作之典型，置之当时华夏文坛，亦足自名一家。②

附：温丹铭是王弘愿之友，大埔人，著名史家。王弘愿认识温丹铭较早，《缵槐堂集》收有王弘愿作的《立春日寄温丹铭先生》二首，其诗曰："潇潇风雨酿春寒，欲写宜春兴却阑。想见汕头庆云里，红尘如海卧袁安。海色岚光满留余，（丹铭齐名）六经穷罢注虫鱼。耐饥忍冻男儿事，不草长卿封禅书。（时袁氏称帝）"③

按：王弘愿对饶锷之子饶宗颐（选堂）影响很大——

郭伟川称：后来选堂先生之主张文宗韩愈，除家学及潮安王师愈（慕韩）先生之启迪外，与揭阳姚梓芳先生及其创立的"韩社"的影响显然也不无关系。姚梓芳先生著作甚富，主要有《秋园文钞》《觉庵丛稿》《广西办学文稿》《古文辞阶》《过庭杂录》《困学庐笔记》等。姚梓芳（1877—1951），又名子芳，字君悫，别号觉庵、岐山老民，揭阳盘溪都凤林村人。④

郭伟川又指出：

选堂先生于文、史、哲、艺诸领域，造诣宏富，博大精深，影响极大。而诸领域中，除学术外，我最叹佩者在其文；而饶先生颇自许者，亦在其文。当然，此"文"所涵盖者，包括先生所创作之诗、词、歌、赋与散文、骈文，以及文学理论与译作等。而诗文中，我最爱先生之散文，诗则五、七古，因为雄豪恣肆，大气磅礴，最能表达先生的襟怀与卓识，极具韩愈诗文之风格。而饶师自己亦承认青少年时期，极喜韩愈之著作，许多篇什皆能成诵。他这方面的爱好，除家学之外，在他入读金山中学时，受到国文老师潮安王师愈（慕韩）先生的启迪，因此在初中时期，在文章写作方面就奠下了很好的基础（按：其后选堂先生更受到创立"韩社"的古文大大家揭阳姚梓芳先生的影响，已如前述）。⑤

郭伟川再指出，王弘愿对饶宗颐的影响，是在作文和佛学两方面，当年饶宗颐修业于

---

① 陈伟：《论饶锷古文之取法门径》，陈景熙主编：《潮学集刊》（第三辑），北京：社会科学文献出版社，2014年，第260页。

② 陈伟：《论饶锷古文之取法门径》，陈景熙主编：《潮学集刊》（第三辑），北京：社会科学文献出版社，2014年，第267页。

③ 《缵槐堂集·立春日寄温丹铭先生（二首）》，王弘愿著述，于瑞华主编：《密教讲习录》（伍），北京：华夏出版社，2009年，第476－477页。

④ 郭伟川：《略谈选堂先生早年的经历与文化学术机缘》，《潮学通讯》2015年第2期。

⑤ 郭伟川：《略谈选堂先生早年的经历与文化学术机缘》，《潮学通讯》2015年第2期。

金山中学。鉴于饶宗颐的学术地位，以下引文较长，足见王弘愿对饶宗颐的深远影响，以及王弘愿和饶氏父子在佛学上的取向相异。文中的“思愈”实是“师愈”之误：

选堂先生修业于金山中学，历时年余。应该说，这一阶段的中学教育，其中对其影响最巨者，就是王思愈老师。

王思愈（1873—1937），字慕韩，晚清名贡生，潮安人。讲学金山书院十余载，兼主《汉潮日报》笔政，民国元年曾任金中校长。王先生学养深厚，尤长于古典文学。其取名“思愈”而字“慕韩”者，意欲从道德文章上思慕韩愈，颇有宋儒卫道之风。故所作诗文歌赋，也力师韩公。他既为宗颐先生之业师，授国文课时，重点当然就是韩学。在这方面，饶先生显然深受其影响，深信做古文必从韩文入手之说。盖韩愈乃唐宋八大家之首，宋代大文豪欧阳修、苏东坡都对他推崇备至。苏氏在所撰《潮州韩文公庙碑记》中，褒颂韩愈“文起八代之衰，道济天下之溺”，说他“一言而为天下法。”揄扬之盛，无以复加。以中国文学史而言，韩愈实亦当之无愧。所以，当年的金中岁月，饶先生背诵了韩愈不少诗文，后来许多篇章皆能朗然成诵，自己所撰也以文气为先，因此其著作于字里行间便充溢着一股浩然之气，这是我诵读饶师诗文时感受最深者。1958 年，岁在戊戌，其时国画大师张大千以其国画艺术驰誉海内外，正骋游于港、台之间，并有山水画一幅及题诗见赠（按：此画悬诸饶师家居厅右）。饶先生以平日之功，步韩昌黎南山诗全韵以报，为张大千颂寿。诗为五古，共百有二韵。以韩公用韵之跌宕奇险，而其南山诗尤甚，向少人敢步其韵。饶先生以其胸罗天下之胆识与过人诗才，以大千事迹入诗，形象气韵，皆极生动，而诗中山川人物，风雷激荡，以天地古今入襟怀，可谓纳万象于诗中，令人感到写诗的人和被写的人都显得大气纵横。而先生用韵，履险如夷，十分流畅自然。而百余韵之五古长诗，仅半日而成，其诗才之捷，不能不令人惊叹！此固天予饶师以大才，亦与其少年时期早已在文学方面厚积了丰富的知识，尤其在金中受王慕韩先生的影响，对韩愈诗文背诵既多，知之亦深，仿韩之作尤神似，都有十分密切的关系。

选堂先生自少年时期就对佛学有兴趣，固有其家学渊源，因为其尊人饶锷先生著有《佛国记疏证》；但是，选堂先生的这一兴趣，在金中时期，显然亦与王慕韩老师有关，因为王老师亦研究佛学。此中之缘由，想必与王先生所敬慕的韩愈有关。盖韩愈原在长安大力排斥佛老（按：见其《谏迎佛骨表》），贬来潮州后却与潮阳灵山寺的大颠和尚书信往还，造访不晤还留衣为念，至今灵山寺犹存留衣亭，成为韩愈与佛教结缘之佳话。而王先生慕韩就慕到底，既崇尚儒家，亦与佛有缘，但后来在这方面似乎就做过了头。原来，他在 40 岁时因读《华严经》而笃信佛教，耽于内典；1919 年则因翻译日僧权田雷斧所著《密教纲要》一书并寄其指教而获赏识，遂函邀赴日会晤。王先生以寒儒无力东渡辞之。但彼此书信来往，对权氏佛法颇致倾慕。1924 年，权田雷斧乃率徒众共 12 人来潮，因王氏早为之鼓吹，故授其密宗法门灌顶之法，日僧且于潮汕为皈依弟子灌顶，数以千计。同年，王先生在潮州府城居所创“震旦密教重兴会，招募会员，开坛灌顶，演讲教义，刊行经籍。创办《密教讲习录》双月刊。1926 年东渡日本，谒权田雷斧。返国后三度在广州六榕寺解行精舍开坛灌顶，受法者颇众。”本来，自古至今，中国儒士兼通佛学者不乏其人。但像王先生这样，师日僧密法并广传信众，后来终至儒门收拾不住，索性改名王弘愿，皈依佛教，自称“圆五居士”，开坛灌顶，动静搞得很大，而竟将自己当年“思愈”

“慕韩”的初衷抛诸脑后，像他这样弃儒佞佛者，则少之又少。遥想唐代有鉴真和尚东渡扶桑传佛法，而近世则竟有自称“寒儒”的王师愈拜倒在日僧脚下，而彻底抛弃儒统，如此有悖中国传统文化伦理之举，当然令其时的潮州士林为之侧目，昔日文友对其所作所为也颇不以为然。饶锷老先生在佛学上成就与其颇有歧异。据选堂先生亲口对我说，其尊人与王弘愿先生在佛学方面，时有激烈争论。但这显然并不影响彼此的交谊，《饶锷文集》中还有一篇纯钩老先生所作《书弘愿先生先母行述后》的文章足以证明。而选堂先生对佛学研究早植慧根，他既受父亲的影响，对王弘愿先生弃儒崇佛之举也颇不以为然。而且，我有一点是很清楚的，那就是在对佛教及佛学的取态上，选堂先生与王弘愿先生可谓大异其趣。盖选堂先生自始至终将佛学作为一种学术研究的对象，从来不接受佛教仪轨，不习灌顶密法，不受法号，不被清规戒律所束缚，也绝不会佞佛弃儒，而是在学术上博采众家而致广大。我认为这正是选堂先生极高明之处。后来饶师为进一步探究佛教真谛，而师从居港印度学者白春晖学习梵文，及后且亲至印度诸国探源，其学术经历，有关记述及所作《佛国集》诸诗记其事。而选堂先生在佛学研究上成就甚为卓著，先后撰有《梵学集》及《佛教渊源论》《悉昙学绪论》等著作行世，蜚声海内外。①

《海潮音》本年第二期刊王弘愿诗《奉和慧月萨埵题密教纲要之作兼呈权田大僧正》，署名“弘愿”：

不作新诗近十年，多君题我白云篇。十方法界融文底，五智如来现眼前。但解有心皆古佛，若言是法即妙莲。金刚读罢吟长句，字字度人大乘天。

众生从本卢遮那，此语凭君入雅歌。三毒烦心金萨埵，十重法界曼荼罗。恒沙无际皆金佛，大海何能作白波。绝学千年今复返，爱君第一解君阿。

明年春晚是佳期，灌顶开坛得大师。（权田大僧正有约明年来华传法之约）万劫奇缘悟性具，五瓶智水会心时。即身成佛真因在，好息凭鱼报尔知。愿诵金刚钩名句，众生一切受加持。②

按：据上诗中王弘愿自注“权田大僧正有约明年来华传法之约”，则上面三诗实作于去年（1923）。

《海潮音》本年第二期另刊王弘愿诗《甲子元旦》：

为求心佛勤探讨，忽觉从来本不生。人天六趣镜中影，日月双丸梦里更，水长巨艘天地阔，春来空谷杜兰荣。妙香一瓣为公寿，从此人间庆太平。③

《海潮音》本年第二期还刊王弘愿《致大圆居士书》：

大圆大居士法鉴：承惠寄敝报亲偈及鸿著多种，欢喜无量，感谢无量。敝报小报耳，承海内大师居士佛教团体乐与赞佐，而记室尤情文至此，此乃慈悲弘誓，见有似焉者则与其进，赞其成，而敝报因以得承其法施者也，且感且惭。弟自年来读《海潮音》时，每得大著，辄如遇普贤行愿，不忍释手。④

由上文可见，王弘愿办佛教刊物，得到唐大圆支持。《致大圆居士书》对唐大圆、梁

---

① 郭伟川：《略谈选堂先生早年的经历与文化学术机缘》，《潮学通讯》2015 年第 2 期。

② 弘愿：《奉和慧月萨埵题密教纲要之作兼呈权田大僧正》，《海潮音》月刊，1924 年第 2 期。

③ 王弘愿：《甲子元旦》，《海潮音》月刊，1924 年第 2 期。

④ 王弘愿：《致大圆居士书》，《海潮音》月刊，1924 年第 2 期。

启超和王恩洋等人的研究成绩进行评述。而唐大圆也有《答王弘愿居士书》，篇首称，“弘愿大居士慧鉴：奉读手教，提奖太过，无任惭惶。解惑之作，聊为海内崇奉起信者作一不平之鸣，其实亦是方便权巧。以君家恩洋居士之所言，我辈得之，本可相视而笑。”《答王弘愿居士书》后有《附呈敬赠七古一章》，其诗曰：

自从南天开铁塔，大日如来传密法。金刚萨垂亲受持，龙树龙智相接洽。传至有唐尤兴盛，不空善无畏一行。自从空海归扶桑，中衰千载谁知正。潮州大士王弘愿，独谈密教绝二边。既许入坛从师授，复开自修依经诠。我时见闻大随喜，佛顶楞严念即起。白崖三七掩关修，果然灵验符仪轨，尔来大勇阿阇黎，亲从海东学密归。杭鄂相继广传授，正合居士愿所依。我愧未用密教功，深幸所见大略同。作诗遥颂寄知己，亦令显密俱圆通。①

唐大圆是民国时期著名居士：

唐大圆（？—1943），湖南人，初归依印光法师修学净土，后专研唯识，学有成就。曾先后在武昌佛学院、中华大学、武汉大学、长沙佛学会等处讲唯识学。任《世界佛教居士林林刊》编辑，主编过《海潮音》《东方文化杂志》，在佛刊上发表论文多篇，主张在现实人间修菩萨道。撰有《唯识方便谈》《唯识易简》《唯识三字经》《唯识的科学方法》等小册子弘扬唯识学。曾撰《起信论解惑》，力论《起信论》确为马鸣造，驳王恩洋等以该论为华人撰述之说。②

《海潮音》本年第四期刊有王弘愿诗《奉和大圆居士惠赠之作》：

我昔亲从须弥庐，毗卢遮那自性会。大日如来月轮中，五智光明照无外。忽然恶梦到现今，不知本住如来心。无尽庄严无量宝，独珍瓦铄作球琳。瓦铄何尝不球琳，一实无际金刚金。妙解理趣唐大士，作诗韵流频伽音。一切如来拈花笑，此人语有大精妙。愿剖心血供众生，金刚歌赓新调。③

五月，日本真言宗丰山派大阇梨权田雷斧大僧正受王弘愿等邀请，莅潮传法。大僧正事迹如下：

阇梨，日本新潟县权田市人，俗姓权田，为市良左卫门次男，生于弘化三年丙午（清道光二十六年，1846）十一月，七岁受业于快顺师，受戒于快鍐法印和尚，法名称顺机房快识，十一岁登丰山（按：即真言宗新义派之大本山）就学，于《俱舍》《唯识》《因明》性相等义，莫不穷尽。二十六岁，转入曹洞宗，乃改名“雷斧”，号“天纵”，于穆山禅师受“正法眼藏”，寻任曹洞宗专门学校学监，兼于各寺讲授《俱舍》《唯识》《因明》等论。嗣亲炙行诚上人学净土宗，讲释《净土群疑论》。三十二岁，再上丰山董正法寺事，复应诸方讲座，座不暇暖，嗣受荣严和尚传法印信；受瑜伽教如僧正传法灌顶；于东睿山受台密法曼院流传法灌顶；于比睿山东塔受三昧院流传法灌顶。于是远近竞请开法；三十三岁为丰山东校教授；四十四岁为新义派大学林教授；四十九岁于丰山为特学生等讲《成唯识论》等；五十六岁任丰山派管长，补大僧正，设中学于东京；六十三岁为丰山派设丰山大学，众推任校长；七十岁任丰山派管长事务取扱；七十一岁，五月应东京帝

① 大圆：《答王弘愿居士书》，《海潮音》月刊，1924 年第 2 期。

② 陈兵编著：《新编佛教辞典》，北京：中国世界语出版社，1994 年，第 571 页。

③ 王弘愿：《奉和大圆居士惠赠之作》，《海潮音》月刊，1924 年第 4 期。

国大学请讲《密教纲要》；七十九岁，大正十三年甲子（民国十三年，1924）五月，应中国广东潮安县王弘愿居士等之请，莅潮之开元寺开坛灌顶，特为慧刚、王弘愿居士以下四人授传法灌顶，于兹乃下密教重兴之种子。昭和三年（1928）一月至五年（1930）三月，任大正大学校长，一生著述共八十余种，经二百余卷。晚年被推为“宗宝”，曾预言于八十九岁入寂，果于是年（民国二十三年甲戌，1934）二月七日顺世。①

附注：梵语“阿阇梨”，义为轨范师或教授师，系佛教之职称；“大僧正”为日本之僧官名，有“僧正”“少僧正”“大僧正”之级别；管长即全宗之最高领导人。②

《潮州市佛教志·潮州开元寺志》的第八章《人物》也有关于此事的记载：

初，居士信佛后，尝读日本权田雷斧大僧正所著之《密教纲要》，大好之，遂译以行世，并寄呈大僧正，得嘉许，复令译所著之《大日经疏续弦秘曲》，由是机感契合，权田大僧正遂于民国二十三年甲子（1924）六月（夏历五月），偕小林正盛少僧正、小野塚僧正等十二人（其中画师一人），来潮弘传密法，假开元寺藏经楼下禅堂为灌顶坛，居士特受两部传法灌顶，得遍照金刚密号，绍真言宗第四十九世传灯大阿阇梨职位。（详本志《纪事·佛教国际交往》）嗣就所居（今城内义安路新街头圆五居）创“震旦密教重兴会”，招募会员，开坛灌顶，讲演教义，刊行经籍，并编《密教讲习录》，力扬密乘。③

按：上文的“震旦密教重兴会”是设于潮州的密教组织，据陈历典叙述——

然密教之于中国，失传且久。师遂以续三密慧灯责肩之一身，于是则创“震旦密教重兴会”，招募会员，刊行秘密事相宝籍，颁之同志。然信佛者已少，信佛而能研教者尤少。研教而能究密者，海内实廖落如辰星，故著会籍者实无几人。因缘所感，得同邑王少瑜、李实裕甫居士、安南黄大度居士、广州陆无为居士等之赞助，师乃能购机募匠，出版应期。今且届五年矣。虽财力所限，所欲公布之书未能尽量发表，而重要之书，如《大日经疏》《金刚顶经义诀》《四度次第》及私勘集释等，凡密教必需之要籍，逐渐发现于吾有志学密者之慧眼中矣。师又时时为善友讲经，近年遂有记其口义发布之世者。《菩提心论口义记》，王显智居士所记；而《华严疏序》，则历典所亲闻也。④

震旦密教兴会发行《佛化季刊》。

笔者查到有民国十四年（1925）十月二日发行的该年秋季刊。刊底注明“本报季出一册，年共四册，每季逢仲月望日出版，每册定价大洋三角二分，外洋三角六分，邮费在内”。该刊编辑者是“震旦密教重兴会”，印刷者是“潮安刻经处”，发行是“潮州仙街头佛经流通处”。就所查该期文章看，仍以王弘愿著述为主，包括：《般若心经秘键略注》《阿字观用心口诀浅释》《显荫阿阇黎耶诔》。另有王弘愿和其他人或机构往来函件，以及一些教内消息。⑤ 当期佛刊主要是居士资助出版，赞助者包括：王少瑜、王少兰、方养秋、

① 慧原编：《潮州市佛教志·潮州开元寺志》第八章《人物》，潮州：开元寺，1992年，第783－784页。

② 慧原编：《潮州市佛教志·潮州开元寺志》第八章《人物》，潮州：开元寺，1992年，第784页。

③ 慧原编：《潮州市佛教志·潮州开元寺志》第八章《人物》，潮州：开元寺，1992年，第795页。

④ 陈历典：《圆五居士王弘愿先生之历史》，王弘愿著述，于瑞华主编：《密教讲习录》（伍），北京：华夏出版社，2009年，第53－54页。

⑤ 震旦密教重兴会编：《佛化季刊》，1925年秋季刊（10月出版）。

张阿开、洪令闻等，[1] 以上人员来自本地。

王弘愿还有《密教重兴颂》，述及和权田雷斧一起赴潮成员有：阿阇黎小林、小野冢僧正，大阿阇黎大桥僧都，阿阇黎冈田、中村、山田、和田、户川、饭冢、中村僧都，画伯桥本先生。[2]

《潮汕庵寺》还载：当权田雷斧一行来潮，一切供张，由居士王弘愿、吴子寿（潮人，曾任汕头《岭东民国日报》社长、汕头“岭东佛教联合会”会长）、黄虞石（潮人，公元1911年汕头光复时为巡警长）等筹募。假开元寺藏经楼下禅堂为法坛，传授胎藏、金刚两部灌顶法，一时远近缁素（包括其他省、县），远如四川知名居士程宅安亦不惮跋涉，来潮礼受灌顶，暨地方军政显要，如潮梅护军使洪兆麟、潮安县长吴少荃等，多来受法，执弟子礼。[3]

按：王弘愿还撰有《大日如来画像赞》，述及权田雷斧和洪兆麟的相关事情——

中华人民建国之十三年，大何上多闻院大僧正行大日如来事于潮州。画伯春陵居士从焉。赍来自画佛菩萨像多种，皆工妙绝，而索价奇奢。大何上以洪将军兆麟礼供丰谨，特向春陵求大日如来像以酬其诚。今数年矣，有持此像求直于市者，自言从洪将军家出。人不知其何佛，不敢问。次儿福慧巧值幸得之。余见狂喜，有众流归海之思，顶戴恭奉之法界曼荼罗。因为赞焉，其词曰……[4]

六月十日，在潮梅军副使总指挥洪兆麟、潮安县长吴少荃等政界要人的陪同下，王弘愿同日本密教僧人至汕头崎碌的“八二风灾”丛葬处超度亡灵。[5]

对于权田雷斧来华传教，中国佛教界是持保留意见的，一则是对其传法的政治动机有所怀疑，二则是对权田娶妻纳妾的僧品不满。[6] 太虚先闻权田来，致书王弘愿，反对雷斧开坛灌顶。但王弘愿大不以为然，且因此深植僧俗、显密之净根。太虚致书如下：

读敬告海内佛学家书，知日本雷斧僧正将至中国，此诚一大事因缘也！以近年闻密教之风而兴起者，多得力于居士所译雷斧诸书者；而雷斧于日本密教之学者中，洵亦一代泰斗！然虽冒僧正之名，实缺德行。闻之演华师，其年七十余时犹娶妾（闻日本僧皆如此，已成通俗），所行殆不亚居士非议于净土真宗之某某上人者。夫密教责行，空言无行，则只能以哲学者视之，不能以密教阿阇黎视之也。故私意，当请其周行讲学，等之杜威、罗素，而不应有开坛灌顶之事。质之居士，以为何如？[7]

对于太虚上述严厉批评，权田雷斧大僧正进行驳斥，载《海潮音》本年第五期的《对于海潮音揭载悲华致王弘愿居士函之答谢》，落款是“日本大僧正权田雷斧”，文首称：

---

① 震旦密教重兴会编：《佛化季刊》，1925年秋季刊（10月出版），第31页。

② 《密教重兴颂》，王弘愿著述，于瑞华主编：《密教讲习录》（伍），北京：华夏出版社，2009年，第435页。

③ 《开元寺》，林俊聪编著：《潮汕庵寺》（上册），广州：花城出版社，2004年，第15页。

④ 《大日如来画像赞》，王弘愿著述，于瑞华主编：《密教讲习录》（伍），北京：华夏出版社，2009年，第431－432页。

⑤ 王弘愿：《震旦密教重兴纪盛》，《海潮音》月刊，1924年第10期。

⑥ 赖永海主编：《中国佛教通史》第十五卷第九章《民国时期的密宗中兴》，南京：江苏人民出版社，2010年，第378页。

⑦ 释印顺：《太虚大师年谱》，北京：中华书局，2011年，第115－116页。

对于悲华致王弘愿居士书评，老衲雷斧不能以密教阿阇梨视之也，不应有开坛灌顶之事。曰虽世俗达八十岁高龄，不有异性之爱。老衲雷斧七十九岁，岂有畜妾之用？以常识观察思可过半。①

该函最后提及：

太虚老禅须脱小乘律自利之固执，包容为广大，以看破佛陀真意，由老禅非难得。以笔接老禅，老衲所为光荣也。最后忠告勿为演华欺惑大好。②

该函后还载有弘愿按语：

弘愿谨案：向阅第五年第二年《海潮音》中有悲华致弘愿函，深为骇异。特将原函钞呈大僧正，亦尝寄大圆居士，简中引大僧正所著《密教纲要》《密教奥义》。内之非议立川邪流及文观事，以证大僧正之必不毁戒律。既又得显荫阿阇梨自日本高野山来函，亦言演华函中语，并言大僧正来华专言名利。弘愿答以大僧正将来潮，然与弘愿约，凡来回轮船火车旅舍之费，皆由大僧正一行人自备，即在潮，食宿费亦可由大僧正自理。弘愿方以不能供养为惭，而演华乃谓大僧正之为利，抑何其远于事实也。大僧正告我，演华强其传授诸仪轨、大日经奥疏秘藏记等，大僧正以其贩卖密教有据，又彼已自于中国作大阿阇梨事，欲得利养，故不之许，是以有此谤讪也。演华之为人，大勇法师尝论之，亦见《海潮音》，其言语是否可信，略有常识者当自知之。弘愿褊心，向尝怪悲华不函告弘愿，而径登之《海潮音》，轻毁人名誉，今读大僧正此书，不觉躁释矜平，不啻一服清凉散也，弘愿谨识。③

由上函可以看出，日本密教中人演华对权田雷斧大僧正进行人格非议，影响到中国僧人如太虚和显荫。王弘愿援引大勇言论证明演华不为人信。但当初太虚在《海潮音》刊登致王弘愿公开信，王弘愿是在杂志上看到的，后又转呈现给权田雷斧和唐大圆。真实情况是，太虚对权田雷斧的传法有更深层次顾忌，绝非纳妾之事这样简单。

按：《海潮音》是太虚思想阵地，该刊同时发表权田雷斧和王弘愿的反驳文章，也证明该刊较为开明，提倡学术自由。

附：郑群辉对权田雷斧传法行为的看法——

一心要夺回东密在中国弘化优先权的权田，早就心许这位未列门墙的中国弟子了。为了以示区别，权田在潮州待了一个星期左右后，就前往香港为黎乙真居士传法，之后旋即回国，根本不到北方传法，因为当时华中、华北是金山穆昭的中国弟子弘化的地盘；那么，显而易见，他之所以要给王弘愿以“传法灌顶”，也就是出于一种斗气心理：高野山派可以有传法弟子在中国，我丰山派也不可没有中国传人。但问题是，这一传人却是个在家居士！所以他在置之佛制而不顾的同时，还要为自己的做法辩解，这就近乎掩耳盗铃了。从王弘愿所编的《专辑》中可以得知，当他传法给王弘愿后，且作诗为赞，诗中有句为“白衣传法世间稀，只为支那佛法微”，为己辩白，他把此诗出示给开元寺东渡学法僧纯密和根慧等人，纯密就将此诗转示于小林正盛僧正，小林见他传法白衣，本来就十分反

---

① 权田雷斧：《对于海潮音揭载悲华致王弘愿居士函之答谢》，《海潮音》月刊，1924年第5期。

② 权田雷斧：《对于海潮音揭载悲华致王弘愿居士函之答谢》，《海潮音》月刊，1924年第5期。

③ 权田雷斧：《对于海潮音揭载悲华致王弘愿居士函之答谢》，《海潮音》月刊，1924年第5期。

感，于是作诗反驳，认为权田的做法是违背法制的，还特地撰文详述了各种灌顶的区别。这事在当时开元寺内传为奇谈，连同行的人也都反感权田的做法，可见权田之给王传法确是感情用事的，以至于后来同与王弘愿学法于权田的曼殊揭谛，在《与王弘愿论密教书》中也责备其师权田这种做法“乱命”。所以，权田的个人辩解不成理由，他的做法可以说是报复中国僧团的自尊心理。作为高僧而俗气未尽，其做法有时是相当危险的。现在看来，正因为如此，才给中国近代佛教带来了混乱的种子。①

七月十五日，王弘愿为潮州开元寺作《重修潮州开元寺征信录序》，因开元寺修复工程完成：

潮郡开元寺建自唐时，修者屡矣，最近者为清咸丰时，吾先祖丹亭府君实董其役。民国七年大地震，廊庑多倾，正殿亦有损，藏经楼东偏尤摇摇欲跌，翌年，方丈师傅实发心募捐重修，会军事兴，应者寡。既而八二风灾，殿瓦多多揭发，余乃倡小修其尤甚者，函李沐浦居士募之暹罗、香、沪及本地善信，亦多来汇，而藏经楼、天王殿及正殿、后殿遂焕然一新，西方三圣金容重整，益足以启发人接引之行愿矣。是役也，总其成者为怡光法师，董其役者为高君述之，而会计则陈居士纯慧也，高君习土木工程，其庸值特廉，而怡光法师，每当需购灰瓦时，不惮行百数十里远路，舟车小费自理，人感其诚，多有特削其值者，故能以小数之款，成较大之功也。既竣工，陈居士会计所掌收支数目，将付之手民刊录征信，特命余书其简端。②

上文是关于王弘愿、怡光法师、李沐浦、高述之、陈纯慧等发心重修潮州开元寺的事迹。值得注意的是，文中的“吾先祖丹亭府君实董其役”，证明王弘愿先祖和潮州开元寺的关系密切。

按：陈纯慧是王弘愿妻之堂弟，事载王弘愿《陈纯慧居士事略》——

陈居士纯慧者，潮安人，余妻之堂弟也。生性静默，不喜为世俗权利争竞事。余与君姻家，而执业不同，又皆寡交游。岁时喜庆聚会外，鲜还往。迨余研究佛乘，居士闻之，过余圆五居，谈“声明”偈赞音调。盖居士幼学经忏仪式，所能在此也。余因开之以佛理，自是遂时相过从。余既粗解妙义，时时为同志讲说经论，居士无役不从。积数年之功，遂造堂奥，而尤归心于净土。行住坐卧，系心极乐，几有无间念之功也。居士受菩萨戒于怡光法师，遂不荤，持六斋日斋。吾师权田摩诃阿阇黎耶行化至潮，又礼受三摩耶戒，受明灌顶，且总管供张事。民国十二年，信徒募修开元古寺，居士被举会计财政也。君性简默，不耐繁剧。而关于佛事，则喜竭其力。幼有肺病，比年日剧。余将之日本时，过居士家辞行，且问其病。退，私询之医人。曰“君回国时，此人恐无能再见矣”。及余于七月回潮，居士果于六月九日逝世矣。③

附：开元寺大殿月台前西旁之唐代石经幢，亦于是役重修，居士为书《准提真言》梵字。④

---

① 郑群辉：《潮汕佛教研究》，广州：暨南大学出版社，2015 年，第 179 页。

② 慧原编：《潮州市佛教志·潮州开元寺志》第七章《文苑》，潮州：开元寺，1992 年，第 693－694 页。

③ 《陈纯慧居士事略》，王弘愿著述，于瑞华主编：《密教讲习录》（伍），北京：华夏出版社，2009 年，第 315 页。

④ 慧原编：《潮州市佛教志·潮州开元寺志》第八章《人物》，潮州：开元寺，1992 年，第 795 页。

《海潮音》本年第九期刊载《潮安拍卖庵寺之骇闻》：按潮梅粤军副总指挥部训令，限日调查寺观庵庙，以进行拍卖，充任市政经费。所调查庵寺一共二十七所，包括叩齿庵、大士庵和开元寺等。①

九月十四日，针对上述潮安变卖庵寺之情况，王弘愿撰文《对于变卖庵寺之意见》，载于《海潮音》本年第十期："昨中华佛教联合会广东省代表王弘愿，致书粤军副总指挥洪兆麟，论变卖庵寺以兴办市政事。并致函吴县长请调护其间，使事勿实现。"

王弘愿致洪兆麟书中提及：

今查本县庵寺将变卖以兴办市政者，不胜诧异。此事在他人已为不可，出之信佛之人如麾下者，尤不可也。弘愿忝与麾下同入灌顶之坛，有同师之谊，不忍麾下之陷于大戾。特恳恻为麾下道之。……本师权田大僧正以下人，在皆将骇咤曰，"洪公信佛人，何以忽破坏佛法。"即麾下自问其前后用心，不亦将哑然自笑欤。是故弘愿愿麾下收回命令，集止此事，则不陷恶报。不祸地方，而令名亦得以永保。②

按：洪兆麟曾和王弘愿一起，接受权田雷斧灌顶。但洪氏本为一军人，对佛法没有深刻理解，只是凑热闹。

王弘愿致函潮安县长吴少荃原信函如下：

少荃世叔县长先生勋鉴：敬启者，弘愿顷寄呈洪副指挥函一件，兹将原稿抄呈，伏乞乘鉴。此事关系地方及洪指挥幸福皆绝巨，足下亦信心，此次与指挥同入坛受法之人，伏望鼎力调护其间，勿令此事实现。不但有益地方，亦所以报洪公之知遇也。如何之处，伏候裁示。

此上，敬颂大安。愚世侄王弘愿和南。③

从此函看出，吴少荃和王弘愿有一定的亲戚关系，并且因为同受权田雷斧灌顶。王弘愿希望王少荃劝阻洪兆麟变卖庵寺。

本年，潮阳陈旭明居士与同志创汕头佛经流通处，设岭东佛教分会。据王弘愿《陈旭明居士传》文末按语，"王弘愿曰：居士既创立岭东佛教分会，锐志于宣弘佛义，要余董其事。余曾有意矣，以因缘不会而寝。"④《陈旭明居士传》如下：

陈旭明居士，潮阳大长陇乡人。幼弱多病，慕冲举，人所谓大道门者，持斋，守五戒，不娶。创立善堂于乡，颜曰报德。施茶于喝，施药于病，施棺于死，施善书于可读人也。尤力于桥梁道路，修盐岭道，亭风雨息行人者三，费金万。葬古柩惠来，费金万。建士敏士桥陈店，费金数千。居士事躬亲，银钱出入无苛，人多信之。故每事必举，颂声作矣。已而闻净土义，发意修持。会日本权田大僧正来潮，开两部坛于开元寺，居士得胎藏界受明灌顶，时民国十三年也。其年，与同志创汕头佛经流通处，设岭东佛教分会，多翻印古德书赠人也。十九年三月示疾，居士叹曰：世浊恶若此，不如西归去清净也。越三日晡时，含笑而终，即其月之十六日也。临殁时，母夫人哀嚣，居士止之曰：母勿悲，为儿

① 《事记·潮安拍卖庵寺之骇闻》，《海潮音》月刊，1924 年第 9 期。

② 王弘愿：《对于变卖庵寺之意见》，《海潮音》月刊，1924 年第 10 期。

③ 王弘愿：《对于变卖庵寺之意见》，《海潮音》月刊，1924 年第 10 期。

④ 《陈旭明居士传》，王弘愿著述，于瑞华主编：《密教讲习录》（伍），北京：华夏出版社，2009 年，第 40 页。

念佛好。殓时，顶门犹温也。居士生逊清光绪己卯，终民国第一庚午，世寿四十有二岁。①

本年，缁素开始纷纷指责王弘愿，事见密宗革兴会《王师愈诤潮中的闲话》：

或问近年潮州人王师愈——即王弘愿所传弘东密，要不失为佛教之一法门，故其人亦即为佛教徒中之一份子，乃自民国十三年以来，佛教中缁素何对彼纷纷斥责之多欤？②

按：《王师愈诤潮中的闲话》的执笔者实是太虚，该文作于民国二十三年（1934）一月。③

本年，震旦密教重兴会刊行王弘愿著的《大日经七支念诵法集释》和《大日经开题讲义》，为排印本。《潮州志》之《艺文志·子部》称："此书就不空三藏译加以集解、开题。则日本密教大师空海原著，弘愿在广州开讲，为之诠释。"④

按：王弘愿为《大日经七支念诵集释》作"序"，时间是在"民国二十年（1931）甲子六月"——

（弘愿）亦以弘扬本师大教为己责也，特为讲授菩提心戒仪、《大日经》七支念诵法、十八道法安坛法，使有志者得尊轨修持，希有得悉地者，则于弘扬为有大力也。因杂采《大日经疏》、日本古德暨本师之解释本经大义者，聊缀成篇，原曰《集释》，以资讲贯，不敢杂以私意也。⑤

本年，陈炯明以洪兆麟为潮梅护军使。

民国十四年（1925） 乙丑 五十岁

《海潮音》本年第一期刊登王弘愿《书陈君历典病谵有征事》，所需注意者，陈历典受王弘愿影响，由耶入释：

同邑有陈君历典者，毕业于教会之真光小学，即由其校长美国人马牧师便磊资学于角石中学。既成学，仍来执教鞭于真光。其因缘所值，皆在耶教。年前，余以暑假，为人讲演欧阳竟无居士之佛法非宗教非哲学，君来听焉。自是遂深有意于佛学。尝语人曰，吾必欲欲求明佛理。即使今生不明，来世必明也。余既微闻其说。余讲演佛义于潮安，逮今数年，来听居士，多绾商事，于佛理相习既久，虽有略明大致者，而文事不深，无自研能力，深造不易。及闻陈君语，极有意其为人。而是时余方为同门诸友讲肄十八道，属于事相。弘愿入日本权田大僧正慈悲之室，受两部秘玺，不愿作断佛种人。然非得法验，亦不愿轻行大阿阇梨事，请之本师，特设方便，许陈君入听焉。久之陈君不赴讲期者数，余洵之其友曰，君着魔矣。⑥

五月，王弘愿撰《上本师大阿阇黎书》，书中述及白衣传法的道理，事涉显荫、大勇和太虚等对日本密宗的非议，本文较重要，兹录全文如下：

---

① 《陈旭明居士传》，王弘愿著述，于瑞华主编：《密教讲习录》（伍），北京：华夏出版社，2009年，第40页。

② 密宗革兴会：《王师愈诤潮中的闲话》，张曼涛主编：《密宗思想论集》（密宗专集之三，《现代佛教学术丛刊》第73种），北京：北京图书馆出版社，2005年，第113页。

③ 释印顺：《太虚大师年谱》，北京：中华书局，2011年，第237页。

④ 饶宗颐总纂：《潮州志》，潮州：潮州市地方志办公室，2004年，第2685页。

⑤ 《大日经七支念诵集释·序》，王弘愿著述，于瑞华主编：《密教讲习录》（贰），北京：华夏出版社，2009年，第1页。

⑥ 王弘愿：《书陈君历典病谵有征事》，《海潮音》月刊，1925年第1期。

承示“高野大学一小部分纠合显荫诽猊下渡支法居士”事，螳臂当车，诚如尊谕！谨案：传法居士，敝国始自惠果阿阇黎。惠果阿阇黎者，不空三藏之高足，高祖大师之本师也。法验高骞，优入圣域。彼其行为，尚不足训耶？宁足置辩哉！又案：《大日经疏》第九云：“尔时毗卢遮那复观察一切众会，告执金刚秘密主等。以下明曼荼罗法事时所要真言支分，阿阇黎宜应解了，故次说之也。”同卷又云“次下有四真言，亦是曼荼罗阿阇黎庄严之相，故于此品中说。初如来顶相真言（中略）。阿阇黎自作毗卢遮那时，解髻而更结之。若出家人，应以右手为拳，置于顶上，然后说真言以加持之。则一切诸天神等，不能见其顶相也”。诵此段圣训，居士可作大阿阇黎，行大日如来事，宁复待辞说？若辈胸驰臆断，背叛其自心本有曼荼而已，何饬于我大慈大悲敷弘法佛大化之摩诃阿阇黎也哉?!

此书为去年所作，本年《佛化报》复版，不遂登载者，以显荫阇黎之诽权田大僧正，虽涉于触犯，而心尚在于护法，不过考之不详，稍有轻率，而其心故有可敬也。今大勇阇黎之持论，如刘显休所述，则此公亦未见此疏矣。《大日经疏》为密教根本之书，不图勇阇黎学密教年而尚未之见也。此书尝寄呈太虚法师，而近日太虚法师乃有密教以六大缘起，为近于外道之论。然此实无足异，佛教之迥超情谓，自二乘已然。层累而登，至于密教而极。则又远超于二乘之情谓，故密教经论往往以二乘为外道。“法相”“唯识”之树义谈理，视诸二乘，高矣大矣，而其隔历不融处，实无以远异于二乘。故“贤首”“清凉”，判为大乘始教；《大日经》，善无畏三藏、弘法大师列之“第六住心”。“秘密庄严，即身成佛”，诚非唯识学人之所能梦见也，然则太虚法师之斥密教为外道也亦宜。且人之学佛者，原以自净其身心，并非资以为口说。自尔以后，凡对于《大日经疏》“居士可作大阿阇黎”之义有所教正者，鄙人甚乐为商讨。倘复以无关宏旨之说，扶嫉来诤者，鄙人一以听之，不答辩也。又《苏悉地经》亦有“三部结发真言”，不止《大日经》也。弘愿附识。

王弘愿和南
民国十四年五月[1]

七月三十日，中华佛教联合会筹备处致书王弘愿：

敬启者，往者佛教同仁，议并世界佛教联合会：经众议决，第一次会，在中国开会。第二次会，在日本开会。第一次会，已于去夏在中国庐山大林寺开会，今岁第二次大会，经日本佛教联合会，筹备议定于东京芝林寺公园增上寺为会址。因正仓院所藏唐代写经五千卷，于阳历十一月始能启库，遂将会期，定于阳历十一月初一日开始。现派干事水野梅晓君，于六月底来华，邀请我国大德比丘居士等，届时赴会。共谋大教之进行，同襄佛门之盛典。中华佛教联合会筹备处，于七月一日，邀集会众，在广济寺开会欢迎水野君，并一致议决，在北京组织赴会筹备处；其赴会人员，由各处佛教会公推各宗大德，暨能胜任讲演者；除北京由联合会推选外，应请贵会于阳历八月十八日以前推定，迅将名单，暨本人宗派略历，及讲演标题，一并函复敝筹备处；以便二十五日以前，汇齐送达日本；其应

---

① 《上本师大阿阇黎书》，王弘愿著述，于瑞华主编：《密教讲习录》（伍），北京：华夏出版社，2009年，第163－164页。

行预备各事宜，开列于后，即希照备，并迅示复，无任盼祷；此致。[1]

按：上函值得关注。王弘愿弘扬东密引起很大反响，中华佛教联合会筹备处不能无视王弘愿，并致函邀请王弘愿到日本参加世界佛教联合会筹备会议。后来赴日参会的有太虚、持松、王一亭、曼殊揭谛等，但王弘愿没有参加本次会议，估计因王弘愿和持松、太虚等人关系慢慢疏远，故没有参加会议。

《海潮音》本年第七期刊载《太虚法师致王弘愿居士书》，仍是对权田雷斧行法之事予以否定："宏法宏法，多少人将假此名以行其恶，语之曷胜痛心。去春雷斧之事，日僧演华等续续来信且宣誓，以证其所云之皆实。"[2]

按：《海潮音》本年第八期刊载太虚《中国现时密宗复兴之趣势》，由"太虚大师讲，门人迦林记"。本篇分为：绪言、密宗之概史、密宗复兴之动机、复兴人物之离散、日本蒙藏两方之侵入与本国迷着之提倡及盲从之附和、中国禅讲律净之教风陷于混乱危险、当学日密藏密纳于律仪教理建中密、密宗寺当为一道区一寺之限制。[3] 本文可看出太虚对于密宗的负面影响是十分提防的。

《海潮音》本年第十期刊登王弘愿《显荫阿阇梨耶诔》，文中称：

余研究佛学，颇有会于密旨，既译本师权田大僧正《密教纲要》行世，而渡东学密者，比丘实得五人：大勇阿阇梨及师最有所表见，顾大勇不信高祖弘法大师之学说，至引台密之言以相非难！今方入藏，以求莲花生宗喀巴上师之遗训也。若师则深信大师学说，于真言宗古德所发明，尽量信受。……弘愿入权田大僧正慈悲之室，亲受传法灌顶，师颇有违言；是时师方学日本，勤勤于诸祖大义，而于《大日经疏》未暇读，于八祖传度历史未暇考也。[4]

上面所述，最初显荫是反对权田为王弘愿行灌顶之事。显荫是太虚认为的可能最有成就的三个东密求法者之一：

显荫（1902—1925），俗名今云，法号大明，江苏崇明县人。他 17 岁依宁波观宗寺谛闲法师剃度，次年依谛闲受具足戒。谛闲老和尚是清末民初时代中兴天台宗的大德。当时谛闲在观宗寺设有观宗学社，显荫入学社受业，学习天台教观。显荫可以说是当时佛教界的一位青年奇才。1920 年，丁福保编成《佛学大辞典》，请显荫为其写序，与当时诸名流的序并行。次年显荫又应请为日本《新修大藏经》作序。

1922 年冬天，显荫与包承志东渡日本，入高野山随金山穆昭学习密法，学法之暇，到各地考察日本佛教的发展情况。显荫学法一年有余，也得到传法阿阇黎之位。1925 年春，显荫学成归国，但不及一年便染病身亡，年仅 24 岁，深为时人所痛惜。……

显荫在密宗方面的著述有：《真言宗纲要》（译著）、《密教传灯血脉谱》《日本之密教》《真言密教与中华佛法之关系》《十八道加行作法秘记》《显密对辩章》《真言宗释

---

① 《通信·中华佛教联合会致王弘愿居士函》，《佛化季刊》，1925 年秋季刊（10 月出版）。
② 《太虚法师致王弘愿居士书》，《海潮音》月刊，1925 年第 7 期。
③ 太虚：《中国现时密宗复兴之趣势》，《海潮音》月刊，1925 年第 8 期。
④ 王弘愿：《显荫阿阇梨耶诔》，《海潮音》月刊，1925 年第 10 期。

疑》等。①

十月二日，震旦密教重兴会编的《佛化季刊》出版秋季刊，内中载有贵阳楞严学校三慧等人和王弘愿的往来书信。《贵阳楞严学校致震旦密教重兴会书》，信中述及：

惟读言论栏中，大宝山人哀太虚之著，又不尽概然以叹，以泣，以沈痛；末世中圣教式微，而同门操戈之有如是也……伏想太虚法师十数年中，提倡佛法于长江一带，不可谓非衰世功臣；今而同室操戈以谤密宗者，或由其党徒无识，错认题目，以怂恿法师；法师未之或察，以致若此耶！②

上述此信的作者是三慧、正西、持省等。针对该来信，王弘愿有复函《震旦密教重兴会复楞严学校三慧诸大德书》，王弘愿对太虚仍表示尊重，并坚持自己见解的正确，认为白衣传法不只出现于密教，连太虚所学的唯识法相之学也传自居士：

太虚法师于唯识法相之学，极其精深，弘愿居士向所心服。其人有宿德，值近时长江各处，人多信佛，又多以太虚法师为归依，故太虚法师在今日佛学界中，实为泰山北斗，人所瞻仰。夫人之处世，必福德相称，而后德高福大，望重心虚，苟有其德之未成，则往往高踞师位，耳习于谀言，日习于顶礼，一旦有稍不可意，则三毒炽然，串有依据，了无可议。太虚法师不明密义，持小乘之说，以议其后，其用心如何，虽非所可窥，而尚可自托于护法；及弘愿居士举出经义人证以为申明，则已无容其疑议，且居士传法，亦何止密教也；彼太虚法师所习之唯识，固传自玄奘三藏，三藏则传自胜军居士者也。传称护法菩萨临灭，于菩提树下，以所释唯识论传胜军居士而诫之曰：我灭之后，凡有阅者，取金一两；脱逢神颖，当可流通。迨玄奘三藏之渡天也，学瑜伽于戒贤，学唯识于胜军居士；今试问太虚法师？玄奘之学于胜军，是否傲不以为师？而护法菩萨之传法居士，应当何罪？嗟呼！不有胜军，则护法之释，无所于传。玄奘将安所受，中国又安有成唯识论，太虚更将何从而学之也。今乃数典忘祖，挟小乘之义，以自托于护法，不亦异乎？③

本年，王弘愿和师兄曼殊揭谛互相通信。曼殊揭谛要求居士不应承担传法灌顶之事，但王弘愿执意以白衣身份传法。此事后来载于曼殊揭谛的《与王弘愿论密教书》：

犹忆民十四年，愚在日本多闻院修持时，日本密宗各流，于吾师权田大僧正到中国传法，与居士授传法灌顶事，攻击甚烈。同时中国显教中人，发布刊物，亦多以吾弟所行为讥评之资料。并接弟函，亦自述及。此时愚复函中，因为恳切劝弟之言，谓既欲弘扬佛法，理应舍俗出家，如吾弟能火速现比丘身，则众口自息，乃不谓弟复函中，竟谓居士当大阿阇黎，有圣言可据，是不错的。愚知此时魔入弟之心腑，邪执坚固，言亦无益，只得暂取放任主义，然庶几改之，予日望之！④

本年，革命军东征，下平山、克海丰，潮汕震动。

---

① 赖永海主编：《中国佛教通史》第十五卷第九章《民国时期的密宗中兴》，南京：江苏人民出版社，2010年，第377页。

② 三慧、正西、持省等：《贵阳楞严学校致震旦密教重兴会书》，震旦密教重兴会编：《佛化季刊》，1925年秋季刊（10月出版）。

③ 王弘愿：《震旦密教重兴会复楞严学校三慧诸大德书》，震旦密教重兴会编：《佛化季刊》，1925年秋季刊。

④ 曼殊揭谛：《与王弘愿论密教书》，张曼涛主编：《密宗思想论集》（密宗专集之三，《现代佛教学术丛刊》第73种），北京：北京图书馆出版社，2005年，第103页。

民国十五年（1926） 丙寅 五十一岁

三月四日(农历正月二十日)，为所译《十八道念诵次第》作附记：

本次第为日本真言宗广泽流所通用。盖复本之正路，归元之大途，即身成佛之神通乘也。闻有汉文之书，余顾未得，仅取日文本译成汉文。又考之《弘法大师全集》之《梵字十八道》，吾师传授私勘，及《密教奥义》之《十八道梵文》，补入梵文。又取国音之字母附入梵文旁以定其音。梵文之变态，间附说一二，愧不能详也。仰愿真言教主大日如来、两部界会、诸尊圣、众护法天等，加持护念。此书弘通法界，凡闻见者，得大菩提。

上文的落款是“弟子圆五居士王弘愿”“中华民国十有五年夏历元宵后五日”。①

五月五日，译竟《十八道念诵次第传授私勘》，落款包括：

于时大正十一年壬戌一月廿二日拭老眼笔记了

权田雷斧时年七十又七大正二十癸亥年五月三日再订毕

权田雷斧七十八岁佛应世二千九百五十三年

即中华人民建国之十五年五月五日译竟

……②

《十八道念诵次第传授私勘》称：

此次第为高祖大师御作，广泽诸流皆用此次第。然当流之本，与西院本少异。又今虽以大日为本尊，而十八道源自苏悉地，为金胎不二行轨，故以两部不二之大日为本尊也。何故？最初即以不二之大日为本尊，示初心即极之深旨也。自此理智不二横平等之法界体性智，流现两部之诸尊故。③

五月二十六日（农历四月十五日），撰《不动明王表白》，内中称：“（弘愿）深慕常寂，未破纲尘，愿假慧剑，断生灭之妄念”。④

仲夏，东渡日本，谒权田大僧正于松原山，孟秋归，有《东游吟草》记之。⑤

陈历典有《送吾师王弘愿居士之日本求法序》，内中提及“既而程宅安居士，黎乙真居士。先后求法于扶桑。而慧刚和尚，亦于今春之多闻院亲承两部大法焉。”则当王弘愿去日本前，程宅安、黎乙真和慧刚和尚已经到了日本求法。而该序也载，“吾师之行也，张阿开居士实从。末憾未能追随左右，谨序此以表微忱。”⑥

陈历典《圆五居士王弘愿先生之历史》还载：

---

① 《十八道念诵次第》，王弘愿著述，于瑞华主编：《密教讲习录》（肆），北京：华夏出版社，2009年，第42页。

② 《十八道念诵次第传授私勘》，王弘愿著述，于瑞华主编：《密教讲习录》（肆），北京：华夏出版社，2009年，第357页。

③ 《十八道念诵次第传授私勘》，王弘愿著述，于瑞华主编：《密教讲习录》（肆），北京：华夏出版社，2009年，第253页。

④ 《修学简说·不动明王表白》，王弘愿著述，于瑞华主编：《密教讲习录》（叁），北京：华夏出版社，2009年，第619－620页。

⑤ 慧原编：《潮州市佛教志·潮州开元寺志》第八章《人物》，潮州：开元寺，1992年，第795页。

⑥ 陈历典：《送吾师王弘愿居士之日本求法序》，王弘愿著述，于瑞华主编：《密教讲习录》（伍），北京：华夏出版社，2009年，第183页。

师尝于民国十五年鼓轮之日本，谒权田大僧正于新潟之松原山，得大阿阇黎职位。旅费由日本驻汕领事内田五郎，呈请日政府以吾国庚子赔款所支给也。其弘法之精诚感人若此！或谓日政府于是事含有国际政治作用者，未必有其意。然师但日勤勤于教义之宣传，外此者非所欲问，故无有呈露之端倪。[①]

王弘愿之传法弟子冯达庵并提及：

良以震旦密教失传五百载，非公不能提倡也，公自是弘扬益力，丙寅夏，更得日政府拨庚子赔款千金，资之东渡，获得大阿阇黎职位而归，此外以居士身先后东渡求法得职位者，有香江黎阿阇黎，沪上程阿阇黎，厥后缁素交相弘化，东密宗风遂播于神州。[②]

另，王弘愿《高祖弘法大师加持土沙记》载："丙寅七月，谒本师摩诃阇黎于松原山，祇礼曼荼罗圣众。坛中有铜器奇古，奉询师尊。"[③]

王弘愿东渡日本前，饶锷有《闻王慕韩先生将游海上走笔奉赠兼以志别》，诗见饶锷《天啸楼集》卷五[④]：

老去文章久擅名，麻鞋布褐笑公卿。故乡潦倒家三徙，末世孤吟酒数倾。口讷韩非聊著述，时艰严子且躬耕。遥知此去江南路，定有怜才抗手迎。[⑤]

附：王弘愿之友、普宁郑国藩（晓屏）为《东游吟草》作序——

密教绝响中国数百年矣，往岁吾友王弘愿居士译日僧权田大师所著《密教纲要》付梓，风行海内，盖欲识彼法门径者，视此书为空谷足音，且思藉以筏迷津灯暗室也。嗣权田挈侣东来，揭毗卢遮那如来慧镜，重照中土。居士以释典密宗最高，虽契其理。法秘不可不有所指授，遂集同侪开坛受灌顶礼，传其法焉。丙寅夏仲，复横绝黄海，请益大师，同人多为诗送。居士道厦台，遍历东西二京，所过古寺名刹，谒其耆德，顶礼空王，亦多留题志鸿泥迹。凡得诗若干首，既归。裒所有付手民，而督言国藩序其事。[⑥]

《东游吟草》所收诗篇有：《鼓浪屿寄郑晓屏先生二首》《基隆》《台北》《宿龙山寺》《东洋船中》《到东京（坐夜车）》《寄内》《松原山道中书怀》《山夜》《呈大阿阇黎诗四首》《赠小野冢僧正》《赠山田镜阿僧都》《浅草寺》《增上寺二首》和《台湾赠波多野十太朗》。[⑦] 从篇名看出，王弘愿去日本的路上，经过厦门和台湾的基隆、台北，到日本后，还到过东京，诗中出现的地方有：龙山寺、上野驿、松原山、浅草寺、增上寺等。

另，《缵槐堂集》文后有王弘愿附记：

---

① 陈历典：《圆五居士王弘愿先生之历史》，王弘愿著述，于瑞华主编：《密教讲习录》（伍），北京：华夏出版社，2009 年，第 54 页。

② 达庵：《解行精舍建立之因缘》，《解行精舍第一次特刊》，广州解行学社发行，1932 年，第 14 页。

③ 《高祖弘法大师加持土沙记》，王弘愿著述，于瑞华主编：《密教讲习录》（伍），北京：华夏出版社，2009 年，第 305 页。

④ 陈贤武：《饶钝庵先生作品系年》，潮汕历史文化研究中心编，陈贤武、黄继澍整理：《饶锷文集》，香港：天马出版有限公司，2010 年，第 195－196 页。

⑤ 《天啸楼集》卷五，潮汕历史文化研究中心编，陈贤武、黄继澍整理：《饶锷文集》，香港：天马出版有限公司，2010 年，第 148 页。

⑥ 郑国藩：《缵槐堂集 · 东游吟草序》，王弘愿著述，于瑞华主编：《密教讲习录》（伍），北京：华夏出版社，2009 年，第 459－460 页。

⑦ 《缵槐堂集 · 东游吟草》，王弘愿著述，于瑞华主编：《密教讲习录》（伍），北京：华夏出版社，2009 年，第 463－467 页。

民国二十年，再版第一周《密教讲习录》，录有《东游吟草》。谒松原师时作也，因简旧作附焉。余之东游，意不在诗，而竟有《吟草》赘矣。今又赘以旧作，宁非添书蛇足，然且终为之。嗟呼！文字结习，茧缚生初，绮语发明，愧滋圆悟。夫宁弊帚之哂而已也哉，一月十七日夜灯下书。篇首县名仍循旧称，以是前时所录校者失于更易耳。①

十月十日（双十节），纂述《重刻〈金刚顶经义诀〉序》，开始称：

《金刚顶》与《大日经》，为密教大经两部，即身成佛之秘要大法门也。昔者善无畏三藏既与一行阿阇黎同译《大日经》，又将经中秘妙面授一行阿阇黎；一行述其口传为《疏》。昔者金刚智三藏既译《金刚顶瑜伽中略出念诵经》，又将经中秘妙面授不空三藏；不空述其口传为《义诀》。②

另查有王弘愿《重刻〈金刚顶经大瑜伽秘密心地法门义诀〉序》，作于同日。③ 王弘愿自述《金刚顶经义诀》之刊印所受捐资：

余印此经疏，已自年前发心。同邑有陈君侣豪者，夙喜善事，为母夫人王氏淑慎求生净土，助资二十元，广州三宝弟子助资二十毫，皆闻印此经而兴起者，理合附书。王弘愿和南。④

本年，潮阳陈店练江修协济桥，完工后请王弘愿撰《协济桥记》，文中指出："修桥度人，于佛法亦慈悲之一，其功德甚大！"⑤

本年，密教会排印本《阿字观用心口诀浅释》刊行。⑥

本年，《密教讲习录》双月刊创刊，刊行历八载。⑦ 而《潮汕佛教文化》的《大事纪要》则是：居士王弘愿编行《密教讲习录》，月出一册，刊行历八载。执职纯寂、根慧诸师。⑧ 林俊聪编著《潮汕庵寺》（下册）载：

根慧法师：广东海丰人，生卒年月不详。据说，他原为民国初年某军阀旅长，因看破红尘世事，而寻求解脱之道。有幸得到遇缘大师的引导，使其明白因果及轮回之苦。故而拜了心和尚剃度出家，发心修行。他曾在云落坡背庵（现已改为云落联中学校），也曾住潮州开元寺，任监院，在任时曾立门联曰："百万人家福地，三千世界丛林"。该联落款是"佛历二四七二年公元 1928 年，开元寺监院根慧敬立"。后由书法家陈大羽（南京美术学院副院长），用篆体重写于佛历二五二六年，即公元 1982 年。根慧后来任陆丰汕尾得道庵，名声远传，他对自身的修学，曾作诗曰："挂锡西山乐有余，到头名利总空虚。山僧自愧根底浅，六贼纠缠费扫除。"⑨

---

① 《缵槐堂集》，王弘愿著述，于瑞华主编：《密教讲习录》（伍），北京：华夏出版社，2009 年，第 485 页。

② 《附录：〈金刚顶经〉义诀》，王弘愿著述，于瑞华主编：《密教讲习录》（壹），北京：华夏出版社，2009 年，第 514 页。

③ 《重刻〈金刚顶经大瑜伽秘密心地法门义诀〉序》，王弘愿著述，于瑞华主编：《密教讲习录》（伍），北京：华夏出版社，2009 年，第 185 – 186 页。

④ 《附录：〈金刚顶经〉义诀》，王弘愿著述，于瑞华主编：《密教讲习录》（壹），北京：华夏出版社，2009 年，第 575 页。

⑤ 《协济桥记》，王弘愿著述，于瑞华主编：《密教讲习录》（伍），北京：华夏出版社，2009 年，第 328 页。

⑥ 饶宗颐总纂：《潮州志》，潮州：潮州市地方志办公室，2005 年，第 2685 页。

⑦ 慧原编：《潮州市佛教志·潮州开元寺志》第八章《人物》，潮州：开元寺，1992 年，第 795 页。

⑧ 《大事纪要》，姚金城主编：《潮汕佛教文化》，汕头：汕头大学出版社，2003 年，第 597 页。

⑨ 林俊聪编著：《潮汕庵寺》（下册），广州：花城出版社，2004 年，第 83 页。

本年，震旦密教重兴会为八十二岁的权田雷斧高寿祝，事载《权田大阿阇黎寿颂》：

日本权田雷斧大僧正大阿阇黎耶，今年八十有二矣。震旦密教重兴会诸友为祝高寿，为报法恩，特制银质五轮宝塔一基，一面书满足一切智智真言梵文，一面书金刚寿命陀罗尼梵文，一面书祝寿纪念字样，一面书祝寿者姓名也。又制寿帐一幅，由王弘愿居士制文，请名书家佃寿年先生正书，用金丝绣之缎中，伟丽庄严，可为大僧正之高寿法德纪念者也。兹将其颂文录之下方：（颂文略）

同祝者：李德益、李纯悟、王福慧、李绅存、王了尘、黎乙真、卢乐西、陈历典、李纯如、林大安、邓子真、张伯琴、黄锡龄、陈旭明、林咸暄、洪令闻、鄞应驸、王净心、周子柏、卢寿芝、陈宜人、王陈贞淑、卢寿莲、谢美娟、卢寿萱、张圆明、王慧芳、李兰甫。①

附：佃介眉（1887—1969），名颐，别名寿年。号雁门退士等。海阳（今潮州）人。毕业于潮州金山书院，潜心于经史诗文、书画篆刻。有“凤城才子”之称。后在家乡设私塾，授古典文学、书画篆刻，生平擅书法，尤精篆隶，也工篆刻、国画，作品曾多次参加国内外美术展览。著有《两千文》《汉隶别体》《宝籀斋集》等。②

本年，广州佛学会成立，创始人为华林寺和尚式如。会址在广州西关宝源路十六号，会员有一百余人。该会不立宗派，律、净、显、密各宗皆有研究。③

《海潮音》本年第四期刊登妙光《对于日本权田雷斧之公道评》，对权田氏极不满：“夫我世尊立教大旨，不过慈悲为本，方便为门，八字该括。该僧外饰朴质，内藏险诈。藉密教谗义，行种种伪行。罄笔难书，在东京方面，运动政治权、学务权，完全名义，究与佛毫不关系。……何异扬子以太玄比春秋，王安石自许为圣人。”④

民国十六年（1927） 丁卯 五十二岁

五月一日（农历四月一日），撰《五轮妙塔表白文》，文首称，“震旦密教重兴会为民国来因战争伤亡将士及波累人民建立五轮妙塔表白文”，文中载：“（弟子弘愿）等，感于民国以来，帝权刚逊，而军阀朋兴。佛法初荫，而魔兵云集；众生业苦，率兽食人；群怨纠缠，作茧自缚。阵亡将士，血染沙场；事外冤魂，泪深溟海。愿借佛慈，救兹生苦。谨造立宝塔一基，奉修开眼秘法，妙申供养隆仪。”该文的落款者有：愿主优婆塞王弘愿，助成优婆塞李纯悟、鄞应驸、洪令闻、林咸暄、李纯如、黄锡龄、王福慧、张常如、陈历典、郑广成、汤子南。⑤

王弘愿在广州六榕寺为人灌顶。曼殊揭谛后来描述：“民十六年，到广州六榕寺为人

---

① 《权田大阿阇黎寿颂》，王弘愿著述，于瑞华主编：《密教讲习录》（伍），北京：华夏出版社，2009 年，第 436 – 437 页。

② 广东省中山图书馆、广东省珠海市政协编：《广东近现代人物词典》，广州：广东科技出版社，1992 年，第 218 页。

③ 赵春晨、郭华清、伍玉西：《宗教与近代广东社会》，北京：宗教文化出版社，2008 年，第 37 页。

④ 妙光：《对于日本权田雷斧之公道评》，《海潮音》月刊，1926 年第 4 期。

⑤ 《修学简说·五轮妙塔表白文》，王弘愿著述，于瑞华主编：《密教讲习录》（叁），北京：华夏出版社，2009 年，第 622 – 623 页。

灌顶，……始知如此草率谫陋了事，真是密宗之大笑话也。然此犹可恕。"①

按：《潮州市佛教志·潮州开元寺志》第八章《人物》则记载王弘愿在民国十七年（1928）第一次到广州六榕寺解行精舍开坛灌顶，受法颇众。②

但王弘愿弟子陈历典又有《圆五大居士大阿阇黎耶六十开二寿言》，其中载，"岁丁卯，我师行化广州，省港诸大士喜师之至，多求开示。皆得所欲，赞叹欢喜"。而陈历典该篇的落款是"佛历二千九百五十四年，即中华民国十六年，岁次丁卯，七月"。③ 据此看，王弘愿至广州第一次灌顶应是在本年。

六榕寺：在广州市区。始建于梁大同三年（537），初名宝严寺。北宋端拱二年（989）重修后供奉禅宗六祖慧能，改称净慧寺，成为禅宗道场。因苏东坡见寺内有六株古榕，题"六榕"二字刻石，后人遂改称"六榕寺"。寺内有宋建千佛花塔、宋铸慧能铜像等。"文革"中被改建，1982 年交僧人管理，已修复一新。④

王弘愿的弘密活动在当时佛教界引起不少争议，这其中涉及的是居士能否为出家僧传法和显密关系问题。王弘愿在日本得传法阿阇黎位，回国后公开为僧俗两界传法，这与汉地显教一贯的礼制不合，所以引起了许多人的反对。王弘愿在回应中有密法传承中"俗人为主，比丘为伴"的观点，更是一石千浪，引起了佛教界的一片攻击之声。⑤

八月十五日（农历七月十八日）是王弘愿生日，本日前后，众弟子如洪令闻、李纯悟、陈历典等为王弘愿祝寿，佃寿年、王显寅、王慧兰、赵湘云、李文奇、李冯、李谢女士诸位，亦被邀预会。即由李纯悟居士主坛，恭请大阿阇黎共同礼佛。⑥

按：上文的佃寿年是潮州著名画家佃介眉。

九月十日（中秋日），为译竟《护身法事》加附识：

中华建国第一丁卯之中秋，余集释金刚界大法，参考此书，以匪能全引入，故特译单行。明慧上人，讳高辨，生当我国宋时。弘修华严，兼学真言，法验既高，著书亦众也。日本有曰台密者，会天台与密教之理者也。余尝谓应有融华严以通密教之宗派，今得上人之著书，正符吾意也云乐。（弘愿）译竟附识。⑦

十一月三日，权田雷斧再次致函王弘愿，文末落款为"日本十一月三日八十三翁权田雷斧钦呈王弘愿阿阇黎耶台下。法院流从此当盛行于中国，大可预贺"。该函盛赞王弘愿，对持松批评：

时下秋冷，恭惟贵居士大阿阇黎耶起居轻利！老衲大患平愈后，健康复旧。先月下旬

---

① 曼殊揭谛：《与王弘愿论密教书》，张曼涛主编：《密宗思想论集》（密宗专集之三，《现代佛教学术丛刊》第 73 种），北京：北京图书馆出版社，2005 年，第 104 页。

② 第八章《人物》，慧原编：《潮州市佛教志·潮州开元寺志》，潮州：开元寺，1992 年，第 795 页。

③ 陈历典：《圆五大居士大阿阇黎耶六十开二寿言》，王弘愿著述，于瑞华主编：《密教讲习录》（伍），北京：华夏出版社，2009 年，第 370－371 页。

④ 陈兵编著：《新编佛教辞典》，北京：中国世界语出版社，1994 年，第 639 页。

⑤ 《第九章：民国时期的密宗中兴》，赖永海主编：《中国佛教通史》（第十五卷），南京：江苏人民出版社，2010 年，第 379 页。

⑥ 陈历典：《庆祝圆五大居士大阿阇黎耶寿辰纪盛》，王弘愿著述，于瑞华主编：《密教讲习录》（伍），北京：华夏出版社，2009 年，第 372－373 页。

⑦ 《护身法事》，王弘愿著述，于瑞华主编：《密教讲习录》（肆），北京：华夏出版社，2009 年，第 612－613 页。

东京行，目今寓居外高田，大正大学勤务，乞安心。《衡贤密教衡》多册，及《海潮音》二册被寄赠，感谢感谢！持松与密林同人，来田中多院，随老衲受传法灌顶。又于高野山，以中院流四度加行修了，受同流之灌顶。其判教酷似故人广修之判密教为天台方等部摄，于密教不得理解者也。呜呼，可怜。新罗之华严宗僧觉苑，著《大日经义释演密钞》，而以《大日经》摄于贤首五教之圆教。又日本天台宗之祖圆珍者，破支那广修等，而以《大日经》判同《法华经》开显之圆教。持松妄见，可怜！贵居士之评论颇得其当，可称摧断邪山之智剑。老衲最后之转法轮，著《成唯识论帐中记》，本日完稿既成，一年又半之日，可以清稿上铅。上铅者，一部赠呈。又性相学必须因六八啭者，目今雇写字生清书中，上梓者亦当进呈。时下追日寒冷，自爱。叩头顿首。①

十一月，撰《陈芷云先生六秩寿文》，叙述陈芷云和王弘愿老而刻书之事：

同邑陈先生芷云，余老友也。世居澄属之莲州所，近寓居圆五居。以避乱移居鮀浦，并示以六十初度诗属和。先生喜为诗，声气广，每一篇出，文人和者伙。已刻者有《濠江鸿雪》《伤春夺锦》等集，未刻如干种。又有《龙泉岩游集》，则搜集文人之游龙泉而感怀翁公果毅之作者也。其著述宏富，乐表扬前烈，为吾潮不可多得之彦。余不敏，亦会校刻《潮州耆旧集》。迩皈心大觉，益搜罗中华佚失秘籍，印行不空三藏之《金刚顶经义诀》，桧尾大师之《阿字观口诀》，一行阿阇黎之《梵文字母表》，雷斧大和上之《密教纲要》，又编撰《密教讲习录》，近更规刻久经失传之《大日经疏》也。②

本年，将不空译《金刚界大道场礼忏文》翻本流传：

《金刚顶经金刚界大道场毗卢遮那如来自受用身内证智眷属法身异名佛最上乘秘密三摩地礼忏文》又名《三十七尊礼忏文》。藏中金刚顶瑜伽三十七尊礼为密教礼忏之法，数年前尝翻刻行世，后见《频伽藏》本颇多不同，展转推求，知此经高丽本、日本本与明本不同也。细心详察，大体虽未尝甚异，而就其题目、文句审详，"速悟即身成佛秘旨"，当为不空大士原本。尤有志密乘者，最要之经也，特再翻本以广流传。③

本年，国共合作决裂，南昌起义军进入汕头。

民国十七年（1928）　戊辰　五十三岁

二月三日，为自撰的《一行阿阇黎字母表浅注》作《跋》，"余为此浅注，杀青既竟，尚有一琐事未言者，兹特说明，即以为跋"④。该《跋》主要解释若干梵文情况，兹从略。

四月二十六日（农历三月初七），纂述《守护国界经供养法要次第》，文中提及"民国十七年太岁戊辰三月初七优婆塞王弘愿敬白。助成人：优婆塞鄞密兴、李纯如、张常

① 权田雷斧：《权田大僧正再示王弘愿居士函》，王弘愿著述，于瑞华主编：《密教讲习录》（伍），北京：华夏出版社，2009年，第87页。

② 《陈芷云先生六秩寿文》，王弘愿著述，于瑞华主编：《密教讲习录》（伍），北京：华夏出版社，2009年，第376－377页。

③ 《附录：金刚界大道场礼忏文》，王弘愿著述，于瑞华主编：《密教讲习录》（伍），北京：华夏出版社，2009年，第491－492页。

④ 《一行阿阇黎字母表浅注·跋》，王弘愿著述，于瑞华主编：《密教讲习录》（贰），北京：华夏出版社，2009年，第729页。

如、李裕甫、黄植生、黄锡龄、李纯悟、李兰甫、王显寅等"[①]。

五月，在震旦密教重兴会为信士授与灌顶，事见陈历典《受明灌顶开坛记》：

震旦密教重兴会主大阿阇黎耶圆五大居士，为密宗信士机缘成熟者，特于该会道场开坛授与受明灌顶焉。是役受法六人：一为大阿阇黎耶之女公子王荣滋居士，一为澄海王一如居士、陕西华阴县之李德恒居士及其夫人王汀汶居士、李裕甫居士之夫人谢翠岚居士，其一则历典也。未曾入坛之先，各令礼修胎藏界礼忏，多者七日，少者三日。至二十六日上午七时，大阇黎授弟子等三昧耶佛戒，随修曼荼罗供，导弟子入坛，投花所得本尊列下。[②]

六月十九日（农历五月初二），校竟《药师琉璃光如来消灾除难念诵仪轨》，文后附："清初玉琳国师，以禅宗高士，而特尊崇劝持《药师如来本愿经》，以为富贵功名、转女成男、离危迪吉，如如意珠，随愿成就"以及"王弘愿校竟，谨识戊辰端午前三日"。文末还有：

《药师琉璃光如来消灾除难念诵仪轨》一部 ，一行阿阇黎撰，东大寺奋然弟子祚壹之所请也。而今所刻者灵云开山净严和尚之校本，所希寿诸梓以布，普天九横宏雅一时，消四大沉疴刹那除，时享保星舍。

甲寅腊月吉日

和州长谷轮下沙门无等谨识[③]

七月六日（农历五月十九日），撰《受明灌顶护摩表白文》。落款是"佛应世二千九百五十五年五月十九日（弟子）王弘愿敬白"[④]。

七月十三日（农历五月二十六日），撰《受明灌顶坛表白文》。落款是"二千九百五十五年岁次戊辰五月二十六日弟子王弘愿谨白"。内中记曰：

夫印明传授仪式，入坛灌顶行业，是则秘密内证肝心，即身成佛轨则也。龙猛大士开南天铁塔，无畏三藏建东土法幢，而乃脉延扶桑，法绝震旦。大何上鉴复兴之有基，梯航亲赍鸿宝，予小子欣良缘之夙殖，印玺躬逢盛仪。自惭钝愚，未亲悉地。欲援众溺，且扬轻舫，特于本日良时，开坛灌顶，广结佛缘，亲受明印。初心即极，有大力菩萨之加持。法会弘宣，希历代祖师之潜化，谨表愚衷，伏垂慈护，乃至法界，平等利益。[⑤]

七月二十三日（农历六月初七），长女王慧芳逝。王弘愿有《故女慧芳临殁坚定记》记其事。[⑥]

---

① 《守护国界经供养法要次第》，王弘愿著述，于瑞华主编：《密教讲习录》（壹），北京：华夏出版社，2009年，第410－412。

② 陈历典：《受明灌顶开坛记》，王弘愿著述，于瑞华主编：《密教讲习录》（伍），北京：华夏出版社，2009年，第257页。

③ 《药师琉璃光如来消灾除难念诵仪轨》，王弘愿著述，于瑞华主编：《密教讲习录》（肆），北京：华夏出版社，2009年，第87－88页。

④ 《修学简说·受明灌顶护摩表白文》，王弘愿著述，于瑞华主编：《密教讲习录》（叁），北京：华夏出版社，2009年，第617页。

⑤ 《修学简说·受明灌顶坛表白文》，王弘愿著述，于瑞华主编：《密教讲习录》（叁），北京：华夏出版社，2009年，第618页。

⑥ 《故女慧芳临殁坚定记》，王弘愿著述，于瑞华主编：《密教讲习录》（伍），北京：华夏出版社，2009 年，第319－320页。

八月十五日（农历秋七月朔），开坛于广州城内六榕古寺，善男子受三昧耶戒者杨叔隅等二十人，是日入坛投花者五，受尊胜弥陀等印明者五。①

八月十九日（农历七月初五），复开坛于广州城西观音精舍，善女人受三昧耶者，林慧如等二十有七人，随事灌顶，终日而毕。结缘者五十余人②。

按：以上两次开坛参看冯宝瑛（达庵）的《广州开坛记》，该记有述及延请王弘愿至广州开坛的前因，以下的“余”指冯宝瑛，而“王公”即王弘愿——

余入密也晚，闭户自修；惟日不足，利生之举，未之能为。然随喜赞叹者，固保持菩提心一大事也。今春，善男子伍君海他，本钦仰王公之诚悃，拟请建坛于广州。友人姚清馥居士，念母老耄，不可不急为灌顶，遂和其议而倩余介绍焉，余不胜赞叹之至。时王公方有事于潮安，未遑及此，固请而后许。③

九月一日（农历七月十八日，中元后三日），为程宅安居士的《密宗要义》撰序：

吾友宅安程大居士阿阇黎者，从我师多闻院大僧正受大传法院流中性院流之传法灌顶，而为中华不二之大居士大阇黎耶也。愍学密之士，志求妙义，而门径未谙，著书曰《密宗要义》，以诏后学。邮示圆五居，且敕为序。其书分为三编，初为总论，次为教相事相。凡密教应知之旨，靡有缺遗。虽其例言，有谓力避专门异说，意在使学者易解。然学者苟能卒业斯编，则于密教应具之智解已无不具。今中国佛教渐兴，志窥三密秘藏者不少矣，是书诚可谓及时应机之作也。④

九月，纂述《兴教大师御垂示安心》，文中提及：

大师引此文成立《即身成佛》之宗义。此外用心可自任，要旨在于面授。今为末世钝根之人略记之。广州同志，来求三昧耶戒条。予因录本宗《在家勤行法则》，又节录大师平城天皇《灌顶文》之论三昧耶戒者，并译《兴教大师御垂示安心》以与之。⑤

十月四日，权田雷斧致函王弘愿，落款时间是“昭和三年十月四日”：

钦复报王弘愿（雪峰注：后有梵文，略），起居安宁，大庆大庆；广州之开坛，随喜随喜。老衲映相五十枚，《十句经》多数枚，及圆五居《衡贤密教衡》文正落手。《十句经》及映相随缘施与，《衡贤密教衡》文再三熟读，大大赞成。贵居士之说破，真得弘法大师流密教精神，老衲不堪法喜。然而有请求，谓以《衡贤密教衡》文小册子，于中华宣传无论。于日本欲颁与有志故，十册计乞送附，又《海潮音》第九年第四五期者亦求送附也。余后便可申送。早早，叩头敬礼。⑥

---

① 冯宝瑛：《广州开坛记》，王弘愿著述，于瑞华主编：《密教讲习录》（伍），北京：华夏出版社，2009 年，第 255 页。

② 冯宝瑛：《广州开坛记》，王弘愿著述，于瑞华主编：《密教讲习录》（伍），北京：华夏出版社，2009 年，第 255 页。

③ 冯宝瑛：《广州开坛记》，王弘愿著述，于瑞华主编：《密教讲习录》（伍），北京：华夏出版社，2009 年，第 255 页。

④ 《〈密宗要义〉序》，王弘愿著述，于瑞华主编：《密教讲习录》（伍），北京：华夏出版社，2009 年，第 191 页。

⑤ 《附录：兴教大师御垂示安心》，王弘愿著述，于瑞华主编：《密教讲习录》（壹），北京：华夏出版社，2009 年，第 578 – 579 页。

⑥ 权田雷斧：《日本大正大学长权田大僧正复王弘愿居士函》，王弘愿著述，于瑞华主编：《密教讲习录》（伍），北京：华夏出版社，2009 年，第 86 页。

十二月中旬，蜀东程宅安为王弘愿《一行阿阇黎字母表浅注》作序：

近世治语言声韵者，多谓世界语音，本同一揆，其源皆出于悉昙梵字。斯言之凭证若何，姑不具论，要之悉昙为最古之音韵，殆无疑矣。我国梵语诸书，久皆佚亡。其流传于日本者，虽有数种，至论及摩多体文之配合者，莫详于《字母表》及《悉昙字记》。最近王弘愿大阿阇黎乃注《字母表》而刊行之。而此梵语之要籍，遂又重见于震旦。《字母表》者，唐代一行阿阇黎所作也，是时当我国密教兴隆之际。其书之根据既全在《大日经》与《金刚顶经》，而王君之释，于一一字相字义，又皆穷源竟委，触类阐发，使学者熟复此编，即可窥见语密之若何重要。盖声字实相之要义，几皆具见于此。是固我国密教重兴之枢要。①

附：《一行阿阇黎字母表浅注》还附有罗杰的“序二”——

日本自弘法大师，唐时就学吾国秘教以来，即还国倡导梵文，振兴密乘。近日河口慧海，诡称汉地僧伽，入藏学习文字，达赖发觉，逐之，罪及主者，梵藏文字之功用可知矣。……潮州王弘愿居士，密教智灯，梵文先导，发大悲心，就唐一行阿阇黎《悉昙字母表》而释之，取材于金胎两部经疏，而参以《华严》《般若》《智度》诸经论，与净严诸大德名著。真言注脚，体用宏渊；谦云浅释，实为深秘胚胎。②

本年，持松阿阇黎撰成《贤密教衡》，其文首称：

今将对辨贤首、真言两宗教义差别，略剖十门以见次第：

第一章　叙兴辨之由。

第二章　衡显密名义。

第三章　衡五味五藏。

第四章　衡成佛迟速。

第五章　衡说法教主。

第六章　衡因佛果佛。

第七章　衡因分果分。

第八章　稀缘起差别。

第九章　衡所依圣教。③

持松在“叙兴辨之由者”中称：“乃日本传法高祖空海大师，准十住心格显密教，谓华严不及密宗，言在骋于一家，理则亏于中节。”④ 由此可见，本文其实是反对密宗、贬抑华严之作。但持松申明：“要之，《贤密教衡》之所以作，在使真言、华严，两得其准，

① 程宅安：《一行阿阇黎字母表浅注·序一》，王弘愿著述，于瑞华主编：《密教讲习录》（贰），北京：华夏出版社，2009年，第672页。

② 罗杰：《一行阿阇黎字母表浅注·序二》，王弘愿著述，于瑞华主编：《密教讲习录》（贰），北京：华夏出版社，2009年，第674－675页。

③ 持松：《贤密教衡》，张曼涛主编：《密宗思想论集》（密宗专集之三，《现代佛教学术丛刊》第73种），北京：北京图书馆出版社，第45页。

④ 持松：《贤密教衡》，张曼涛主编：《密宗思想论集》（密宗专集之三，《现代佛教学术丛刊》第73种），北京：北京图书馆出版社，第46页。

非敢妄抑真言，亦非敢妄评古人。”[1] 持松是太虚认为的学密最有成就者之一：

持松（1894—1972），湖北荆门人，俗姓张，法名密林，原名持松，出家后以原名代字。1911 年在荆门铁牛寺出家。1914 年入上海月霞所办的华严大学，依月霞学习华严义。三年后毕业，他又前往当阳玉泉寺，随祖印和尚学习天台教义。1917 年 2 月份，嗣月霞法师位，主持江苏常熟虞山兴福寺。1922 年，在杭州居士的影响下，对密教发生兴趣。遂于是年冬天与大勇、纯密联袂东渡，跟随金山穆昭学习古义真言宗中院一派密法，得第六十三世（或说四十六世）阿阇黎位归国。[2]

民国十四年（1925）秋，日本召开东亚佛教大会，持松作为中方代表出席。民国二十五年（1936），持松第三次东渡日本，周游全日本，考察佛教。民国三十六年（1947）三月，任上海静安寺佛学院院长。次年佛学院创办《学僧天地》月刊，他担任名誉院长。1972 年，圆寂于上海，是年七十九岁。

持松一生并承东密、台密两系法脉，通解金刚部、胎藏部两部大法，并且显密融通，勤于著述。他关于密教的著述有《密教通关》《大日经住心品纂注》《金刚顶大教王经疏》《苏悉地羯罗经略疏》《菩提心论纂注》《金刚界行法记》《三陀罗释》《真言宗朝暮行法》《密教图印集》《施诸饿鬼食法注》《贤密教衡》《贤密教衡释惑》《仁王护国经阐秘》等十余种，其中以《密教通关》影响最大。[3]

附：历史上的贤、密关系——

贤密之争主要针对判教一题展开争论，而在历史上，贤、密之间曾经历了一段先合后离的过程。在密教尚未昌盛前，华严宗的判教学说主要针对天台宗而设，彼时，华严宗经过三祖法藏的努力而达到鼎盛。在判教上，法藏认为华严宗与天台宗的根本区别就在于是否“会三归一”，是否“主伴具足”。法藏去世后 4 年（716 年），天竺高僧善无畏、金刚智先后来华弘扬密教。法藏之后，四祖澄观继之。787 年前后，澄观曾作《华严经疏钞》，他在继承法藏五教说的基础上明确提出《法华经》虽会三归一，最终也要归于《华严经》中描述毗卢遮那如来从自心生出三十七尊的一段经文来重新解释《华严经》，他认为密教的“主伴不二”之旨进一步揭示了华严宗“主伴具足”的深义。[4]

另一僧人常惺则对持松、王弘愿两人的辩论表示欢迎：

持松阿阇黎东渡学密后，曾作《贤密教衡》。乙丑之夏，在海上示余。余即携往闽南佛学院，将登于佛化策进会年刊。未几得持师手书，以意有未尽，嘱暂缓发表。余即代为保存。客岁自滇南归来，方奉原稿于持师，不意第八年《海潮音》居然发表矣！方欲具函申明，王弘愿居士即有《衡贤密教衡》之作（登载潮洲《佛化季刊》，并有单行本），故持师有兹释惑之答。窃以密教之在中国，教内教外，正在疑鬼疑神，今两大德旗鼓对扬，

---

① 持松：《贤密教衡释惑》，张曼涛主编：《密宗思想论集》（密宗专集之三，《现代佛教学术丛刊》第 73 种），北京：北京图书馆出版社，第 86 页。

② 赖永海主编：《中国佛教通史》第十五卷第九章《民国时期的密宗中兴》，南京：江苏人民出版社，2010 年，第 375 页。

③ 赖永海主编：《中国佛教通史》第十五卷第九章《民国时期的密宗中兴》，南京：江苏人民出版社，2010 年，第 376 - 377 页。

④ 李郑龙：《近代佛教界显密纷争的再探讨》，《中山大学学报》（社会科学版），2015 年第 2 期。

引起吾人研究之兴味，斯亦密教前途之曙光也欤！①

上文的“乙丑之夏”即民国十四年（1925）夏天。但笔者又查《海潮音》第九年（1930）第四、五期，发现《贤密教衡》实刊登于这两期。可能持松对此作品较为慎重，故发表推迟。

附：常惺是民国时期著名僧人——

常惺（1896—1939），法名寂祥，自署雉水沙门。江苏如皋人，俗姓朱。十二岁出家，就读于省立师范学校、华严大学。曾习禅于常州天宁寺，随谛闲学天台教观，博览群经，融归性相于华严，又曾从持松学东密。先后主办杭州昭庆寺僧师范讲学所、北京柏林教理院、江苏泰县光孝佛学研究社，培育僧才，历任泰县光孝寺、北京万寿寺、厦门南普陀寺住持兼闽南佛学院院长。撰有《因明入正理要解》《佛法的两性问题》《贤首概论》《起信论亲闻记》《佛法概论》等，以通俗语言阐释佛法，后人辑其著述为《常惺法师集》行世。②

附：另查有王弘愿撰《〈金刚顶经〉与〈华严经〉》，载入《密教讲习录》，文首称——

迩为《衡贤密教衡》以纠正密林阇黎《贤密教衡》之谬妄，当其时，《贤密教衡》之著未完也。今阅《海潮音》第六期，尚有“衡所依圣教”“所立教门”二章。始知密林阇黎之所以敢为妄诞之大言者，全在于读经不精，《金刚顶经》之要旨，未能领略也，而自是其愚，放胆肆言，自取罪戾，亦可哀矣。海内君子，凡能读吾书者，当不至为所惑。吾本可以无庸再言，然余愿《金刚顶经》之要义，得吾言而灼奕于人间也，则余之树论，乃不能或已。③

民国十八年（1929） 己巳 五十四岁

一月，为《两部曼荼罗通解》作序：

数年前曾译大和尚《曼荼罗通解》，登之第一年《海潮音》。师闻不喜，谓此秘密法门，不应陈之无信也。近日刊行《讲习录》，颁之密友，更参之《石山七集》、大乐院等钞，取其可以发明师意者，编辑成书。仍题曰“通解”，不忘本也。愿以此功德，捧供吾师，及先考妣，与一切众生，同证入自心源底自身数量之胎藏界会曼荼罗、金刚界会曼荼罗也。

中华民国十八年一月潮安王弘愿书④

二月十日（农历元旦）开始，连续七天，在圆五居讲述《大方广佛华严经·普贤行愿品别行疏序》，至十六日（农历正月初七）结束，由弟子陈历典笔记，开讲中称：

---

① 持松：《贤密教衡释惑》之常惺附识，张曼涛主编：《密宗思想论集》（密宗专集之三，《现代佛教学术丛刊》第73种），北京：北京图书馆出版社，第87页。

② 陈兵编著：《新编佛教辞典》，北京：中国世界语出版社，1994年，第571页。

③ 《〈金刚顶经〉与〈华严经〉》，王弘愿著述，于瑞华主编：《密教讲习录》（壹），北京：华夏出版社，2009年，第625页。

④ 《两部曼荼罗通解·序》，王弘愿著述，于瑞华主编：《密教讲习录》（贰），北京：华夏出版社，2009年，第215页。

次开讲曰：今日要讲的，就是《大方广佛华严经·普贤行愿品别行疏序》。《大方广佛华严经》，是全经之具名。《普贤行愿品》，系《华严经》之一品。疏，系分疏解释经之奥义。因经义深奥，非解释不易了解，所以凡注经多名疏。别行者，单取经疏之最要者别行流通，便人修持，非全部流通，故名别行。序者，序述解释大意，提撷全经大义，在疏之前，名之曰序。①

二月，撰《圆五居文集》序。②

六月六日，再次为程宅安居士的《密宗要义》作序，此序和前一年为该书所作的序有所不同，内中称：

其书分为五编，初为总论，次为教相事相，次为略史，次为十卷章大意。凡密教应知之意趣，传授之源流，靡有遗缺。……昔者显荫自高野与吾书，自言反国，当创立遍明学会以宣传密旨。至今回溯其言，盖犹有余痛焉。惟香港黎乙真大有真言宗居士林之创设，杰阁崇楼，结构严整。今者程君书出，完备过于纲要，尤足为内证之指南。余不敏，亦日惶惶于《大日经疏》之会本，《密教讲习录》之颁行也。③

按：程宅安是近代重要密宗居士。下据李郑龙说法——

1928年，程宅安完成《密宗要义》一书，其中除了宣扬密教教理外，还对此前人们对密宗的判摄一一作出回应。首先，就根机而言，他认为释迦牟尼佛属于化身佛，故其教法有生有灭，而密教教主大毗卢遮那是法身佛，“其说法也三世恒常，无有间断，是故不可摄入寻常三乘、一乘教法之内”。因大日如来实为常住不灭之身，故无从指定时间以计正法、像法之期限，“密教之法力殊胜，绝不因受学者时代变迁而有或差别”。据此，程宅安认为净土法门乃是真言宗的“旁机”（亦称“结缘机”），故净土法门可摄于密宗之内。

针对此前太虚对密宗教义的解释，程宅安亦有澄清。他称，法相唯识与密宗固然都谈“六大”，但二者所谈名同实异。唯识家所谈“六大”直接来源于小乘向大乘过渡时期的《俱舍论》和《大毗婆沙论》，“其中所讲的六大仅指有情感觉所及者，前五大为物质，后一大为精神，不妨称作心物二元论。密宗所言之六大，含有此种意味者，称为‘随缘六大’”。除此之外，密教在唯识学基础上又有所进展，其前四大实际是指“唯识四智”，后两大则是指“法界体性智”，称为“法性六大”。在法性的层面上，“密教汇万法于阿字本不生之一元，是以宇宙间万有无一非自色心二者而成立，不得谓离物质而别有精神也”。④

六月十日，于圆五居讲《瑜伽菩提心论》，由弟子王显智笔记，文前有：

（先由讲主分赏涂香于听众，次讲主入定片时，次率听众诵心经一部。次开讲曰：“本日所讲的，系属密部。凡未经入坛者，不应听讲。现先受一真言，方可听受。”即率众同诵三昧耶真言二十一遍。以后开讲皆如此法。）⑤

---

① 《〈华严疏序〉口义记》，王弘愿著述，于瑞华主编：《密教讲习录》（壹），北京：华夏出版社，2009年，第258、293页。

② 《圆五居文集》，王弘愿著述，于瑞华主编：《密教讲习录》（伍），北京：华夏出版社，2009年，第194页。

③ 《〈密宗要义〉序》，王弘愿著述，于瑞华主编：《密教讲习录》（伍），北京：华夏出版社，2009年，第192－193页。

④ 李郑龙：《近代佛教界显密纷争的再探讨》，《中山大学学报》（社会科学版），2015年第2期。

⑤ 《〈瑜伽菩提心论〉口义记》，王弘愿著述，于瑞华主编：《密教讲习录》（壹），北京：华夏出版社，2009年，第15页。

六月十一日，续讲《瑜伽菩提心论》，本日因听众稍多故移于潮英学校。①

六月十二日，续讲《瑜伽菩提心论》，本日为讲师母夫人洪氏忌辰。因奉讲听众同修追善法会，素餐后讲。②

六月十三至十七日，续讲《瑜伽菩提心论》。③

按：《〈瑜伽菩提心论〉口义记》，分上下两卷，全由王显智记。

七月一日，雷斧为其本人的《性相义学必须》作序，此书由王弘愿和其女王慧兰译注。序中称："唯夫性相学者，教观之根本法财也。故智者大师依俱舍之性相，建圆顿之教观；贤者国师由唯识之性相，建华严之教观。"序的落款是"昭和四年夏七月一日八十四老比丘天纵子雷斧"。④

按：《性相义学必须》第一编《因明略摄》由王弘愿译注，第二编《六合释略摄》和第三编《苏曼多略摄》由王慧兰译，圆五居士（即王弘愿）审订。⑤

七月八日（六月初二），弟子陆无为致函王弘愿，请求对唐大圆非议密宗进行驳斥：

大阿阇黎佛照：昨阅第十年第三期《海潮音》，见有唐大圆居士《论密宗》一篇，硬指众生非经过三阿僧祇劫不能成佛，将即身成佛之义，完全推翻。兹谨录呈阅，求据理驳之，登载《讲习录》。并另印多张，分送与人，俾学佛者勿被此种魔力所障碍。不知尊意以为何如？⑥

按：王弘愿后来回复上函，对唐大圆十分不屑——

承示及唐大圆居士今日学佛的正法眼藏，足征卫道之诚。至为钦佩。惟细阅其文，实无辩论之价值。凡辨别一种学理，最低限度，亦必于其学说，略有研究，微有常识。唐氏对于真言宗之教旨，了无所知，而妄鼓唇舌。此维摩诘居士之所谓"以生灭心行说不生灭法"者也。世之俗人，往往以学佛之人为迷信；闻万法唯识之说，亦不难历举天地人物之灿然历然在人耳目者以难之。唐氏此文，与此无异，何足道哉！何足道哉！⑦

本年十月，成立广州佛教解行学社，发起人为赵士觐、释铁禅、胡毅生、梁季宽、释志光、释湛心、沈以甘、汤雪筠、陈少白等二十三人，社址设在白云山麓的弥勒寺和与寺相邻的广化分院。该社以显密双修、智悲兼运、自利利他、自觉觉他为宗旨，以普贤十愿

---

① 《〈瑜伽菩提心论〉口义记》，王弘愿著述，于瑞华主编：《密教讲习录》（壹），北京：华夏出版社，2009年，第21页。

② 《〈瑜伽菩提心论〉口义记》，王弘愿著述，于瑞华主编：《密教讲习录》（壹），北京：华夏出版社，2009年，第27页。

③ 《〈瑜伽菩提心论〉口义记》，王弘愿著述，于瑞华主编：《密教讲习录》（壹），北京：华夏出版社，2009年，第36－105页。

④ 雷斧：《性相义学必须·序一》，王弘愿著述，于瑞华主编：《密教讲习录》（叁），北京：华夏出版社，2009年，第644页。

⑤ 雷斧：《性相义学必须·序一》，王弘愿著述，于瑞华主编：《密教讲习录》（叁），北京：华夏出版社，2009年，第696、718、735页。

⑥ 《陆无为居士王弘愿居士来往函》，王弘愿著述，于瑞华主编：《密教讲习录》（伍），北京：华夏出版社，2009年，第116页。

⑦ 《陆无为居士王弘愿居士来往函》，王弘愿著述，于瑞华主编：《密教讲习录》（伍），北京：华夏出版社，2009年，第116页。

为本愿，为佛教徒提供方便修持和随喜佛事的场所。学社内设佛学部、学佛部、佛事部。①

解行学社后来在广州六榕寺成立解行精舍，几次请王弘愿前来广州传法。梁季宽撰《广州佛教解行学社成立之经过（附件四件）》：

民国前，广东省垣有道教信徒刘君咏儒孙君桂芳刘君安圃等数十人，各斥其私财之一部，用广化堂名义，购置粤秀山麓大石街新编门牌第三十四号屋一间，供其祖师吕仙纯阳，每岁复各斥其营业收益之一部，在所购屋办施医施药施衣施粥施姜施棺材诸善事，故吕仙降乩笔，榜其屋之内堂曰广化善堂，盖道其实，旌其善也。民国初年，广化道侣，又以善堂近市，不便修真，复各斥其私财之一部，在白云山麓御书阁美人仰睡峰下，购置山场一段，广袤十余亩，建筑堂宇，仍供吕仙，榜其大门曰广化分院，为道侣静修之所。民国十七年间，有佛教信徒赵居士名士觐号公璧者，向宗佛教之密宗，习东密，曾受东密之胎藏界灌顶，偶与刘君咏儒等谈佛法，为说黄龙禅师度吕纯阳故事，刘等感动，愿约道侣，同归佛化，欢迎赵居士加入广化善堂，为轮年值理之一，在广化分院，增供密严净土之阿弥陀佛一尊，自是广化道侣皆佛化，且密化矣。御书阁美人仰睡峰之东，为猪肝吊胆峰，峰之下为弥勒寺，寺院比邻，距不盈咫，弥勒寺者，为清初石莲禅师所募建，石莲为石濂大汕禅师之法弟，大汕乃朱明遗裔，因反清而亡命安南，因为密法神通而为安南国师，清鼎既定，大汕禅师自安南归国，归国时，安南国王赠以藤织弥勒佛像一尊，其一则大汕自供于其手建之城西长寿寺，清季已毁于火，其一则令石莲于白云山麓建寺分供，故寺名弥勒，今寺之中龛所供藤像是也。弥勒寺住持僧自石莲后若干传而至省机，又若干传到法章，法章入灭后，即无僧住持，香火中断，递民国十五年，始由省机法属僧恕行等，公推大佛寺僧志光及其徒湛心，继任住持。计自石莲至今，二百余年矣，中经废置，寮舍倒塌，器物散失殆尽，而趺坐逾丈之藤织弥勒佛像，犹岿然独存。赵居士于清季固有反清革命之深长历史者，故对于专供反清前辈大汕禅师所遗留藤像之弥勒寺，慨然有设法保存之志，志光湛心，亦表同情焉，此为赵居士与广化善堂广化分院及弥勒寺发生关系之经过因缘也。②

赵士觐是民国时期广东密宗的重要人物：

赵士觐，字公璧，别号见机，出家后法名德圆。广东新会人。1915 年，在美国发行《民气日报》，任总编辑，以中西文著论，宣传中国革命，揭发袁世凯的窃国阴谋。回国后，于 1921 年追随孙中山，任广州军粮局长。翌年任广州电话局长、大本营粮食管理处督办等职。1923 年又任两广盐运使。十数年中，他为孙中山领导的资产阶级民主革命作出了较大的贡献。1925 年起开始信仰佛教，曾在香港参与发起组织佛教真言宗居士林，专修密法。回广州后，即从事佛教救世运动，先后成立广州佛教解行学社及解行精舍。1933 年秋，邀集同愿发起重修六榕寺花塔，1935 年落成，举行开光典礼，即于是日依观本法师在解行精舍剃度出家。后于光孝寺依虚云老和尚受具足戒，成为一个虔诚的佛教徒。③

---

① 梁季宽：《广州佛教解行学社成立之经过（附件四件）》，《解行精舍第一次特刊》，广州：解行学社，1932 年。

② 梁季宽：《广州佛教解行学社成立之经过（附件四件）》，《解行精舍第一次特刊》，广州：解行学社，1932 年，第 1－2 页。

③ 赵春晨、郭华清、伍玉西：《宗教与近代广东社会》，北京：宗教文化出版社，2008 年，第 71－72 页；转引自高振农：《佛教文化与近代中国》，上海：上海社会科学院出版社，1992 年，第 179 页。

十一月十一日，在震旦密教重兴会开第四次受明灌顶首场，事载《受明灌顶记事》：

释迦文佛降诞之二九五六年，即中华民国十八年十一月十一日，澄海王一如居士等，恭请潮安王弘愿（雪峰注：后有梵文，略）开第四次受明灌顶道场于震旦密教重兴会。是日，天朗气清。上午，授三昧耶戒；下午至午夜，引入曼荼罗灌顶。得度者共十六人。计胎藏界者十人：苏文焕、杜腾锡、吴洁庭、郑腾亮诸居士，本尊为大日如来；杜腾英、朱纯极居士，本尊为无量寿佛；郑腾轮、李耀开两居士本尊为普贤菩萨；郭腾竟居士本尊为文殊菩萨；吴邦俊居士，本尊为观音菩萨。入金刚界者六人：王福慧本尊为大日如来；李纯如、王一如居士，本尊为金刚波罗蜜；王兹吉居士本尊为羯磨波罗蜜；王净心居士本尊为金刚爱菩萨。又此次于灌顶坛中，某居士有现证之瑞应。受者皆大欢喜云。①

十二月，撰《先母行述》，关于王弘愿之母洪氏事迹。② 同月，撰《重刻〈大日经疏会本〉序》，内中载：

此经具曰《摩诃毗卢遮那成佛神变加持经》，谓之《大日》，其译义耳。此经为毗卢遮那佛金口亲说，传心印于金刚手秘密主之秘典也。久秘南天铁塔中，龙猛菩萨开之，始流布于世。依于弘法大师开题之指南，此经有法尔恒常本、分流广本、分流略本之三种。然法尔恒常本既匪能显诸纸墨；分流广经有十万颂三百卷，亦复不传于中华。今所传者，则采要三千颂之略经也。传此略经于中华者，为唐沙门无行，不幸归途病殁。后开元十二年，善无畏三藏奉诏，以所赍经，于长安之先福寺译述，沙门宝月译语，一行阿阇黎笔受，则今之七卷经是也。然以其理深事博，不易趋入，仍再请求无畏三藏敷陈其义，而一行阿阇黎润饰其文，为《大疏》二十卷。新罗国沙门零妙寺释不可思议亦面禀三藏口传，而为第七卷《供养法疏》上下二卷。故欲研钻《大日经》者，必先以《大疏》为本据，盖亦势所必然，理所应尔者也。③

本年，密教会排印本《一字顶轮王瑜伽仪轨略注》刊行，此书乃唐不空三藏译，于仪轨之文说理甚详。④

民国十九年（1930） 庚午 五十五岁

二月，撰《潮安县阮公为王忠懿堂捐助公益记》，阮公即岳阳人阮淑清。文中载："忠懿堂者，吾族供祀闽王诸祖之祠堂也。祠在潮安城猷巷，肇自前明，清嘉庆重修，于今年逾百矣。上风旁雨，朽蠹颓蚀。余从诸宗老后，延工修建。既成，落庆升龛，敬请公及普宁郑晓屏先生行点主之礼。"⑤

三月四日，译竟《息灾护摩次第》，该文落款包括：

宽永十六夷则日以仁和寺心莲院本书写之毕

---

① 《受明灌顶记事》，王弘愿著述，于瑞华主编：《密教讲习录》（伍），北京：华夏出版社，2009年，第262页。

② 《先母行述》，王弘愿著述，于瑞华主编：《密教讲习录》（伍），北京：华夏出版社，2009年，第316－317页。

③ 《重刻〈大日经疏会本〉序》，王弘愿著述，于瑞华主编：《密教讲习录》（伍），北京：华夏出版社，2009年，第198－199页。

④ 饶宗颐总纂：《潮州志》，潮州：潮州市地方志办公室，2005年，第2685页。

⑤ 《先母行述》，王弘愿著述，于瑞华主编：《密教讲习录》（伍），北京：华夏出版社，2009年，第329－331页。

小池坊权僧正秀算

天和三癸亥五月十六日于仁和寺真乘院传授交合了

僧正尊如

中华民国十九年三月四日甘露吉祥日译竟

……

金刚佛子王弘愿于圆五居

（潮安王弘愿译并补入梵文）①

附：《密教讲习录》并收有《息灾护摩次第传授私勘》（传法院流），由王慧兰在本年十月十日译竟。②

三月六日，为校刻《真言名目》作序：

《真言名目》，日本赖宝（雪峰注：后有梵名，略）之著书也。阇梨生当吾国元时，为东寺三宝之一，杲宝大士之师也。学兼显密，讲席常满，所著有《真言本母集释论勘注》等。此《真言名目》乃随手编录以引初机者，而简要切当。二年前曾为善友讲之，其钞本皆陈历典居士之手笔也。近日携请铸板以宏其传，余感其弘法之诚，允之。书本为汉文，然笔意往往带日本人习气。余于讲解时，尝为删订，居士所钞录，即依据焉，兹亦仍之。佛法者，众生之佛法。吾校刻此书，本为吾中华人，则宜乎使吾中华人之易解也。夫真言密教，初至中国，学人每多疑之。其道理奥微，又骤不能强解。今得是书，庶几其足以引吾国人之窥三密妙旨乎，斯则居士之盛心也矣。③

三月十五日，为《和译真言十卷章广付法传》作跋，内中并感叹：

日本大正大学教授冈田契昌摩诃阿阇黎耶邮赐我以《和译真言十卷章广付法传》，且征言焉，十卷章者，真言之根本教义书，中惟《瑜伽发菩提心论》为龙树菩萨著，余皆弘法大师之著也。余既拜诵卒业，感喟深焉。……昔者日人学儒、学佛学于吾国，以蔚成其文明。今者吾人学科学、佛学于日本，亦以迈步夫人海，则安知乎异日者？吾国之科学佛学孟晋，日人之不将转来学于吾邦也，此非徒作大言也。宇宙悠久，民族之研究力各有其特至。日耳曼开化特后，而今且被推为世界文化之最高。今欧人于科学发明，妙能夺造化之奇，然而必几经艰难困苦转而乃至。而吾人之学之，则特缀其最精也。则安知其不藉以为基，而更登峰而造极也，则世界闻人，群趋于吾矣。坤媪寿命未知纪极，安知其不有斯之一时期？且回顾原书，则佛与众生本无差别，世界幻梦，迷悟在人。不于此自觉其性相，而喋喋戏论多言，吾乃于斯乃大惭愧。④

三月（农历二月），怡光法师圆寂于南澳叠石岩，居士特为撰传，且挽以联曰："是近世僧伽真宝，开我潮佛法曙光。"虽云崇美之词，亦纪实之语也。⑤

---

① 《息灾护摩次第》，王弘愿著述，于瑞华主编：《密教讲习录》（肆），北京：华夏出版社，2009 年，第 200 – 201 页。

② 《息灾护摩次第传授私勘》，王弘愿著述，于瑞华主编：《密教讲习录》（肆），北京：华夏出版社，2009 年，第 248 页。

③ 《真言名目》，王弘愿著述，于瑞华主编：《密教讲习录》（贰），北京：华夏出版社，2009 年，第 654 页。

④ 《〈和译真言十卷章广付法传〉跋》，王弘愿著述，于瑞华主编：《密教讲习录》（伍），北京：华夏出版社，2009 年，第 226 – 227 页。

⑤ 慧原编：《潮州市佛教志·潮州开元寺志》第八章《人物》，潮州：开元寺，1992 年，第 795 页。

王弘愿鉴于《龙藏》年久残佚，就倡募款项，采用抄补、装裱、填缝等办法使“补藏之功德”得以竣事。① 其事《潮州市佛教志·潮州开元寺志》所载如下：

是年九月（夏历八月），居士与李裕甫诸檀越，倡募补修开元寺明、清两大藏经之残佚者，至二十一年壬申（1932）四月（夏历三月）竣事，共享一千四百八十余元。其《清藏》中所缺之《宗宝道独禅师语录》六卷，潮中无可借钞，时适潮安县长阮淑清（湖南岳阳人）致仕经福州，得其募钞于怡山西禅寺（即长庆寺），托邮来潮，于是明清两大藏，始成完璧，是役居士实总其成，与有殊勋焉。②

附：乾隆三十年（1765），时任潮州开元寺方丈释静会和尚（1686—1780），为法轻身，以年届八十的高龄，不顾体弱，不畏路途遥远，亲自偕带师侄道昆，跋山涉水专程到北京恳请颁赐藏经。静会和尚因讷于言、勤于修，乾隆皇帝感其真诚，将手拊其肩称“真是老实和尚”，因而静会和尚后来在紫衣披肩外绣上金龙爪。当时，乾隆皇帝特奏准颁赐藏经一部，派员赉送《龙藏》，随藏四面“奉旨颁供龙藏”黄缎令旗至今保存完好。皇叔和硕庄亲王楷书“万德庄严”黄缎横卷随藏，又赐大殿、禅堂、初祖堂三处匾额。这部《龙藏》于雍正十一年（1733）开始刻版，到乾隆三年（1738）十二月十五日印刷竣工。《龙藏》从编印至今虽不足三百年，但因当年只准印了一百部，历经多次社会动乱，而至今能完整保存下来的，就全国来说已寥寥无几了。③

另外，开元寺自唐代就受到密宗影响。据称：开元寺大雄宝殿月台前有东西对峙的两座石经幢，建立于初唐，因刻有密宗陀罗尼（即咒语）于其上者，故又称陀罗尼经幢，高约4.15米，座其周径约5.15米。石经幢东面幢身八面刻为《加句灵验佛顶尊胜陀罗尼》，略称“尊胜幢”，其书法遒劲端正。此石经幢是广东省内现存最早的唯一一座“尊胜咒经幢”。西面经幢刻有《准提陀罗尼》，略称“准提幢”：民国七年（1918）二月十三日（农历正月初三）潮汕大地震被损坏，民国十三年（1924）重修，幢座仍然是旧石，幢盖幢身则已更新。④

五月十九日，撰《施饿鬼法》，文中称：

善友有发心求授施饿鬼法者，因本之《丰山作法集》，删去其三昧耶真言等条，非传法人未便授三昧耶戒也。又《作法集》所录真言，全用假名缀，非中国人所能用。因考校别书，录其汉译，并增梵文，凡有志修此法之真言行者皆授之，因登之《讲习录》以广其传云。⑤

五月二十三日，撰文《我身观》让子福慧诵习，文后记“次儿福慧，能明佛理，而身见未忘，近养静杭之西湖，故作此使诵习之”。其文如下：

我身佛身，本无所隔，更不须疑。我之所生，
异熟果报，虚妄薰习，曾非有实，无实无性，

① 达亮：《潮州开元寺》，广州：广东人民出版社，2005年，第74页。
② 慧原编：《潮州市佛教志·潮州开元寺志》第八章《人物》，潮州：开元寺，1992年，第795页。
③ 达亮：《潮州开元寺》，广州：广东人民出版社，2005年，第72－73页。
④ 达亮：《潮州开元寺》，广州：广东人民出版社，2005年，第58－59页。
⑤ 《修学简说·施饿鬼法》，王弘愿著述，于瑞华主编：《密教讲习录》（叁），北京：华夏出版社，2009年，第627页。

无性无生，无生而生，是唯缘生。缘生无性，

无性无实。得其实者，唯一真理。此理具足，

无边功德。是故本来。无始无终，法尔法然。

正觉古佛，是曰法身。①

五月二十九日，译竟《大日经彻肝钞》，该文以对答形式进行，由妙净记，弘愿译。文后有王弘愿附识：

编者曰：上《彻肝钞》一卷，以古写三本校合毕。

编者曰：本会翻刻此书，本拟原本印出，但抄录时，觉其文法多非我国所能明了。此书翻刻，为我中华之学密人也，故不能不略加修饰。此钞尤多杂口语，更属非译不明，故加功审易，特加译名。然以不愿违原书太甚故，间仍多日文口气。余对于日本古德汉文书之夹口语者多如此，盖一方为读者计，一方又尊古德之著书也云尔。

（中华民国十九年五月二十九日早起译竟附识，弘愿）②

五月三十一日（端午前一日），三弟叔谦五十一岁生日，旅省诸友于其诞日为开寿诞，王弘愿闻之喜，敬书“无量寿佛种子”以寄。③

六月，校竟《大日经疏初学大要钞》，其落款有“尚祚阿阇黎，中华民国十九年六月校竟，弘愿”字样。④

七月二十一日至二十三日，在震旦密教重兴会演说《佛与人》，由弟子陈历典笔记：

缘起：中华民国十九年七月二十一日，王弘愿大阿阇黎耶以有志学密者之诚恳请求，特于其日开坛灌顶，至二十三日完坛。二十四日受灌顶诸善信请讲授十八道修法，大阿阇黎先集众为略讲佛与人之关系，及佛法各宗之浅深，而历典谨执笔以记。⑤

陈历典另有《庚午潮州开坛灌顶记》，记述以上三天事：

灌顶为密教大事，自吾师以重兴震旦之密教为天下倡，海内学密者，风起云涌，即求入坛灌顶者，于今亦数百人矣。今年黄居士大度，返自安南，纠合同志，请求吾师为之灌顶。李居士耀开亦招集多人，为同样之请求。遂于中华民国十九年七月二十一、二十二、二十三三日，于震旦密教重兴会之灌顶道场，为诸善信开坛灌顶焉。计凡比丘一人，优婆塞二十五人，优婆夷十人，均于每日上午为授三昧耶佛戒，下午开灌顶坛。⑥

八月二十五日，撰写注《尊胜陀罗尼》一卷的缘起，文末附有：

上注《尊胜陀罗尼》一卷，从《三十帖策子》抄出。《三十帖策子》者，日本弘法大

---

① 《纥哩（二合）说寿叔谦》，王弘愿著述，于瑞华主编：《密教讲习录》（伍），北京：华夏出版社，2009 年，第 311 页。

② 《大疏秘记集（卷上）·大日经彻肝钞》，王弘愿著述，于瑞华主编：《密教讲习录》（叁），北京：华夏出版社，2009 年，第 34 页。

③ 《纥哩（二合）说寿叔谦》，王弘愿著述，于瑞华主编：《密教讲习录》（伍），北京：华夏出版社，2009 年，第 311 页。

④ 《大疏秘记集（卷上）·大日经疏初学大要钞》，王弘愿著述，于瑞华主编：《密教讲习录》（叁），北京：华夏出版社，2009 年，第 45 页。

⑤ 《佛与人》，王弘愿著述，于瑞华主编：《密教讲习录》（壹），北京：华夏出版社，2009 年，第 1 页。

⑥ 陈历典：《庚午潮州开坛灌顶记》，王弘愿著述，于瑞华主编：《密教讲习录》（伍），北京：华夏出版社，2009 年，第 265 页。

师空海于唐元和时来吾国，遇青龙寺东塔陀惠果阿阇黎传受真言密教，在唐抄得之本经仪轨等，奉回日本流布者也。原钞古本，保存至今，闻藏日本东京帝国大学。明治间，用西洋摄影翻印流传，古色古香，至可宝贵。以其共有三十帖，故名曰《三十帖册子》也。新会陆居士无为，近得此书。（弘愿）从借抄此卷，居士请登之《讲习录》以广其传焉。因记其缘起也。①

八月二十六日，为《大日经疏传授钞》撰译后按语：

编著按：上《大日经疏传授钞》一卷，以古写本五种校合了。诸本多无首题及撰号，丰山长谷寺所藏有庆师写本独存之，今依彼本加之。……弘愿谨案：余翻印此书，本拟依原本翻印，迨付板时，发见许多不便，乃略与颠倒字句。俾吾国人易读，故题曰校曰译，以示其与原本有异。然至此书，则其技已穷。盖原书虽完全汉文，而照日本口语书写，欲译成中国人易阅之文，则须全部改易。今以无此时间力，多仍旧口吻，虽曰译也，仍多费解语矣。此则对于作者与读者两抱遗憾矣。②

八月二十八日，安南刘绍亮居士至函王弘愿，内中述及："吾师研究密理，甚深美妙，学德似空海矣。读为诸友宣讲《佛与人》之演说，字字精彻。我宿天幸，今逢明师，得闻斯妙理。弟子拟于来春二三月间，往求师尊灌顶。"③

八月，为日本冈田契昌著、王慧兰译《真言十卷章解题》作序：

日本冈田（雪峰注：后有梵文，略）邮赐吾以和译《真言十卷章・广付法传》，予既为跋矣。《十卷章》为真言教根本要书，幸吾国北京刻经处已翻刻流通。兹依陈居士历典请，以广付法传铸铅，又命季女慧兰译冈田阇梨所为《解题》问世。《十卷章》义蕴闳深，文字亦匪鲜。阇梨每书契期要旨，为此《解题》，令读者于至鲜文字中，而可得全书之大义。事未能半，功不啻倍；嘉惠后学，绩谓至深。末附各书之钞释，尤足以为深求妙义者司南。嗟乎！吾于大师所著书，每思发其精奥，以诏示天下后世，而前此多从事于经义仪轨，时间力限之。《十卷章》中，仅曾发挥菩提心论义，本年曾为善友讲即身成佛义，而无人记出，无以呈正讲席外人。假吾十年，庶几《十卷章》之大义光明于吾中华之世宙也欤？书之以充息壤。

中华民国十九年八月吉王弘愿序④

八月，众弟子为王弘愿及其妻陈夫人祝双寿之辰，事见陈历典《欢祝圆五大居士暨师母陈夫人双寿纪事》："本月为吾师圆五大居士暨师母陈夫人六十开五双寿之辰，同门诸友谋所以欢祝者"，祝寿弟子包括李耀开、释根慧、黄大度、林本心、郑觉智、汤居干等，

① 《注尊胜陀罗尼一卷》，王弘愿著述，于瑞华主编：《密教讲习录》（贰），北京：华夏出版社，2009 年，第 653 页。

② 《大疏秘记集（卷上）・大日经疏传授钞》，王弘愿著述，于瑞华主编：《密教讲习录》（叁），北京：华夏出版社，2009 年，第 74 页。

③ 刘绍亮：《安南畜臻市刘绍亮大士上王弘愿居士书》，陈历典：《庚午潮州开坛灌顶记》，王弘愿著述，于瑞华主编：《密教讲习录》（伍），北京：华夏出版社，2009 年，第 132 页。

④ 《真言十卷章解题・序》，王弘愿著述，于瑞华主编：《密教讲习录》（肆），北京：华夏出版社，2009 年，第 614 页。

澄海王净心、杜腾锡、杜腾英、王了尘、郑腾轮、杨腾明、王纯一亦驰书奉仪以贺。①

九月十一日，为王慧兰译《造塔供养》作按语。此文由日本小野方良僧正讲。文后标明："弘愿案：此演讲见本年日本七月号《清观》令季女慧兰译成汉文，俾有志为先灵造福者之得所藉手也。"②

十月十日，校改《大日经疏题额》，文后附识"中华民国十九年双十国庆日黎明，校改近汉文义竟，弘愿"③。

十一月一日，日本新义真言宗总本山长谷寺致函王弘愿："专陈者，来十一月十二日午前十时，于当山化主大僧正小林正盛晋山式执行，可仕候。"后面还附：

王弘愿殿

一、十一月七日迄御来否御回报相烦度候。

一、当寺附近之关系交通略图相添申候。

一、御参列之际此状御持参愿上候。④

按：从上信看，是小林正盛将实行就职仪式，询问王弘愿是否参加仪式。

十一月十六日，致函日本小林教授师化主大僧正，祝贺其任新职，见《贺小林教授师任新义真言宗总本山长谷寺化主启》。⑤

十二月十三日，编完《光明真言之研究》，文中提到：

缘起：本会刊行密教讲习录时，入会会友，皆赠以《光明真言证章》。既而会友中多有函询证章中光明真言之读法、句义者，特述第一年第四期中。黄大度居士者，澄海人，旅居安南，读《讲习录》，甚有悟入。对于本会刊行密教书，亦多所襄助。因求秘书，赠以赖庆阇黎《光明真言钞》。读之，尤喜其秘妙。近日回乡，既受受明灌顶，因请将此真言秘奥宣扬，俾信密者，知所景仰。因博考分稽，编为此书。此真言关系于自利利他者绝巨，幸阅者深发信心，请传法阿阇黎传授。庶几于即身成佛，往生净土，两有所获。大事因缘，诚无大于此者也。⑥

按：王弘愿之子王福慧为《光明真言之研究》作《跋》，叙述：

上《光明真言之研究》一卷，家君集历代祖师秘法要籍也。（福慧）拜读既竟，乃重有感焉。……此效验大福咒在日本已甚显著，本会印行此真言曼荼罗未久，亦已迭致成效。近如潮安洪王二先辈等。洪，余表伯也，患病昏呓，呼其亡母，又频呼牛，其令子令闻请家君加持此曼荼罗诵之，而能预知时至，吉祥善逝。王，予从伯父也，病失治，昏呓

---

① 陈历典：《欢祝圆五大居士暨师母陈夫人双寿纪事》，王弘愿著述，于瑞华主编：《密教讲习录》（伍），北京：华夏出版社，2009 年，第 367－369 页。

② 王慧兰译：《造塔供养》，王弘愿著述，于瑞华主编：《密教讲习录》（肆），北京：华夏出版社，2009 年，第 178 页。

③ 《大疏秘记集（卷上）·大日经疏题额》，王弘愿著述，于瑞华主编：《密教讲习录》（叁），北京：华夏出版社，2009 年，第 167 页。

④ 《日本新义真言宗总本山长谷寺来函》，王弘愿著述，于瑞华主编：《密教讲习录》（伍），北京：华夏出版社，2009 年，第 134 页。

⑤ 《贺小林教授师任新义真言宗总本山长谷寺化主启》，王弘愿著述，于瑞华主编：《密教讲习录》（伍），北京：华夏出版社，2009 年，第 335 页。

⑥ 《光明真言之研究》，王弘愿著述，于瑞华主编：《密教讲习录》（壹），北京：华夏出版社，2009 年，第 341 页。

且死，比加持此曼荼罗覆之，呓立止。有顷，神气转清，合掌诵佛而逝（具见拙记《光明真言曼荼罗灵验记》）。远如安南华侨郭陈氏、刘李氏、江黄氏、越妇阮氏等（具见本会刊行之《密教讲习录》），俱生前毫无信仰，临终了无凭藉，而以之得善逝者也。①

王福慧还撰有《光明真言曼荼罗灵验记》（写于上年冬十二月），所需注意者，是上文中洪、王二行辈的记述："功成之越夕，余偶外出，涂值表兄洪君令闻。洪君不特余姻戚，且友善，又曾与余同登多闻院大僧正慈悲之门。因敬询其尊翁梧孙先生病状，……后一月，族伯父子英先生，病恶疟失治，昏呓将死，家君亦加持此曼荼罗贻之。"② 据此得知，洪梧孙、洪令闻是王弘愿亲家，洪令闻是王弘愿之侄。而王子英是王福慧的伯父，即王子英和王弘愿同辈。

十二月十三日，为《般若心经梵本汉译大全集》撰序：

《般若波罗密多心经》，梵本仅四百余文，而包括《大般若》六百卷精义。又显密具举，故日本真言宗高祖弘法大师有《秘键》之著，实为大藏中独一无二之大经。余于民国第一丙寅，谒大何上大僧正于日本松原山，因得梵文《心经》于东寺市。近日补注以国音，汉译则益以敦煌石室之法成三藏译。校而刻之，颜曰《般若心经梵本汉译大全集》也。嗟呼，般若为佛陀正慧。佛陀正慧不在言语文字也，而余乃汲汲于此，然则将求佛慧于言语文字间也欤？校竟不禁自笑。③

十二月十五日，校译《大疏传授除末传法人文处口诀闻书》之释经第五《秘密八密品第十四》，"弘愿谨案：此篇极秘妙，颇多校译矣"④。

十二月十八日，校译《第三之大事传授闻书》，这是日本享保年间比丘灵照所作，王弘愿在编后按语提及：

编者曰：《大日经传授除未传法人文处闻书》，附后问答，如《法华第三大事传授闻书》一卷，依智积院藏古写本出之。凡此闻书有再治、未再治两本，虽义趣相同，文言有少异。今所出本，即如环师再治本也，览者应知之。⑤

同日，为《大疏秘记集》作跋，其文较重要，录其文如下：

上书为日本大正年间祖风宣扬会所编刊，余感其秘要，特介绍之吾国人。凡得而读之者，当有庆快平生之感。铸版既竟，乃书其后曰：即事而真，即身成佛，为真言教之不共法门，薄伽梵之所亲证者也。……编中如《遮那经王疏传》《不思议疏传》《彻肝钞》《六月成就秘诀》《奥疏大事》《大日经传授除未传法人文处口诀闻书》，皆精要绝伦，宇宙间精秘难见之书也。今得介绍之吾国人，余心滋快。

---

① 王福慧：《光明之言之研究·跋》，王弘愿著述，于瑞华主编：《密教讲习录》（壹），北京：华夏出版社，2009年，第372－373页。

② 王福慧：《光明真言曼荼罗灵验记》，王弘愿著述，于瑞华主编：《密教讲习录》（伍），北京：华夏出版社，2009年，第263－264页。

③ 《〈般若心经梵本汉译大全集〉序》，王弘愿著述，于瑞华主编：《密教讲习录》（伍），北京：华夏出版社，2009年，第197页。

④ 《大疏秘记集（卷下）·大疏传授除末传法人文处口诀闻书》，王弘愿著述，于瑞华主编：《密教讲习录》（叁），北京：华夏出版社，2009年，第256页。

⑤ 《大疏秘记集（卷下）·第三之大事传授闻书》，王弘愿著述，于瑞华主编：《密教讲习录》（叁），北京：华夏出版社，2009年，第261页。

抑吾又有感焉，《大日经疏》为密教根本要书，而实不易读。本书多能宣泄大疏之秘妙，而大疏之秘妙，非尽于此书也。谨案：密宗诸师，于大疏为分三段；于《住心品》之专言教相者，命曰口疏；《具缘品》下之多说事相者，曰奥疏；第七卷供养法疏，曰不思议疏。宣泄精义，附疏解释，多在《住心》；精要甚多，遍明（道范）指心（赖瑜），似其弁冕。吾师多闻院大僧正近著《大日经住心品疏续弦秘曲》，其于精奥，尤能弘扬。奥疏则有杲宝惠光之《演奥钞》，而中国古哲之著书，则有辽觉苑之《演密钞》，于大疏皆疏解明晰，凡皆吾所愿介绍之吾国人者也。《续弦秘曲》，余已译得大半，数年前尝登之《海潮音》，但未能什二。吾意决矣，第七年《讲习录》，当编刊此宏著以慧我会友矣。惟《演密》《演奥》，书颇繁博，非吾会小规模之铸印所能编排。世亦有与吾同志者乎？校而刊之，庶几密宗之奥义，昭彰于吾大中华之天地也。此诚所馨香而祷祈者也！①

十二月二十八日（农历十一月初九），安南刘绍亮居士再次致函王弘愿：

弘愿大阿阇黎耶佛照：敬禀者承吾师论心物理智五轮六大之妙理，故凡夫我辈，有成佛之可能明矣。弟子学浅劣慧无智，谓痴思妄念耳。然而妄念妄识，求其根元，皆法身佛之秘号也。读诸论明吾师弘教似空海矣。弟子决定清明后往郡，但船期未定，约二月尾三月初可动轮。求师尊先择定日，约诸友同时信授。②

十二月，撰《书郭子彬先生事略后》：

潮阳郭辅庭先生示我以其尊人子彬先生事略。子彬先生以善贾之才，操奇沪江，获资数百万。又能斥巨款以助社会之兴学校慈善业，誉望卓卓在人耳目。不必读其事略而后知，而读其事略则尤详且审。……先生年过古稀，知信慕佛德，尝礼印光法师《受归戒》，乘是福善，救臻大觉，先生其且以檀那得波罗蜜多者矣。吾固于先生之现生，而能知其过去，探其当来也。余尝馆先生乡，于先生有一面缘，时余刚研精佛旨，谈话间尝及频伽精舍校刊《大藏经》。先生回沪，旋购一藏回家，意盖在余之得读也。余虽不久旋里，而《大日经疏》之钞本，固自先生之藏经出。近日吾国之得印行此密教根本要书，即以此《钞本》为其底稿也，固自先生之藏经出者也。然则先生有功于法佛大教矣，其于大事因缘，不尤大且远也欤？余之所乐为表著者也。③

十二月，撰《灵山正宏集》跋，该文集和唐代大颠禅师有关。跋首称，“上《灵山正宏集》一卷，逊清康熙癸酉释本果所集也。韩公来潮，进士已有赵德，衲僧已有大颠，开化之说，以延及齐民耳”④。跋中评论大颠和韩愈之事，对大颠推崇备至，“吾谓赵德借公以传，而颠公不借公以传也。自唐以后，吾潮之类德高德者有焉矣，而与颠师比者更无复有人也。”跋中并载：

近日潮阳郭辅庭先生，告我从续藏中钞得大颠师《心经注》，将以雕版，委余为跋。

---

① 《大疏秘记集（卷下）·跋》，王弘愿著述，于瑞华主编：《密教讲习录》（叁），北京：华夏出版社，2009年，第319－320页。

② 刘绍亮：《刘绍亮大士寄王弘愿居士函》，王弘愿著述，于瑞华主编：《密教讲习录》（伍），北京：华夏出版社，2009年，第135页。

③ 《书郭子彬先生事略后》，王弘愿著述，于瑞华主编：《密教讲习录》（伍），北京：华夏出版社，2009年，第393－394页。

④ 《〈灵山正宏集〉跋》，王弘愿著述，于瑞华主编：《密教讲习录》（伍），北京：华夏出版社，2009年，第232页。

余闻之深喜，然心以为疑。禅宗至六祖，尽扫去语言文字，故禅师鲜著书者。永明寿禅师以百卷之《宗镜录》闻，然其时已在五季。大颠于六祖相距甚近，理不应有此。既又得郭君简，言印光法师谓书中引夹山语。夹山后颠师四十年矣，据以断其伪。吾以伪书亦有佳者，请郭君以钞稿寄示。其文章支离，盖粗人所伪作也。嗟乎！世乃多有类此之书矣，不深可叹哉。①

本年，密教会排印本《秘藏记集释本》刊行。《潮州志》之《艺文志·子部》称，“此书就日本弘法大师所受惠果阿阇梨之口诀详为征据，加以集释”②。《秘藏记集释本》前有王弘愿撰之“缘起”：

《秘藏记》为弘法大师笔记惠果阿阇黎口授之书，事相教相杂说。实为真言密教根本要书，自证化他之良导也。弘愿研习本宗，阅读名著至伙，而特以弘法大师为集大成者。何以言之，弘法以前，光明扩大于弘法也；弘法以后，推阐发挥夫弘法也。吾读大师之著述，真可谓盛水不漏，恰到好处，字字是法界海大宝明珠，光遍法界海也。此记是笔述惠果和尚所口授，尤是大师开宗明教之所本。其包孕广传，学真言宗人，如采木于山，求盐于海，随有所需，皆满人意，而蕴不可穷。③

本年，六榕寺住持铁禅和尚将六榕寺北堂旧址和大梅堂部分空地提供给学社，修建护摩坛、维摩室、信解池等，建立“解行精舍”，传播密宗。④

附：汤雪筠（瑛）《解行学社建立解行精舍后所负之使命》——

本精舍今后所负之使命，说分为二：（甲）护法使命，（乙）宏法使命。护法使命，约为为三：（一）建设白云山及大石街道场，（二）辅助香港真言宗居士林，及潮安震旦密教重兴会宏扬密教，（三）重修广州六榕寺花塔。宏法使命，亦分为二：（一）负集中佛教人才之使命，（二）负显密双宏之使命，次第分述如下。

……

（二）辅助香港真言宗居士林及潮安震旦密教重兴会宏扬密教

解行学社社友，多数受香港黎乙真阿阇黎，及潮安王弘愿阿阇黎法乳，是港林潮会，不啻为本舍之母舍，而本舍亦不啻为香港之支林，不啻为潮安之分会，同人等当运平等心，离人我相，勇猛精进，绍隆密教，此应负之使命二也。⑤

本年，《海潮音》第四、五期刊行持松的《贤密教衡》。⑥

本年，省政府成立“广东省通志馆”，馆长许崇清，副馆长饶芙裳，总纂温廷敬。民国二十年（1931），省政府又改而委托中山大学负责修志，馆长由邹鲁兼任。“邹志”是以民国三年（1914）至民国六年（1917）龙济光和桂系陆荣廷等主政广东时续修的《广

---

① 《〈灵山正宏集〉跋》，王弘愿著述，于瑞华主编：《密教讲习录》（伍），北京：华夏出版社，2009 年，第 235 页。

② 饶宗颐总纂：《潮州志》，潮州：潮州市地方志办公室，2005 年，第 2686 页。

③ 《秘藏记集释本·缘起》，王弘愿著述，于瑞华主编：《密教讲习录》（叁），北京：华夏出版社，2009 年，第 321 页。

④ 赵春晨、郭华清、伍玉西：《宗教与近代广东社会》，北京：宗教文化出版社，2008 年，第 38 页。

⑤ 汤雪筠：《解行学社建立解行精舍后所负之使命》，《解行精舍第一次特刊》，广州解行学社：1932 年，第 20－21 页。

⑥ 《海潮音》月刊，1930 年第 4、5 期。

东通志稿》为基础修订的。至民国二十四年（1935）初稿完成，但迄未刊印。[①] 王弘愿后受邹鲁聘请参与“广东省通志馆”编宗教志部分。

民国二十年（1931） 辛未 五十六岁

一月二十八日，王慧兰奉王弘愿命，于圆五居写成《大胜金刚陀罗尼灵验记》，事关周愿西治疗王传业之母颈疮事：

周居士愿西，揭西棉湖人，家君之受明弟子也。日前来受本尊印明及十八道等法，并求铸《大胜金刚陀罗尼》数十圆，盖其中具有绝大因缘焉。奉家君命，特为执笔记之，亦佛陀加被中之一段灵迹也。[②]

二月十八日，撰成《往生神咒之研究》，文首称：

揭阳李开耀居士，向余求往生咒梵文。往生咒于吾国盛行，盖学佛人多求生净土，求生净土必诵持此咒也。其效验亦显著，即以本地论，凡善堂之为人殓死尸，必诵此咒，虽日僵硬溃烂，而一持此咒，则柔软穿衣如意。流俗以至其文圆书刻成钱形，名之曰往生钱，意在持此钱以求生也。虽鄙陋可哂，而其流传普遍亦可以征。余以李君请，求之《汉满蒙藏四体合璧大藏全咒》，乃多有异同。因准金陵刻经处所传弥陀佛像之梵文，翻成悉昙梵文，以满李君之愿。李君从余学瑜伽大教，其来求之意，在于所习之悉昙梵文也。然以是因缘，余乃考之《大藏经》，勘其同异，以为此书，供学佛人之参考也。[③]

二月，王弘愿的弟子冯重熙受邀赴闽南佛学院，为缁素讲解密宗概要。考虑到太虚法师是该院院长，该院管理层多为其弟子，或许通过此次演讲，王弘愿和太虚两派的关系能够渐趋缓和。[④] 冯重熙是冯达庵之兄长，《惠州市志》第四册载：

冯重熙（1880—1959），清惠州府城（今惠州城区桥西）人。毕业于上海中国公学，后回乡兴学。在惠州创办昌明小学堂和振坤女子小学堂（惠州第一所女子学校）。历任惠州昌明小学，观澜小学，省立惠州中学，县立一中，县立女师，私立持平中学，惠阳良井中学，博罗柏塘中学，东莞兴质小学，汕头回澜中学，福建漳州工程专科学校等校教师、校长。他博学多才，贯通文、理，既教国文，又教几何、绘画。通音律，善风琴，曾作昌明、女师两校校歌和惠州八景歌。还积极开展社会文体活动，倡办惠阳县第一、二次运动会和寓教于乐的“瀹新灯社”：每年元宵节前后，在惠州举办文物和工艺品展览，开展演戏、打灯谜等活动。

20 年代，一度任漳州官产事务所所长、漳厦海军司令部厦门堤工处秘书兼统计科科长。负责漳州的市政建设，秉公办事，绝请托，拒贿赂，廉洁奉公。中年学佛，修净土宗和密宗。先后在厦门、惠阳创设佛学会，主编厦门《佛学会刊》，在厦门大学、南普陀闽

---

① 广东省立中山图书馆编纂：《民国广东大事记》，广州：羊城晚报出版社，2002 年，402 页。

② 王慧兰：《大胜金刚陀罗尼灵验记》，王弘愿著述，于瑞华主编：《密教讲习录》（伍），北京：华夏出版社，2009 年，第 272 页。

③ 《往生神咒之研究》，王弘愿著述，于瑞华主编：《密教讲习录》（壹），北京：华夏出版社，2009 年，第 374 页。

④ 李郑龙：《密宗的回传：以王弘愿为中心的考察》，林有能、李尧坤主编：《六祖慧能与岭南禅宗历史文化研究文集》，香港：香港出版社，2015 年，第 422 页。

南佛学院、越南岘港华人学校讲授佛学。

冯重熙一生淡泊名利，不沾烟、酒。喜字画，勤著述。著有《瓷粹》《聊自娱斋笔记》《觉园文钞》《密宗仪轨》《学佛心传》等书。①

四月至五月，在震旦密教重兴会实行第五次灌顶，事载王福慧所记《本会第五次灌顶记》：

本年四月，王弘愿阿阇黎许可安南刘绍亮居士等之殷勤劝请，以法身如来法水滋润群生，行两部大法受明灌顶于本会秘密金刚道场。有缘入坛者，共四十一人。

第一日（四月二十六）受三昧耶戒。（福慧）忝为教授，刘子实居士为助教。

第二日（四月二十七）胎藏界受明灌顶。李耀开居士为教授师，刘子实居士为引入师，王慧兰女士为女教授师，林念一女士为引入师。

第三日（四月二十八）大阿为诸弟子讲授所译良基阇黎《密宗安心钞》。

第四日（四月二十九）续讲《安心钞》。

第五日（四月三十）金刚界受明灌顶。（福慧）忝为教授，李耀开居士为引入师。

第六日（五月一日）传授《大日经》七支念诵法。

（五月三日）传授本尊印明。

（五月四日）讲灌顶之理由及其功德。

（五月六日、七日、八日）传授十八道念诵法。是役也，居士不惮劳瘁，持续至十日以上。事相教相，咸令诸同志饱饫以归。虽甚劳其精神，饿其体肤，而勿少休。……②

按：上述的刘绍亮居士，是潮安人，生于安南（越南），经西贡、香港、汕头至潮州请求王弘愿灌顶。③

《海潮音》本年第四期刊行持松的《贤密教衡释惑》，署名“密林”。此前，持松的《贤密教衡》受到王弘愿的驳斥。《贤密教衡释惑》篇首称：

数年前余草《贤密教衡》一书，藏之笥中，备他日整理真言教义之资。但恐所学未竟，立言有失，故稿成后从未出以示人。孰意去岁冬间，余暂离所居，被二三学子，将此稿抄载于《海潮音》，非本所愿也。虽然，吾固已于书末赘云待助他山云云，是则此稿之登载《海潮音》，俾吾书有引玉之机，吾亦何憾焉！近日果有大心居士王公弘愿，赐以攻纠，荣幸何极。④

五月，撰《张母林太夫人八秩荣寿序》，文中载：

同邑张君舜臣，笃行君子也。介余侄孙道亨诣庐，以其母林太夫人八秩寿言相委。余深以为讶，舜臣述其母志事，则宜其有所取于余也。盖林太夫人晚而学道，儿女婚嫁既毕，则谢家政，饭素礼佛，戒家人杀生畜。舜臣暨弟景伟奉母孝，能具甘旨。而太夫人犹

① 惠州市地方志编纂委员会编：《惠州市志》（四）第六十四编《人物》，北京：中华书局，2008 年，第 4607 页。

② 王福慧：《本会第五次灌顶记》，王弘愿著述，于瑞华主编：《密教讲习录》（伍），北京：华夏出版社，2009 年，第 267－268 页。

③ 王福慧：《本会第五次灌顶记》，王弘愿著述，于瑞华主编：《密教讲习录》（伍），北京：华夏出版社，2009 年，第 268 页。

④ 密林：《贤密教衡释惑》，《海潮音》月刊，1931 年第 4 期。

日勤女红，劝少休，不听。以扑满贮所得钱，岁晚人事忙。贫寒人之困于饥冻者，则开所积者助之以为常。今年八秩荣庆，舜臣等将集会亲友称觞为欢，必禀命以素筵享客然后得许。盖其心厚仁能体深佛意也若此，则宜乎君之有取于余言也。①

初夏，潮安县长阮淑清（岳阳人）谢职至闽，王弘愿与其诗歌唱和。王弘愿的诗是：

“风云变幻原多感，况是临岐握手时。两袖清风歌大爱，一庭新月照离思。交情如水浓非醴，契合全家爱有儿。（尊夫人与内拙需女慧兰传言方达意，而一见如旧，感情甚笃，女公子降爱与女孙诚器年皆六岁，又相爱也。）直上扶摇鹏举远，神通何事怨天涯。”

而阮淑清也有诗和王弘愿，诗前有：“辛未初夏挂冠凤城将归，慕韩先生锡以词，乃邀影西湖绿杨村并步原韵乞正。后学岳阳阮淑清”，其诗是：

“绿杨村畔柳如丝，正是骊歌乍唱时。三载过从存往迹，千秋事业仰遐思。（先生著作等身，潮人景仰。）文章木铎今奇士，（先生得桐城三昧掌教中校二十余稔，复研精佛理，重兴密教。）衣钵薪传有慧儿。（女公子慧兰娴颖美文词，兼通日语梵文，能助父译佛书。）他日洞庭明月夜，韩江回首意无涯。”②

另，阮淑清有诗《将离任有感》，王弘愿在诗下有加按语：

弘愿谨案：阮公任潮安匝二年有奇。其勤也，办公至夜漏，三鼓不寝。其廉也，去任时属员社团之感受恩惠者，送钱礼器物，虽雕刻名号文字，不可转易他人者，而亦不受。……其绩之大者，如成立各区乡自治会，恢复县立中学校，及盖建中学校舍，改建县监狱。凡公所建筑工程，皆亲身监督，故工人不能舞弊。③

六月十八日，次儿（福慧）自《大藏经》抄录出《佛说造塔延命功德经》（沙门般若奉诏译），王弘愿后为之作跋，文首称：

《佛说造塔延命功德经》排印即成，敬书其后曰：经曰，修上福者，无过造塔。造塔为因，果得阿耨多罗三藐三菩提。得金刚寿命，不止延命也。然人之寿命，本有定限，即是定业。寿命可延，已是能破定业矣，已非显教诸经教之所能为矣。谨令次儿（福慧）抄印以广流传，使有志修福者，得所凭藉焉。④

所需注意者，是文末一段对福慧疾病的描述：

次儿（福慧）颇明佛理，能勤修持，而气体薄弱，竟得肺结核症。余谨为修息灾护摩二次。彼自读《无垢净光陀罗尼经》，敬遵其法，造小塔七十七，入之大塔，而兴供养。今者竟以东瀛新药曰爱活者注射而告断根矣。回思此数年来，戚友中患此症而死者甚多，比（福慧）后患者而已死者亦不少。而（福慧）之病，竟不甚进，荏苒数年，竟以值此肺病断根之新药。夫肺病断根之药，中外自古所未曾有也。非佛菩萨加持之力，恶能致此，足见造塔延命之功德之为确而有征也。兹敬刊印流通此经，使世之欲修最上福者，得

---

① 《张母林太夫人八秩荣寿序》，王弘愿著述，于瑞华主编：《密教讲习录》（伍），北京：华夏出版社，2009年，第380－381页。

② 《送阮县长（淑清）先生谢职之闽》，王弘愿著述，于瑞华主编：《密教讲习录》（伍），北京：华夏出版社，2009年，第456页。

③ 阮淑清：《将离任有感》，王弘愿著述，于瑞华主编：《密教讲习录》（伍），北京：华夏出版社，2009年，第457页。

④ 王弘愿著述，于瑞华主编：《密教讲习录》（伍）附录《佛说造塔延命功德经·跋》，北京：华夏出版社，2009年，第498页。

所藉手，亦欢喜报恩回向众生之意也云尔。①

六月，和郑晓屏、吴子筠一起到开元寺访古，事载《开元访古记》：“民国二十年六月，以阁庋马王庙古铜钟，与郑子晓屏、吴子子筠同诣开元寺。因考察正殿铜钟，其古乃尤过于马王庙钟也。”所考察者，另有佛殿供石质香炉和殿庭石台。对上述古物的尺寸都进行详细考察、测量。②

七月二日，校阅竟王慧兰译《息灾护摩次第传授私勘》和“追加”部分，落款有“日本摩贺阿阇梨权田雷斧著，潮安王慧兰女士译，圆五居士鉴定”字样。③

八月十三日，阮淑清之友、常德人罗超彦访王弘愿于圆五居，事载《书阮钞〈宗宝独禅师语录〉后》之末：

公友有罗君超彦者，号竹秋，常德人，同事福州。会有香江之役，公迟其行，带所钞书惠。然以行急工多，不能久待。然罗君犹迂道于八月十三日访我于圆五居也。世乃有此爱道之人乎？惭余之不足副也。附志之。④

八月十五日，阮淑清于福州寄《宗宝独禅师语录》六卷给王弘愿：

长庆《宗宝独禅师语录》六卷，中华二十年八月八日，于福州西郊怡山长庆寺即西禅寺借钞既竣，余亲诣寺中明远阁，尽日雠校之。而于月之十五日，即余离闽前两日，邮寄于潮州圆五居。考西禅寺为道独禅师曾驻锡处，予者番羁闽仅七十余天，乃适于此时此寺，钞此语录。邮筒甫发，而即舍此地以去，一若余此次之由潮而闽，专为此录而来者，亦可纪也。因并志之。岳阳阮淑清书后。⑤

附：宗宝道独简介——

宗宝道独（1600—1661），广州人，俗姓陆，别名“空隐”，6岁丧父，随母近寺而居，常趋礼佛，矢志出世，继学《六祖坛经》，依寺僧习定，每坐达旦。16岁“就磐石礼十方佛”后，自行执刀剃落，缚茅龙山，单丁苦究，侍母尽孝十余年。29岁往谒博山元来禅师，师资郑重。一日，博山元来禅师拈“倒骑牛入佛殿”话勘验，众僧下语皆不契，惟笑肯宗道独之颂：“莫道博山无人，如今也有个许！”从具足戒，亲炙九越月，恳辞住山，得蒙付嘱。其后“一意岩隈”，相继闭关金轮、黄岩等地，畏荣名利养如霜雹。崇祯十四年（1641年），应众檀越再三力请，出住广州罗浮山，慈悲普熏，机缘冥应，力弘博山道法，“悲愿沁人，略无异同，自节烈文章之士，以至贩夫灶妇，无不醉心，咸愿出门下”。后又历主福州长庆、东莞芥庵、广州海幢寺诸刹法席，内闷外观，阴翊法运，广植菩提深根。顺治十八年（1661年）七月二十二日，端坐而逝，世寿六十二，法腊三十三，门人塔全身于罗浮华首台西溪之南。宗宝道独开法二十余年，英特相从如云，然蒙椎拂记

---

① 王弘愿著述，于瑞华主编：《密教讲习录》（伍）附录《佛说造塔延命功德经·跋》，北京：华夏出版社，2009年，第500页。

② 《开元访古记》，王弘愿著述，于瑞华主编：《密教讲习录》（伍），北京：华夏出版社，2009年，第307页。

③ 王慧兰译：《息灾护摩次第传授私勘》，王弘愿著述，于瑞华主编：《密教讲习录》（肆），北京：华夏出版社，2009年，第252页。

④ 《书阮钞〈宗宝独禅师语录〉后》，王弘愿著述，于瑞华主编：《密教讲习录》（伍），北京：华夏出版社，2009年，第230－231页。

⑤ 阮淑清：《〈宗宝独禅师语录〉跋》，王弘愿著述，于瑞华主编：《密教讲习录》（伍），北京：华夏出版社，2009年，第229页。

剃者，仅祖心函可、天然函昰二人。[①]

八月十七日，在圆五居开讲《般若波罗蜜多理趣品》，由女儿王慧兰记录，文中载：

开讲曰：今日所欲讲的，是《大乐金刚不空真实三么耶经·般若波罗蜜多理趣品》。于讲经前，先诵真言及《心经》者，颇有意义，兹说明之：众生与佛，本来无二，然众生沉沦生死，备受苦恼。佛则自在无碍，法乐普遍者，无他，只在三业之净不净耳。三业者，身业、口业、意业也。若诵此三业之真言，其功能使三业清净，三业清净即是佛境界也。《心经》是般若部，般若是佛的正慧。《心经》以二百余字，摄尽《大般若》六百卷之精要，且中有显理，有真言，乃显密兼备之经。[②]

按：王弘愿后来另纂述有《〈理趣经〉讲义》，载于《密教讲习录》。[③]

八月二十六日，撰《书阮钞〈宗宝独禅师语录〉后》：

上录转钞因缘，已见阮公所自跋。余不敏，以潮州开元寺清藏残阙，募资补完，工役行竣，而《宗宝独禅师语录》乃无可转钞。盖余所恃以补完清藏者，以开元寺之尚蓄有明藏，而余亦有频伽藏也。道独禅师为明末清初人，故其语录明藏未及收，而频伽藏据日本缩藏翻印，亦非全遵清藏也。公于羁旅行役之际，访知福州西禅寺清藏完好，商允寺僧借钞。募书手六人，以四日之工完之，又穷日雠校，亲手装池如式，邮寄潮州。其自跋所谓此次由潮而闽，若专为此灵而来者，用意至可感。公任潮安时，采虚誉下顾。偶谈及哲理，其空灵洞彻处，高踞毗卢顶，实于禅理为近。[④]

八月三十一日（农历七月十八日）前后，众弟子为王弘愿六十开六寿辰祝寿，由陈历典献颂文。参与寿颂的弟子有李耀开、释根慧、李纯如、吴洁庭、林本心、汤居干、黄系西等四十多人。[⑤]

九月二十一日（农历八月初十日），大勇法师在甘示寂。[⑥]

深秋，为《即身成佛义大全》撰序，内中称：

即身成佛，为真言宗不共大义。自余介绍坠绪于中国，佛学者于兹义稍滋怀疑。余今汇刻弘法大师所著本书一种，异本六种，兴教大师《即身成佛义章》一卷，颜曰“大全”，以谘海内佛学家。[⑦]

本年，《海潮音》第十一期刊登王弘愿的《真言教之根本问题》[⑧]，后来此篇收入张曼涛主编《密宗思想论集》（密宗专集之三），名为“答贤密教衡释惑”，这是和持松法师的

---

① 任宜敏：《中国佛教史·清代》，北京：人民出版社，2015 年，第 511 – 512 页。

② 《〈理趣经〉口义记》，王弘愿著述，于瑞华主编：《密教讲习录》（壹），北京：华夏出版社，2009 年，第 106 页。

③ 《〈理趣经〉讲义》，王弘愿著述，于瑞华主编：《密教讲习录》（壹），北京：华夏出版社，2009 年，第 420 页。

④ 《书阮钞〈宗宝独禅师语录〉后》，王弘愿著述，于瑞华主编：《密教讲习录》（伍），北京：华夏出版社，2009 年，第 230 页。

⑤ 陈历典：《圆五大居士大阿阇黎耶寿颂》，王弘愿著述，于瑞华主编：《密教讲习录》（伍），北京：华夏出版社，2009 年，第 374 – 375 页。

⑥ 《海潮音》月刊，1931 年 11 期。

⑦ 《〈即身成佛义大全〉序》，王弘愿著述，于瑞华主编：《密教讲习录》（伍），北京：华夏出版社，2009 年，第 213 – 214 页。

⑧ 《海潮音》月刊，1931 年第 11 期。

论辩之作。《答贤密教衡释惑》篇首称：

去年持松阿阇黎著《贤密教衡》，吾著论以衡之。及近日阿阇黎又有《贤密教衡释惑》之作，其书之首，有郑重声明之词曰：在吾开始质疑之前，有一最要之事，亟须忏悔申明者，即为此书非吾近作，且稿成后未经审削，登载时办未得吾之许可，故致其中非难古人言辞过于疏薄之处，未得删改，此实吾深大惭愧而不能自安者也。

弘愿案：阿阇黎此之声明，既自知其难自宗祖师，过于疏薄，又引为大惭愧不能自安，可谓之知过，可谓之自讼，非有大力者不能。[①]

王弘愿又在《答贤密教衡释惑》中称："吾之所欲与持松法师相质者，问题有二：曰判教，曰末学之于祖师。此二根本问题明，其余枝节，皆可以不事虚费笔舌，未审持松阿阇黎亦以为然否?"[②]

按：王弘愿又撰有《论华严五祖之异同》，内中称："近日本师大僧正阿阇黎，因阅余与密林阿阇黎商论真言与华严高下之文，特谕以说明华严学贤首与清凉同异，又清凉与宗密同异，特敬呈此论请正。"[③] 该文写作具体时间不详，但显然出现在《答贤密教衡释惑》刊载前后。

又按：《真言教之根本问题》发表后，持松没有作出回应，贤密之争遂告结束。以下是传统华严宗、王弘愿和持松的不同观点比较，引自李郑龙论文[④]——

《衡〈贤密教衡〉》与《衡〈贤密教衡〉释惑》对照

中国传统"华严宗"的华严教义	王弘愿在《衡〈贤密教衡〉》中的华严教义	持松在《〈贤密教衡〉释惑》中的华严观
只有极少数密印名字，且无解说	"华严"无密印，若有，请持松法师出示	以密眼观之，《华严经》中举手投足无非密印
以《大乘起信论》中"真如缘起"为法界缘起之依据	"华严宗"以真如缘起为主旨，立意不稳	否认《华严经》中有真如缘起说
认为最快要三生成佛	"华严宗"无助身成佛之法	《华严经》亦有即身成佛法门
未详说性海（华严海会）一多同体。十方主伴虽互具足，未说彼此主伴是一身	华严海会一多同体。十方主伴虽互具足，未说彼此主伴是一身	《华严经》菩萨海会乃自他不二，不落阶级

① 王弘愿：《答贤密教衡释惑》，张曼涛主编：《密宗思想论集》（密宗专集之三，《现代佛教学术丛刊》第73种），北京：北京图书馆出版社，2005年，第89页。

② 王弘愿：《答贤密教衡释惑》，张曼涛主编：《密宗思想论集》（密宗专集之三，《现代佛教学术丛刊》第73种），北京：北京图书馆出版社，2005年，第90页。

③ 《论华严五祖之异同》，王弘愿著述，于瑞华主编：《密教讲习录》（壹），北京：华夏出版社，2009年，第311页。

④ 李郑龙：《近代佛教界显密纷争的再探讨》，《中山大学学报》（社会科学版），2015年第2期。

本年，王弘愿自作《白骨歌》，叹人生无常，愿以白骨奉佛，诗载："吾今行年五十六，自愧行尸惭走肉；一病兼旬势似轻，阎老通信警心目；行将四大委荆榛，肉消筋断白骨陈。"①

《海潮音》本年第七期刊行冯重熙《密宗概要》、太虚《密宗概要识》。②

民国二十一年（1932） 壬申 五十七岁

一月九日，校注完毕《一期大要秘密集略注》，载于文后之"中华民国二十一年一月九日晚漏下三鼓校注已毕"，文末有"宋日本兴教大师觉鑁著，潮安圆五居士王弘愿注"的字样。③

一月，撰成《护摩法略注》，见文后所载之"中华民国二十一年一月，校印此书因略释之。金刚佛子王弘愿和南"。《护摩法略注》文末有"日本高野后僧正御私记"的字样。④ 文首称：

所有一法不生，寂静之义，此息灾也；所有福智，此增益之义也；烦恼伏断，此降伏之义也；远本无明，令返本觉，此敬爱之义也；六道四生，流浪无明，本觉召入，此钩召之义也。又息灾之故得生善也，善生故贪不起。……（此段说护摩诸法之义及其功能也。）⑤

二月，为《一期大要秘密集略注》作序，文中称：

而吾宗祖兴教大师亦有《一期大要秘密集》之著也。本集自得病以至殁后，分节编纂，切实指导，周备精详，而中多秘要，全以法佛大教即身成佛之妙谛为之干。其法验且大，其所以利益众生者，尤博而精也。余感其秘要，特属手民铸铅行世。其精要处，特拈出说明。嗟呼！死生亦大矣，死生之际，升沉交递，所关尤巨矣。孝子仁人，固以捧我，祖父于至善极乐之金场为心快也。有此书则其所以用心致力者有所藉矣。吾之此书，固以捧人之祖父于至善极乐，快孝子仁之心为心快者也。甚愿其流通广远，俾一切众生之自觉其从本无生。⑥

二月一日，为广州六榕塔之灌顶坛撰记，梵文音译为"达磨驮睹曼荼罗"记：

岁丁卯，以真言行菩萨召，之省役灌顶。灌顶坛地假六榕寺之北堂，朽旧矣。有提议新为真言坛者，未果也。近接赵居士公璧士觐书，则大工已成。示以略图，则大坛直六榕寺花塔之北。坛之外，树石为幢，书"佛顶尊胜陀罗尼"。其西北为护摩坛，坛之西为维摩室。坛之南为信解地，研习行解之所也；大坛东直为观音殿，殿西偏南为门，广东佛教会及解行学社在焉，门直北偏东为重屋。月轮坛，心地月轮圆满，光遍照法界。而经论三

---

① 《白骨歌》，王弘愿著述，于瑞华主编：《密教讲习录》（伍），北京：华夏出版社，2009年，第454－455页。

② 《海潮音》月刊，1931年7期。

③ 《一期大要秘密集略注》，王弘愿著述，于瑞华主编：《密教讲习录》（贰），北京：华夏出版社，2009年，第650页。

④ 《护摩法略注》，王弘愿著述，于瑞华主编：《密教讲习录》（贰），北京：华夏出版社，2009年，第625页。

⑤ 《护摩法略注》，王弘愿著述，于瑞华主编：《密教讲习录》（贰），北京：华夏出版社，2009年，第618页。

⑥ 《一期大要秘密集略注·序》，王弘愿著述，于瑞华主编：《密教讲习录》（贰），北京：华夏出版社，2009年，第627页。

藏，咸庋阁其中。①

按：上文落款是“潮安圆五居士敬书于震旦密教重兴会”，该文载于《解行精舍第一次特刊》，目录标题为《法界坛记》。而该文在刊内的标题是梵文。②

二月，撰《重修东门楼》记，所可注意者，书中提及抗日之事，文中的翁辉腾即十九路军将领、普宁人翁照垣：

东门楼建于宋，修者屡矣。民国十年八月，瓦撤于飓风，势危欲坠，许君杰曹等募款修之。既成，属记于余。且言曰“江西滕王阁，形胜不及吾楼远甚。然而艳称千古，赫然在人耳目间者，已有王勃之序、韩公之记也”。……是时日本人方以其巨炮高舰空船轰击我上海，因与君登楼远眺，若闻悲壮洪爆之音。余乃称曰“今兹之所以捍卫强寇，而佑护吾民族之亡，拔升吾国际之级者，十九路军也，吾广东人也。潮州于广东非珠江流域，而十九路军之首创强梁者，吾潮产之翁公辉腾也。潮之媲美于广肇者，此后当人文盛极，斯楼亦且以人杰之登临，增其声誉，如滕王、岳阳矣”。余老矣，不能执干戈以卫社稷，而感于国家民族之故，特因记斯楼，作是壮语，激励后生。至其捐资工材，别有稽籍，不一一云。③

三月二十六日至三十一日，在震旦密教重兴会开行第六次灌顶，事载王慧兰《壬申本会第六次灌顶记》：

客岁冬，汕头李居士耀开，揭阳周居士愿西等，以善友求法者殷。叩请开坛于（雪峰注：此处有梵文，略）王弘愿居士。然居士鉴于时方严寒，佛子远来，起居住宿，多所未便。因期以明年春日。今春乃择吉，于国历三月二十六日迄三十一日行金胎两部受明灌顶坛于本会秘密金刚道场焉。入坛者凡七十四人，计比丘尼一人，男居士四十一人，女居士三十二人。法事经过，纪述如下：

第一日（三月二十六）：男居士受三昧耶戒。

第二日（三月二十七）：男居士胎藏灌顶。

此二日：李耀开居士为教授师，王福慧居士为引入师。

第三日（三月二十八）：女居士受三昧耶戒。

第四日（三月二十九）：女居士胎藏灌顶。

此二日，（慧兰）忝为教授师，林念一女士为引入师。

第五日（三月三十一）：金界入坛灌顶。王福慧居士为教授师，周愿西居士为引入师。

第六日（四月一日）：传授七支念诵法。

第七日（四月二日）：传授十八道念诵法。④

按：上述入胎藏界灌顶者六十人，入金刚界灌顶者十四人。⑤

---

① 《杂记类》，王弘愿著述，于瑞华主编：《密教讲习录》（伍），北京：华夏出版社，2009 年，第 303 – 304 页。

② 王弘愿：《法界坛记》，《解行精舍第一次特刊》，广州解行学社，1932 年，第 31 – 32 页。

③ 《重修东门楼》，王弘愿著述，于瑞华主编：《密教讲习录》（伍），北京：华夏出版社，2009 年，第 306 页。

④ 王慧兰：《壬申本会第六次灌顶记》，王弘愿著述，于瑞华主编：《密教讲习录》（伍），北京：华夏出版社，2009 年，第 275 页。

⑤ 王慧兰：《壬申本会第六次灌顶记》，王弘愿著述，于瑞华主编：《密教讲习录》（伍），北京：华夏出版社，2009 年，第 275 – 276 页。

四月六日（农历三月初一），撰述《奉修〈仁王护国般若经〉护摩法表白文》，内中称：

嗟吾中华民国，成立二十一年，内乱频兴，外侮荐逼；日本恃强，自谓无敌。夺辽滨三省，势易反掌；轰申浦三月，志欲亡吾。不宣而战，实同七难之盗；造因感果，难转三苦之瓜。又以国已无王，权是民主。苟当仁而尚让，谁能爱以上祈？窃本此义，爰集同仁，启息灾护摩之坛，诵神力加持之句。①

按：本文虽短，却值得注意。从中看出，王弘愿虽然引进日本东密，但对于日本军国主义的侵略野心，是有清醒的认识的。

四月六日至十二日，发起“仁王护国经秘法”凡七天，事见震旦密教重兴会四月十二日的报告《〈仁王护国般若经〉法会经过》：

本会鉴于国家多难，内忧外患，非仗佛力，难挽厄运；因纠集同志，发愿自四月六日起，奉修“仁王护国经秘法”凡七天。计供养法七坛，护摩法七坛，神供法三坛。迄十二日结愿完坛。

职役人员列下：

阿阇黎兼护摩：师王弘愿

神供师：王慧兰

赞头：释根慧

伴士：周愿西、陈乐西、王福慧、林念一、王慧兰、李妙明

参列者：林本心

坛行事：陈英亮

……

助缘捐款者：

洪令闻助经台一座，王弘愿十二元，李耀开十元又酥酪一盒，汤居乾八元，

……

共收七十三元。

抵用后尚存二十三元零九分。

该款即汇沪托王荆山先生代捐入上海救济国难灾民机关。②

四月十九日，译竟《两部曼荼罗通解》。③

四月三十日，校勘完王慧兰翻译《〈胎藏界念诵次第〉传授私勘》，文后落款有：

中华民国二十一年四月三十日校勘毕

以此功德奉报师恩，令法久住，敬诵加持句加持

金刚佛子王弘愿敬书于震旦密教重兴会时年五十有七也

---

① 王弘愿著述，于瑞华主编：《密教讲习录》（壹）附录《〈仁王护国般若经〉法会仪则》，北京：华夏出版社，2009年，第594页。

② 王弘愿著述，于瑞华主编：《密教讲习录》（壹）附录《〈仁王护国般若经〉法会经过》，北京：华夏出版社，2009年，第594－596页。

③《两部曼荼罗通解》，王弘愿著述，于瑞华主编：《密教讲习录》（贰），北京：华夏出版社，2009年，第617页。

（日本权田雷斧著，潮安王慧兰翻译，潮安王弘愿补校）①

四月，为《陕西莲舌居士自传》撰刊登按语：

谨案：莲舌居士，姓李，名同萱，号桐轩，别号莲舌居士。陕西蒲城人。笃信密教，年老多病，嘱子孙年年缴汇会费，为本会会员。本年二月十二日生西。子陕西建设厅厅长仪祉先生，遵遗嘱讣告本会，并此自传。因登之本录，以广其传。二十一年四月王弘愿记。②

附：《陕西莲舌居士自传》摘录——

居士，除旧布新时代人也。吐舌关作三瓣，出唇外寸许，如莲状，因以为号焉。淡泊恬退，不喜俗。持一主义曰："凡事必起于不得已，则为之者人不厌其为。"是寂灭相。有为之法，非出自然；机心相应，烦恼随之。是则谓之多余事。所视天下纷纷，几无非多余事者。读书不乐举业，故习亦弗工；以其为多余事也。亲没，遂尽弃之。壮不如人，老复何为？迨天地否塞，道魔莫辨，则惟持自主义，不落党派。……是故不就征辟，与同好者组"易俗伶社"以自隐。先是少从师读，夜深，恍若在山洞中，一灯荧然，出见皓月当空，万山雪白。随诵一词曰："雪满山，月满山，鹤唳风声半夜间，清光入面寒。"既觉，即悟前身为僧。然尔时深入儒家言，而不信佛也。及是，于长安市上恭逢阿弥陀瑞像，光射百步外，惊喜请而供诸斋室。夜就寝，忽面前黄光一现，有声曰："授汝陀罗尼。"此时中国密教久绝，故不知其为何语。翻阅经典，亦猝未得。然因是得窥佛法之大。后遇善知识，蒙其开示，欢喜无量，遂皈依三宝，专心密典。愍众生故，颇有为。③

五月，撰《补完开元寺藏经记》，事载《潮州市佛教志·潮州开元寺志》之第七章《文苑·诗文》，原文见《圆五居文集卷下传记》：

开元寺为潮古刹，贮藏经二，一曰径山版册本也，明紫柏尊禅师创刊。一为清藏，号曰龙藏，则前清乾隆年间所赐也。寺僧尚知保存，而年久不能无残佚。余与李居士裕甫倡完之，经始庚午（即民国十九年，公元一九三〇年）八月，越十有九月成功。凡补书之梵本经三百零九卷。装裱之梵本经一千一百四十一纸，缝隙之梵本经一万八千三百八十签，添购之册本经九百八十三卷。造度经之厨一，用款一千四百八十五元奇。助余检经者，李居士纯如，陈居士历典，助余正字者，男福慧，女慧兰，刘居士子实。助余募款者，林居士少樵，林居士大安，王居士净心，王居士兹吉，王居士少瑜，林女士念一，陈女士智德，始终董其役者，释根慧法师也。

壬申（民国二十一年，公元一九三二年）佛降神日，展新造经佛前，敬与在事诸公，香花顶礼，增无尽无余界众生福智，因记其始末，列施资功德人名左方。④

附：另查有《补完〈大藏经〉工竣曼荼罗供表白文》，落款是"中华民国二十一年岁

① 权田雷斧著、王慧兰译：《〈胎藏界念诵次第〉传授私勘》，王弘愿著述，于瑞华主编：《密教讲习录》（肆），北京：华夏出版社，2009年，第722页。

② 《陕西莲舌居士自传》文后按语，王弘愿著述，于瑞华主编：《密教讲习录》（伍），北京：华夏出版社，2009年，第51页。

③ 《陕西莲舌居士自传》，王弘愿著述，于瑞华主编：《密教讲习录》（伍），北京：华夏出版社，2009年，第50－51页。

④ 慧原编：《潮州市佛教志·潮州开元寺志》，潮州：开元寺，1992年，第694－695页。

在壬申四月初八日金刚师子王弘愿"，"助成人：周愿西、陈英亮、释根慧、李纯如、王福慧、王大依同敬白"。此会呗师为周愿西居士，赞头为释根慧法师，报告捐资功德人姓名为王福慧居士。①

七月十七日，王弘愿撰《解行特刊序》，其文首标明"转载解行社发行之《解行精舍第一次特刊》，其称：

广州佛教解行精舍法界坛场既工成，函督弘愿以勤开幕役。弘愿以此大功德，皆赵居士公璧一手所造成，巽谢不敢当。然赵居士督促益殷，旷期以待，且要法慧最高之冯达庵大居士同为劝驾，既不获已，勉襄其役。而开幕之日，将发特刊，又委弘愿为序。弘愿不敏，研究群宗，深知吾宗之与他宗，盖有不同者十，殊胜者十焉。谨宣其义，请政多闻。②

王弘愿所说的"不同者十，殊胜者十"包括：教主之不同而殊胜也、说处伴类之不同而殊胜也、内外悲智应用偏圆之不同而殊胜也、相承之不同而殊胜也、教义之不同而殊胜也、印玺之不同而殊胜也、真言梵文之不同而殊胜也、灌顶之不同而殊胜也、法则之不同而殊胜也、传持之不同而殊胜也。王弘愿最后提出："以上之十种不同，十种殊胜，皆本宗之所独有也。"该文后来载于《海潮音》第十四卷第七号（1933 年第 7 期）。③

夏，王弘愿第二次到广州六榕寺解行精舍开坛灌顶，受法者颇众。④ 王弘愿本人有《送终大要》，"绪言"提及：

壬申八月，开坛广州之六榕寺。有何女士惠修者，以母老，求余授以送终之法。余感其孝思，特仅次儿（福慧）本兴教大师《一期大要秘密集》而浅显其文，缀以丰山派初丧作法及灵供，编成简法，俾孝子慈孙之欲求报其亲恩者，得所藉手焉。盖尝论之，人之富贵福泽，境遇美恶寿夭，皆有定数，不易转移。譬如木已成舟，不易使之转为车辂也。是故迦耶成道之释尊，犹不能不受马麦、金枪之报，盖因果之不可失也。密教教理甚高，加持之力殊胜，故有破定业之印明。因缘和会，往往奇验。

中华民国二十一年七月

潮安王弘愿书⑤

从上文看，上书作于农历七月，即是公历八月。

罗啸敖撰《发起壬申灌顶会之因缘》，对此次灌顶会之记载详细：

佛教密宗之有灌顶式，其义略如显教之授记而较广，东密大阿阇黎，对于行人举行灌顶式，其大别有四，一者结缘灌顶，引一般发心信仰之人入坛，使结佛缘也，二者胎藏界灌顶，令行人领受胎部大法之理趣也，三者金刚界灌顶，令行人证入金部大法之性智也，四者传法灌顶，授行人以大阿阇黎职位也，中国密宗，失传已久，流于日本，近世学者，思复故物，自潮安王公弘愿，译布尔日本权田大僧正密教纲要一书，于是南中国人乃知有

---

① 《补完〈大藏经〉工竣曼荼罗供表白文》，王弘愿著述，于瑞华主编：《密教讲习录》（伍），北京：华夏出版社，2009 年，第 416－417 页。

② 王弘愿：《解行特刊序》，《海潮音》月刊，1933 年第 7 期。

③ 王弘愿：《解行特刊序》，《海潮音》月刊，1933 年第 7 期。

④ 慧原编：《潮州市佛教志·潮州开元寺志》第八章《人物》，潮州：开元寺，1992 年，第 795 页。

⑤ 《送终大要·绪言》，王弘愿著述，于瑞华主编：《密教讲习录》（叁），北京：华夏出版社，2009 年，第 630 页。

东密，自大僧正莅潮传法于王公，南中国人始知学密，自王公以教育家东游求法，得大僧正授以大阿阇黎职位，于潮安组设震旦密教重兴会，翻译东密经典，其已经流通者不下数百卷，我南中国之有志研习密法者，乃得有途径，王大阿阇黎，诚不愧为我南中国宏密之泰斗哉，岁壬申，广州佛教解行学社，在六榕寺北堂炼石堂故址建筑解行精舍落成，所设密坛，依密教家法，须延请曾受传法灌顶之大阇黎，为两部曼荼罗作法供养，学社之修习密法者，以香港真言宗居士林友为多，学社诸公，原拟请黎大阿阇黎乙真为密坛作法，嗣以黎公方有他缘，未暇莅止，乃改拟迎王大阿阇黎，于六月十四日来精舍为密坛补作法事，王大阿阇黎，曾于民国十七年戊辰莅六榕寺，孟秋朔日，在北堂开坛，为优婆塞二十二人授胎部灌顶，越四日，又在城西观音精舍开坛，为优婆夷二十七人授胎部灌顶，此间密侣所称为戊辰灌顶会者是也，戊辰曾受王法师胎部灌顶诸弟子，皆谓王法师此次为解行精舍密坛作法，命驾再来，实为求授金部灌顶之殊胜方便。①

谢英伯《壬申广州开坛记》则对王弘愿本次在粤港弘法记录极详，本次弘法在粤港密教史上极重要，现摘录其文如下：

广州佛教解行学社建精舍于六榕寺千佛塔下，既成，乃有壬申灌顶会之组织。开幕之日，定夏历四月初八佛诞日，迎请大阿阇黎圆五居士主持密坛，并接行灌顶事。大阿阇黎以精舍之成，实赵居士（公璧）及诸大居士所手造，经营缔创，方有今日；雅不愿掠人之美，僭居导师之职，故复函婉谢。然诸大士意殊殷勤，且以期由大阿自定坚请，往反函商。大阿阇黎知其诚不可遏，遂慨然允其请。并定国历七月十七日开幕，乃于六月三日自潮安首途。是会之组织，主任为大和尚铁禅大居士梁季宽，职员为赵士觐、胡隋斋、冯达庵、范鸣石、汪彦平、赵士养、陆无为、俞卓云、章雅若、梁印宗、朱护、胡宁媛、丁德若、林慧如、陈果证、梁济公、赵颜爱、赵颜芝、扬了达、罗啸（敖）等，皆社会知名之士。作法月余，而后藏事，瑞应之多，会众之盛，不可具说。兹略述如下：

六月三十日到香，解行精舍特派胡居士隋斋、梁居士济恭出香代表欢迎。然大阿阇黎已前允香港王氏居仁堂少瑜居士之请，因留居为讲授杨仁山先生著之《十宗略说》，大阿自译之《密宗安心钞》。王君家人，深领法味，发起信心，特请大阿阇黎返香时，为开坛灌顶焉。说法既竟，十一日乘轮渡入省，梁居士济公从行。下午抵步，到岸迎迓者，赵公璧、章雅若男女居士数十人。十七日开幕之日，大阿阇黎乃率众于密坛修大曼荼罗供养大法并开眼秘法。助修者有王显智、王福慧、王慧兰、林念一、周愿西、章雅若、汪彦平、赵见机、冯达庵、范鸣石、陆无为、朱护、张净芳、伍慧宗、林慧如、梁印宗、胡宁媛等十七人。呗师为王显智。赞头冯达庵、陆无为。散花师为伍慧宗。修法至三时余之久，人无倦容，感得金刚界全曼荼罗现身。午后摄影，并植菩提树于密坛护摩坛之间。大阿阇黎亲书“潮安王弘愿手植菩提”字样，立碑树旁。其碑阔一尺二寸长二尺四寸也。

十八日，安灌顶坛护摩坛于楼上文殊院中。十九日为胎藏界男众受三昧耶戒。自九时入坛，至一时毕事，得戒者都一百零五人。教授师为王福慧、周愿西，说戒师为冯达庵，散花师为赵颜芝、梁娜端、金思庄、汪涵晖，赞众为赵颜爱、黄雄飞、梁印宗、黄玉栏、朱护、钟翼贤、胡宁媛。二十一日，胎藏界女众受三昧耶戒，得戒者都一百一十一人。又

① 罗啸敖：《发起壬申灌顶会之因缘》，《解行精舍第一次特刊》，广州解行学社，1932 年，第 28 – 29 页。

男子补受者二人。教授师为王慧兰、林念一，说戒师为冯达庵，赞众如上。二十二日为胎藏界众第一日举行灌顶礼，受者二十六人。……二十四日为男界胎藏灌顶第二日。教授师、引入师赞众如第一日。是日受灌顶者二十四人。……二十五日，举行男众第三次灌顶。一切仪轨及法事，与前日无异。是日受灌顶者二十六人。……二十七日，男众胎藏受明灌顶之第四日。得度者十八人。……二十八日，男众灌顶第五日，一切修法及执事如前。得度者共十二人。……二十九日，为女界胎藏受明灌顶第一日，受法二十五人。……三十日，女众灌顶第二日。三十一日，女众灌顶第三日。

八月一日，女从灌顶第四日。……二日，女众灌顶第五日。……三日，男界结缘灌顶，都六十二人。……四日，为女众结缘灌顶，都一百五十一人。……六日，金刚界男众受三昧耶戒。得戒者二十六人。……七日，金刚界男众受明灌顶，得度者二十五人。……八日，女众受金刚界三昧耶戒，得戒者三十三人。……九日，女众金刚界受明灌顶，职众如前，得度者二十一人。……十日，续金刚界女众灌顶，得度者十二人。……十一日，授光明真言。受法男众都一百一十一人，女众都一百十人。大阿并当众开示。……

十三日，传授七支念诵法，上午八时，男众。下午八时，女众。十五日为佛欢喜日，大阿与众议，定于是日修盂兰盆供，晚修施饿鬼秘法。故先于十四日授职众及参加者修持法要。至十五早八时，于大雄宝殿庄坛，中央供佛珍品百味，左右正面设牌位四：一、孙前大总统，一、三界万灵，一、全国抗日阵亡将士，一、六二七被灾亡灵。左右十八罗汉前，设善信先灵位甚多，而公安局亦请设局历年伏法瘦毙诸灵位。大阿阇黎自为导师，并指定供师十二人：王显智、王福慧、周愿西、赵士觐、赵士养、胡毅生、冯达庵、梁济公、赵颜芝、王慧兰、林念一、梁印宗。至下午一时，法事始完。见佛者见先灵者不一而足。而汪彦平居士见五色光明满虚空界，灵众触者，现一种不可言状之愉快。……其晚，千佛塔特放异光。时明月悬空，众像毕现；而花塔高耸云宵，俯视一切，清净光明，如置水晶柱于瓦砾场中。最奇者，塔之八棱，每棱皆如悬摩尼珠，赫烁灿烂，乍隐乍现。或东南角见，或西南角见。变化之神，令人不可思议。而塔顶棱霄柱一联如贯珠，观者譬喜，叹未曾有。初，是塔于七月二十九日，值夏历六月晦日。先二日广州大风雨成灾，有塌屋灭顶者，而是夕仍大雨，漫天如浓墨；而花塔放光。大阿记以诗云："雨夜连天黑，祥光涌塔婆；轮檐瞻瑞相，空色映瑶波；势欲文天下，恩真感佛陀；稀奇珍重意，呗赞金刚歌。"和者多人。……

十六至二十一日，为传授"大日经七支念诵""十八道金刚界修习三摩地"等要法，又特授可受诸大士以"不动尊十四秘印""十九字秘观"、安坛等法。……

国历八月十九日，即夏历七月十八日，为大阿阇黎降诞之期。精舍诸受明弟子，男女分组，遵祝寿仪为大阿持诵金刚寿命陀罗尼。礼佛毕，皆向大阿礼拜庆寿。其日自晨至晚，真言之声连接。而汤一心居士赠联云："现身萨埵，先贤劫千佛一日降生；东密绍传薪，重振宗风寿邦国。乐育英才，比孔门七十二人倍众；南归承授钵，更沾法雨济妻孥。"梁济公赠联云："护法窃效善才，负笈敬为周月侍；诞日恰同王母，称觞争看众仙来。"又梁业基居士集《金刚顶经》句成联呈阿阇黎云："敬阿阇黎如佛想，于同学所生重心。"

二十二日夜船，大阿阇黎偕从者出香，送行者又车水马龙也。解行精舍又公赠以序曰："……解行精舍既落成，群机所向，多集密乘，于是特组壬申灌顶会，迎请大阿阇黎来省建法幢焉。是即学社弘法第一声也。……是役受明结缘都五百人，四众咸具，盛况为岭南所未见”。……

大阿阇黎既至香，又于居仁堂开胎藏界灌顶坛。受明者为本会大坛越王少瑜居士全家诸仁者。八月二十六日早，安坛。午，受三昧耶戒。二十七日开坛，得度者都二十三人，受明者都十二人。……又教诸受明居士以七支、十八道、安坛、送终大要等法。……①

按：对于王弘愿在解行精舍的行为，署名“白云”者撰有《广东密教之波折：王弘愿灌顶之反响》（载于《海潮音》第十三卷第十二号），对王弘愿在广州开坛灌顶进行评议：

广州解行精舍之兴，实由赵士觐、铁禅、梁季宽等数人。通力合作，惨淡经营，乃得有今日。其举行灌顶结缘诸法，初拟聘请黎乙真居士莅坛主持。嗣黎不就，乃改迎潮州王弘愿居士。王在潮任中学国文教员，生平鲜见事物。闻召大喜，暑假甫届，即束装就道，抵省后，灌顶作法，日不暇给，颇称一时之盛。然以居士而向僧人灌顶（此次有僧人多名加入灌顶）有识者认为于教规，不无有悖。由是十方山门，如博罗、鼎湖僧众，纷纷致函质问，讥王为违法灭理，且居心叵测，图占六榕，中尤以白云山能仁寺住持曼殊揭谛攻击最力。遗书质问，文长千余言，油印成册，分送各界团体及军政要人，声王之罪。曼殊固与王为师兄弟，同学法于日本权田大僧正者。今乃萁豆相煎，视如仇雠。故虽以解行精舍诸君子作法之勤，亦大纯而小疵矣。弘愿于此数日间离省归潮，广州一辈佛徒，以受教之不同，而感觉亦异。闻其去也，有赞叹惜别者，有拊掌色喜者。呜呼！佛教固以清净寂灭为主，今有道如王居士，尚不能善其事之终始，更反其道行之，则又何也。着起袈裟事更多，征诸实际，夫岂虚言。②

夏月，震旦密教重兴会刊发《麻风验方》，内中载：“（弘愿）以此病医治既难，患之者不但痛告残废，且世俗每疑斥以不端。至为可悯。兹幸有此验方，特为排印，以广其传，而救患此不幸之天刑病者。”③

九月，校竟《灌顶之功德》，文后附有“壬申九月弘愿校竟识，潮安王慧兰译”的字样。文首标明“节译日本大僧正丰山派管长富田教纯灌顶讲话”。文末称：

密教真言宗灌顶仪则，为最精最要之法门，亦功德最大之法门也。然人多疑之，不知经文明晰，但苦非有大福智之人不能信耳。富田大僧正此段论文，所引经据，最精最要。特令女慧兰译印流通，以为知自爱其慧命者鉴。④

十月二十八日开始，前后八天，王弘愿在汕头讲述《船若波罗蜜多心经》，事载澄海学人杜腾英笔记之《〈心经〉口义记》，文后称：

中华民国二十一年十月二十八日，王弘愿阿阇梨与善友讲《般若心经》，宗泐注解，

---

① 谢英伯：《壬申广州开坛记》，王弘愿著述，于瑞华主编：《密教讲习录》（伍），北京：华夏出版社，2009年，第278－296页。

② 白云：《广东密教之波折：王弘愿灌顶之反响》，《海潮音》月刊，1932年第12期。

③ 《杂记类·麻风验方》，王弘愿著述，于瑞华主编：《密教讲习录》（伍），北京：华夏出版社，2009年，第408页。

④ 王慧兰译：《灌顶之功德》，王弘愿著述，于瑞华主编：《密教讲习录》（肆），北京：华夏出版社，2009年，第171页。

朱文正（珪）公注于汕头居仁寓庐，十一月五日功德圆满。因买放生命，其晚修施饿鬼法于瑜伽精舍，为令法久住久，聚资印行此记云。①

按：王弘愿到汕头讲《心经》，是受王少瑜之请，而王少瑜委托杜腾英笔记——

岁九月，少瑜王居士敦请大阿阇梨耶演讲《心经》于汕岛寓所，以开示其眷属。又念经者，乃我佛之大法，当广为宣扬。于是诸同志之渴仰大乘者，咸得接待参与，甚盛会也！腾英惟夫《心经》，乃般若部之肝髓，修行人之逵衢。古今译注笺疏而行世者，不下数十家，皆根据本宗，持之有故，言之成理。今得大阿融会而贯通之，博采而简括之，微显阐幽，其惠渡后进者，安有既哉？前后八日，演讲即毕，更由大阿行放生仪，修施饿鬼法。凡听众皆参与，以结大愿。少瑜居士既属腾英以笔记，又蒙大阿诏腾英以一言弁首也，遂叙其缘起如次。②

十一月十一日，姚陶馥在广州撰成《护法痛言》，对王弘愿和冯达庵大加痛斥，此篇后来载于《海潮音》第十四卷第七号（即1933年第7期），篇首便称，“王弘愿、冯达庵以居士而授僧尼戒，受僧尼拜。创千古未有之逆行！”篇中指出：

王弘愿、冯达庵于本年（民国廿一年）七月，在广州六榕寺佛教总会，与僧尼授戒，毁坏三宝。复于《解行特刊》发布“比丘是陪位，应为俗士弟子，居士主嗣即生成佛，为殊胜。”等邪言。大放厥词，广惑无识。余睹正法陵夷，迫于八月十八日驰书暗劝，竟弗纳忠谏。（弘愿于其九月出版四十一期《密教讲习灵》中，明布不受理劝之词，唯对馥前所陈，独不敢致辩一语。悲夫！理屈而犹不肯悔！）③

针对王弘愿、冯达庵提出的赵政开白衣传法之例，姚陶馥提出：

冯王力持造玄《血脉》所记赵政以为护符，而又不能明证赵政必非谬种，必不作谬行，是盲从也。吾闻海云《血脉》竟无赵政其人。冯王既谓其开坛传嗣，则赵政应已赫名当世矣，奈何亲列同宗之海云亦竟无睹，独遗其名耶？则造玄之记，尚足信乎？冯王执以为证，岂未得读海云之记欤？抑读而弗能思欤？学识如斯，亦革佛命，更有不惜人格为之张目者，无怪季世乱日亟矣！④

十二月十至十六日，太虚法师（1889—1947）莅潮弘法。⑤

本年，王弘愿撰《揭阳王氏大宗祠记》。⑥ 同年，王弘愿为潮州开元寺撰龛联“华严法会三菩萨是两部曼荼上首；极乐世界大觉者实妙观察智现身”，落款是“中华民国第一壬申（民国二十一年1932）吉祥月。弟子王弘愿谨撰，黄方松敬书”。载于《潮州市佛教志·潮州开元寺志》之第七章《文苑》。⑦

---

① 《〈心经〉口义记》，王弘愿著述，于瑞华主编：《密教讲习录》（壹），北京：华夏出版社，2009年，第310页。

② 杜腾英：《〈心经〉口义记·序》，王弘愿著述，于瑞华主编：《密教讲习录》（壹），北京：华夏出版社，2009年，第294页。

③ 姚陶馥：《护法痛言》，《海潮音》月刊，1933年第7期。

④ 姚陶馥：《护法痛言》，《海潮音》月刊，1933年第7期。

⑤ 《潮汕佛教大事记》，载林俊聪编著：《潮汕庵寺》（上册），广州：花城出版社，2004年，第17页。

⑥ 《揭阳王氏大宗祠记》，王弘愿著述，于瑞华主编：《密教讲习录》（伍），北京：华夏出版社，2009年，第309页。

⑦ 慧原编：《潮州市佛教志·潮州开元寺志》，潮州：开元寺，1992年，第580页。

附：王弘愿后来还为开元寺撰另一门口木联“解决人生大问题非是遁世团体；弘扬佛陀正教旨有斯破梦机关”。本联载于《潮州市佛教志·潮州开元寺志》之第七章《文苑》，具体撰写时间不详。①

本年，六榕寺住持重新提议募修宝塔，即与解行学社主要成员赵士觐、胡毅生（皆曾任党国要职、此时在本寺修密宗），本市古刹比丘释志光、释湛心、释妙心等，联合社会名流蒋光鼐、陈维周，护法居士梁致广、汤瑛等共同发起议定《重修六榕寺花塔委员会章程》。② 上述诸人中，赵士觐、胡毅生、梁致广和广东密宗复兴有较大关系。

当时的六榕寺住持是释铁禅，俗姓刘，名梅秀（1865—1946），番禺人，少习书画，曾入幕黑旗军刘永福将军（1837—1917）麾下，司职文书，将军解甲，梅秀亦遁入空门，拜六榕寺第二房友石堂房主源善和尚（？—1898）为师，得法名心镜，号铁禅。在长期担任六榕寺住持期间，一度兼主清远峡飞来寺法席。民国成立，铁禅被推选为广东省佛教会会长。抗日战争时期，广州沦陷，日伪罗致铁禅充当傀儡。抗日战争胜利后，铁禅以汉奸罪受执于拘留所，且加老病，遂卒。③

胡毅（1883—1957），字毅生，号隋斋，番禺人，17 岁入广雅书院，19 岁考取两广大学堂，旋以倡言革命被削除学籍，乃转赴日本留学，光绪二十九年（1903）谒孙中山先生于横滨。光绪三十一年（1905），同盟会成立，奉派回国探听清廷虚实及军事设施。辛亥（1911）“三·廿九”之役事败逃港，民国四年（1915）助朱执信在粤声讨袁世凯，民国六年（1917），孙中山先生率海军南下护法，驻节广州，胡毅负拱卫之责，民国十年（1921）任大元帅大本营参军，民国十三年（1924）当选广州市长，民国十四年（1925）以涉嫌刺杀廖仲恺被通缉。此后思脱俗缘，归依三密，参与筹设解行精舍于广州六榕寺。其他著述有《绝尘想室诗草》《集易林》等。④

梁致广（1876—1940），字季宽，三水人。前清副贡，七品小京官。民国后历任财政部秘书，中央银行监事，广东印花税局副局长，广东省银行副行长。热心乡事，筹募巨款修筑南海三水十三围，邑人德之。晚年信佛，虔修密宗，与释铁禅等筑解行精舍于六榕寺内。其著述及生平事迹见载于《广东文征续编》。⑤

本年，《海潮音》第二期（第十三卷第二号）刊行《密宗大意》，由常惺法师在华北居士林讲。⑥ 第三期（第十三卷第三号）刊行李一超《日本所传之真言宗经轨书目提要》。⑦ 第四期（第十三卷第四号）刊行融空《真言宗要义问答》。⑧

---

① 慧原编：《潮州市佛教志·潮州开元寺志》，潮州：开元寺，1992 年，第 589 页。
② 余庆绵主编：《广州六榕寺志》，广州：六榕寺，1999 年，第 81 页。
③ 余庆绵主编：《广州六榕寺志》，广州：六榕寺，1999 年，第 209 页。
④ 余庆绵主编：《广州六榕寺志》，广州：六榕寺，1999 年，第 383 - 384 页。
⑤ 余庆绵主编：《广州六榕寺志》，广州：六榕寺，1999 年，第 166 页。
⑥ 《海潮音》月刊，1932 年第 2 期。
⑦ 《海潮音》月刊，1932 年第 3 期。
⑧ 《海潮音》月刊，1932 年第 4 期。

民国二十二年（1933） 癸酉 五十八岁

二月，中山大学文学院哲学系邀请王弘愿担任因明学导师，期限为半年。① 中大硕士李郑龙认为，王弘愿曾著有《因明学与名学》一书，其担任“因明学”讲师或与此有关。学者冼玉清对此书评价甚高：“其中比较精详，论断公允，不但足以明因明与名学之会通，而于学佛之途径，尤为直指要妙。”②

《海潮音》本年第二期刊登黄忏华《密宗教义一斑》、冯重熙《不动明王法应化之需要》、曼殊揭谛《与王弘愿论密教书》。③

《与王弘愿论密教书》篇首称：“弘愿法弟慧照：谊属同门，理应信使往还，倍形亲睦。然愚到广州，经时六七年之久，绝不以片纸只字与吾弟者，皆由吾弟之行动为愚所不齿也。”信的落款有“廿一，五，廿三”，故该信可能是民国二十一年农历五月二十三日所作。文中还提及：

吾弟既断定大日金萨是俗人，则秘教隐语，本有经说男女交会成五尘大佛事一语，而吾弟门下之谬种滋蔓，不难因次而及于大庭广众中演男女交合为传法，是则日本某川之邪流，必大兴盛于吾国矣！且俗人可当大阿阇梨，俗人必有妻妾，则其妻妾当然可充女阿阇梨。将来学密之徒，既有师父，必有师娘。香港已开其端，此皆吾弟之邪党所播之谬种，而为佛法历史上之一大污点也。④

三月十一日，赵士觐撰《与海潮音社书》，驳斥攻击王弘愿的《广东密教之波折》：

海潮音编辑先生大鉴：敬启者，阅贵刊第十三卷十二号“史材栏”转载香港某小报李某致王阿阇梨书，题之曰《广东密教之波折》，未加以按语云，“王君向出家僧作师，行灌顶礼，违法灭理，莫此为其!”又“据另函王君因造（此字照原文当有错）此攻击，不待法会圆满，即行逸去”等语。读竟怃然，有不能不为执事一陈者：“向出家僧行灌顶礼，”其固本之密经，承诸祖训，阿阇梨之昭示于天下者固不止一二见。斯或密教之不共，我辈固不敢强既执事以必同，然亦绝不认为“灭法违理”。且“向出家僧作师”，不特密教所许，显教经论事迹，在在多有。既非创闻，复何诧怪？世人狃于封畦，囿于见闻，故敢一二奉献于执事也。《华严入法品》，称善知识比丘五人，尼一人，长者十一人，乃至菩萨五人，一一请求，殷重授收。善知识非师之美称乎？长者非居士乎？菩萨必比丘乎？殷重授受，一一请求，宁是草草质疑者乎？舍利弗等不二法门，闻于文殊及维摩诘。玄奘三藏开大唐法相之宗，在天竺亦独步一时。《成唯识论》专宗护法，而究其所得，乃在于从学胜军居士一年有余。余见比丘向比居士求法，竟目为“违法灭理”，充斯说也，则无《华严经》、无《维摩诘经》无《成唯识论》矣。⑤

赵士觐特请来律师，要求致函辩正。事见许谷生《附赵士觐居士所聘之许谷生律师来函》，该文同载于《海潮音》第十四卷第七号（1933 年第 7 期）：

---

① 王弘愿在中大开课情况参见：《国立中山大学文学院概览》，广州：中山大学图书馆藏，第 160、171 页。

② 冼玉清：《冼玉清文集》，广州：中山大学出版社，1995 年，第 733 页。

③ 《海潮音》月刊，1933 年第 2 期。

④ 曼殊揭谛：《与王弘愿论密教书》，《海潮音》月刊，1933 年第 2 期。

⑤ 赵士觐：《与海潮音社书》，《海潮音》月刊，1933 年第 7 期。

径启者，本律师现受广州佛教解行学社赵士觐先生委托，关于贵刊第十三卷第十二号史材栏内载广东密教之波折一则，致函辩正，委托本律师将该信寄达执事登载贵刊，以资更正等由。兹特将赵先生原函寄达，请予登载，并希函复为荷。此致《海潮音》编辑先生。

计送赵士觐致《海潮音》编辑信壹函

许谷生启　廿二·三·十四[1]

赵士觐《与海潮音社书》说理较为充分，并且请来律师委托要求辩正，《海潮音》不能无视赵士觐的意见，但《海潮音》为慎重起见遂推迟发表《与海潮音社书》，见《海潮音》本年第七期赵士觐《与海潮音社书》的前面编著按语：

记得三月二十一日，接到许律师一封信和赵居士致本社书。当时没有答复，因律师之请，是在要求本刊登赵居士之书而已，当没有要本刊编著相见于公堂也？但因本刊积稿颇多，故将赵居士之书压今天才和读者诸君见面，这不但对不起赵居士；而且对读者也许觉有歉然！至关于赵居士书内所提之问题，有些是涉整个佛教制度和教理方面；也许有些是捧场喝彩的。本刊的立场，在整个佛教是站在第三者地位，但有旧地看得另一方超过某一种意义太远了，略加以纠正而扶其人于正轨而已，无所谓附以成见也。编著。[2]

《海潮音》本年第七期推出较多密宗文章，包括：戴季陶《金刚顶发菩提心论浅略释叙》、徐少凡《西康昌都诺那呼图克图传》、法舫《全系佛法上之密宗观》、王弘愿《解行特刊序》、姚陶馥《护法痛言》、周圆性《中国佛教密乘危矣》、赵士觐《与海潮音社书》、许谷生《附赵士觐居士所聘之许谷生律师来函》等。[3] 如果说民国九年（1920）《海潮音》推出的密宗专号侧重于学理研究，本期的密宗更具火药味，双方论战十分激烈，甚至有的涉及人身攻击。前面一些文章已经介绍，现引述有关文章——

法舫《全系佛法上之密宗观》：

中国佛教之现势，在此僧伽方面，除少数之努力佛教工作之外，则大多数皆为渺渺以生，梦梦以死，及与寺院之苟延残喘，长老之坐待安息日之来到，盖别无所谓尽出家之责，作出家之事，而有别开生面之运动或建树，以谋佛教前途之光大也。在学术界方面，则佛学之研究，日以增进，中国佛教，似有慧日重光，法轮再转之势。然就现状观察，佛教各宗发达最盛者似密乘。密乘教法，近年虽颇昌盛，因为守戒律，不谙教理，而流毒所及，为害至深！如魔子曰：“密教兴，显教灭。”呜呼！吾恐佛法之全灭也！如此邪见谬论，若不加以纠正，导国民以正路，使其了解真正佛法以统一其思想，巩固民国精神，则其祸真不可测矣！[4]

按：法舫是太虚的学生，上述文章代表了太虚门人当时对密教的态度，法舫等太虚门人对西藏密宗表示出更大兴趣。法舫简介如下——

法舫（1904—1951），河北井陉人。俗姓王。青年出家，1922 年入武昌佛学院学习，后转入北京藏文学院。学成后任教于武昌佛学院、北京柏林教理院、汉藏教理院，曾三度

① 许谷生：《附赵士觐居士所聘之许谷生律师来函》，《海潮音》月刊，1933 年第 7 期。
② 赵士觐：《与海潮音社书》之编著按语，《海潮音》月刊，1933 年第 7 期。
③ 《海潮音》月刊，1933 年第 7 期。
④ 法舫：《全系佛法上之密宗观》，《海潮音》月刊，1933 年第 7 期。

主编《海潮音》月刊，宣传革新佛教。1941 年赴印度、锡兰等地传教，兼习英文及巴利语系佛典。1948 年回国，任雪窦寺、汐山寺住持，在香港说法讲经。1950 年出席在锡兰召开的世界佛教徒大会，被聘任为锡兰国立大学佛学教授。著有《唯识史观及其哲学》《真理之光》《佛学对于人生之看法》等，所译南传《阿毗达摩摄义论》深受国外学界赞许。①

《中国佛教密乘危矣》署名者是“广东南海金刚乘弟子周圆性”，篇首厉声指出：

甚矣哉！吾粤人之不幸也！近年以来，吾粤人士骑墙于佛教观念之忱志切归依者，颇不乏人，不得谓非好现象也。但以明师难得，善友难逢，虽欲问津法海，每慨指导无人，而旁皇两歧者有之。乃不意当此时期，忽有一不可思议之恶魔出现，假借佛教中之密乘为号召，逞其荒谬绝伦之邪见，唱其离奇怪状之论调，以施其麻醉诱惑之伎俩，势必使人之学佛者，皆为其魔子军，令善因结恶果，群坑于邪见稠林，悉堕于无间地狱而后快！其人为谁？则潮州王弘愿是也。吾粤之产此王弘愿，殆为粤人之罪障深重同业相感欤？噫！是真吾学佛者之大不幸，亦可悲矣！②

九月三日，澹云在台南常乐窝之自修室作《从显密问题上说到王弘愿之犯戒》，对王弘愿严厉指责：

读《海潮音》月刊第十四卷第七号内载解行特刊序一文，这篇的作者是王弘愿居士，这王氏是以白衣的资格，拿着密宗的法宝，而向全世界的佛教徒宣战的。同时有姚陶馥居士的护法痛言和周圆性居士的中国佛教密乘危矣的发表，这两篇的作者，是为护法起见，出而与王氏抵抗。此外还有法舫法师的全系佛法上之密宗观，这篇佳作，是为代表全系佛法前途，征伐邪魔妖道的宣言。③

澹云在文中列举王弘愿触犯了《梵网经》的戒律，并得出结论：

综上所说的天台密宗的略义，完全是依据教理的。至于王弘愿的犯法，也是依照卢舍那佛所说的圣训而证明的，绝不是我个人的臆断，或是偏见的瞎说。因为王君的确犯有这种毛病，对症与药，说出我佛原有的教义，供养王君饱饮一下，从此以往，复本还元，舍邪归正，苦海无边，回头是岸，这是我写这篇文字的本意；并非是欢喜故意而为，实在是不得已而作的。这一点，请读者诸君，不要误会我的本旨！④

澹云是现代著名僧人：

澹云（1901—1975），现代僧人。俗姓朱。浙江乐清人。幼年丧父，12 岁在温岭县常乐寺出家，19 岁受具足戒。20 岁至宁波观宗寺，先后亲近谛闲、印光大师。26 岁任温岭县小明因寺住持，44 岁任观宗寺佛学院院长，46 岁游历诸方。1949 年任天台山国清寺住持，率领僧众躬耕自给之外，每年向国家交售余粮，受到褒奖。中华人民共和国成立后，被选为浙江省人民代表、省政协委员、中国佛教协会理事。1975 年年秋，日本友人来访，

① 陈兵编著：《新编佛教辞典》，北京：中国世界语出版社，1994 年，第 574 页。

② 周圆性：《中国佛教密乘危矣》，《海潮音》月刊，1933 年第 7 期。

③ 澹云：《从显密问题上说到王弘愿之犯戒》，张曼涛主编：《密宗思想论集》（密宗专集之三，《现代佛教学术丛刊》第 73 种），北京：北京图书馆出版社，2005 年，第 127 页。

④ 澹云：《从显密问题上说到王弘愿之犯戒》，张曼涛主编：《密宗思想论集》（密宗专集之三，《现代佛教学术丛刊》第 73 种），北京：北京图书馆出版社，2005 年，第 143 页。

抱病迎客。曾编写《天台宗讲义》。①

本年中秋前一日，王弘愿于广东佛教会解行精舍之北轩撰《宝箧印陀罗尼塔记》。后该文载于《世灯》月刊创刊号。②

本年，王弘愿第三次到广州六榕寺解行精舍开坛灌顶，受法颇众，地方显达名流，间有与焉，详见《广州灌顶记》。③

本年，中山大学邀请王弘愿参加《广东通志》的编修工作。

民国二十三年（1934） 甲戌 五十九岁

一月八日，王弘愿接到香港王学智居士电，告知其祖母许太夫人病危，要求王弘愿速回汕。其时，王弘愿在广州解行精舍和诸彦修弥陀供养法。接电后，王弘愿和王少瑜很快回汕，为许太夫人行法事。后许太夫人逝世，世寿八十有三。④

一月，太虚作《王师愈诤潮中的闲话》。据《太虚大师年谱》："去年，初以曼殊揭谛与王弘愿诤；次《海潮音》出密宗专号，责难王弘愿；王弘愿乃特出专刊以反驳。大师作《王师愈诤潮中的闲话》以再破之。"⑤ 该文刊于《海潮音》第十五卷第三号（即本年第3期），署名是"密宗革兴会投搞"，该期刊登的还有李一超《密宗平议》和澹云《从显密问题上说到王弘愿之犯戒》。《王师愈诤潮中的闲话》以对答形式驳斥王弘愿，文中提及：

或问王师愈先与密林持松兴诤，继而与曼殊揭谛角斗，又继而曼殊徒姚陶馥、周圆性与王徒刘剑峰、陈存玄、黄系西等对骂，而丑诋恶詈，竟至无以复加。近曼殊被捕，世亦疑出王徒所为？然此皆所谓传日本空海东密之法者，何斗诤狠毒如此之甚耶？⑥

该文最后指出密宗革兴之途径："革去东密之荒谬部分，摄其精要融合台密、藏密及被轻实重之所云杂密，继印度超岩寺重建系统之组织，以小大戒律绳其行，以性相教理轨其解，则密宗乃可重兴！今此闲话，亦革谬工作之一斑耳。"⑦

李一超《密宗平议》开篇提出：

密宗盛于唐，衰于宋，禁于明，中绝于震旦者凡数百年；其间虽有元之番僧，清之喇嘛，以西藏密教传播宫闱，然皆皇室御用，非一般人所得问津。自近年日本真言宗一脉，号称空海入唐受诸惠果，而遥遥千载，几经传习，时移地易，流派攸殊，是则今之东密，果否一如昔之唐密？尚成疑问也。⑧

李一超就"法身说法义""居士传法义""即身成佛义"和"声字实相义"四者进行辨析。关于"居士传法义"，李一超明确反对：

凡百学业，唯专门乃能名家，此在世法有然，佛法何莫不尔。出家比丘，佛门中专修之士也。在家居士，已非专修。故传法授戒，特续慧命，宜在出家专修之比丘，而不在身

① 张志哲主编：《中华佛教人物大辞典》，合肥：黄山书社，2006年，第1423页。
② 王弘愿：《艺林·宝箧印陀罗尼塔记》，《世灯》月刊创刊号，1934年7月，第73－74页。
③ 慧原编：《潮州市佛教志·潮州开元寺志》第八章《人物》，潮州：开元寺，1992年，第795－796页。
④ 王弘愿：《艺林·王母许太夫人生西颂》，《世灯》月刊创刊号，1934年7月，第75－76页。
⑤ 释印顺著：《太虚大师年谱》，北京：中华书局，2011年，第237页。
⑥ 密宗革兴会：《王师愈诤潮中的闲话》，《海潮音》月刊，1934年第3期。
⑦ 密宗革兴会：《王师愈诤潮中的闲话》，《海潮音》月刊，1934年第3期。
⑧ 李一超：《密宗平议》，《海潮音》月刊，1934年第3期。

兼俗务之居士，法尔如是，何容致疑？①

按：有学者认为，经过太虚教团的“围剿”，王弘愿教团在一九三五年后逐渐销声匿迹，湮没于历史之中了。李郑龙反驳这种观点，认为这种结论与事实并不相符。② 考虑到王弘愿之后仍有冯达庵、唐普式和杨佛兴等人的密宗活动，东密在国内影响持续到当代，李郑龙的说法有可取之处。然而，东密受国内主流佛教界普遍反对则是事实，藏密发展慢慢压过东密势头。

二月七日，日本少僧正冈田契昌寄图片和附言给王弘愿，提及权田雷斧逝世之事：“爰风景者，日本国新潟县多闻院权田雷斧大僧正平素住居地也。大僧正本年二月七日于此寺之一室内御入寂。噫乎！悲中之悲，哀中之哀也。今为记念赠之。”③

二月，汕头密教重兴会成立。《世灯》月刊创刊号“会务”栏之《本会大事记》载：

本会于本年二月间，开始组织，未三阅月，会员人数，将及二百，灌顶两次，达一百余人，成功之速，实非同人等意料所及……④

按：汕头密教重兴会由居士王少瑜、王净心创立，并呈报市政府备案，选举王净心为会长，并特聘潮州震旦密教重兴会创始人王弘愿阿阇黎为导师。⑤ 参与汕头密教重兴会者还有杜腾英、陈少文、范家驹、黄焕章，会址设在升平路十三号。会员近二百人，开坛传法数度。⑥ 但据笔者查《世灯》月刊，其封三载汕头密教重兴会“会址：汕头升平路新编门牌一百七十四号”。⑦

《世灯》月刊创刊号“会务”栏之《本会大事记》另载，汕头密教重兴会计有筹备员钟少岩等十五名，候补筹备员郑介卿等五名，筹备阶段成立征求会员征求队，下分布施、持戒、忍辱、精进、禅定、般若等六队，每队有主任一名、副主任一名和队员若干名。如布施队有主任张元章、副主任陈舜君、队员王净心等八人。汕头密教重兴会成立之后，设立全体会员大会为最高权力机构，下设董事会，董事会又下设交际股、文书股、总务股、财务股、演讲股和会计股。⑧

黄我虚（焕章）被推选为汕头密教重兴会常务理事。《潮汕庵寺》之黄我虚（1900—1999）介绍：

黄我虚居士，又名焕章，曾任汕头市密教重兴会长、市佛协副会长、顾问，护法济贫，享年100虚岁，是港属佛教徒寿星。

黄老原籍潮州市庵埠镇，长住汕头。1926年，潮州人王弘愿留日学密宗一年，归国恢复密宗，1934年4月23日在汕头市升平路13号租赁一座楼房，开创密教重兴会时，他受戒入会，并被推选为常务理事。传法人王弘愿任导师，会员3百余。自此他刻苦学习，严

---

① 李一超：《密宗平议》，《海潮音》月刊，1934年第3期。

② 李郑龙：《密宗的回传：以王弘愿为中心的考察》，林有能、李尧坤主编：《六祖慧能与岭南禅宗历史文化研究文集》，香港：香港出版社，2015年，第424页。

③ 《图像·日本松原山多闻院风景附说明》，《世灯》月刊第2期，1934年8月。

④ 《会务·本会大事记》，《世灯》月刊创刊号，1934年7月，第49页。

⑤ 《潮汕佛教大事记》，林俊聪编著：《潮汕庵寺》（上册），广州：花城出版社，2004年，第17页。

⑥ 陈柏辉：《潮汕密宗略考》，林俊聪编著：《潮汕庵寺》（下册），广州：花城出版社，2004年，第338页。

⑦ 封三，《世灯》月刊，1934年第4期。

⑧ 《会务·本会大事记》，《世灯》月刊创刊号，1934年7月，第50－52页。

守佛法经理，为密教在潮汕的重兴进行了不懈的努力，作出重大的贡献。制战时期日机轰炸汕头，道场停歇。日军占汕时，他奋力奔波，得人协助，遂于国平路重创会址。1947年初，他卖掉房产，多方筹资，在饶平路新建道场为会址，名曰："遍照寺"，成为汕头老市区有史以来首创完整的佛寺。1953年，他被推选为会长。1955年成立了汕头市佛教会，叶心斋居士为会长，他和释定持、释敏仁、吴达庵为副会长。可是，1957年，他这位密宗护法人、药材公司职员，被诬为"五类分子"中的"坏分子"而受歧视。直到1976年10月"文革"结束之越载，即1977年，他终获平反，密教也恢复活动。1986年，日本来潮传法的密宗后代15人，访问汕头市，拜会了黄老，翻开带来的当年受批灌顶（即受戒）记录本中有"我虚"法名，对他大为赞誉。

黄老作为潮汕密宗首领，信佛同时，倡德行善，受民称颂。从重兴会创立起，每年夏季，在会址外设一流动茶亭，上下午各煮一大鼎茶水，无偿供给邻居与路人，又挖甘甜水井一口惠民，1943年饥荒，虽难以自顾，仍捐款慈爱善堂，拯救灾民。1949年初，带头捐资，众力支持，在道场创办了世灯小学，聘请教师，招收穷苦人家的孩子入学。[①]

按：据笔者所见《世灯》月刊封面，上有灯塔，灯光四射，比喻佛光慧照、大地光明。《世灯》创刊号目录分为：图像、题字、祝词、发刊辞、言论、讲台、会务、消息、业录、艺林、通信等，另有一些助刊启事和图书广告。创刊号明确载：该刊是中华民国二十三年七月一日出版，总发行处在汕头密教重兴会，印刷者是汕头华侨印务公司。民国时期，广东地区的国民党上层人士对于密教也十分热衷，本期刊物上有当时名流的题词，如唐绍仪题"天鼓雷音"、国民党元老邓泽如和著名居士赵士觐也为该刊题词。香港佛教解行学社同人为该刊出世祝词，其序文如下：

维释尊降生二千九百六十一年，即中华人民建国廿十三年，岁在甲戌，汕市修密诸君子继述潮州震旦密教重兴会，而集起汕头佛会，风起云涌，盛极一时，既而又以佛化宜谋普及，于是组织月刊，颜曰世灯，其志趣之远大，功能之深广，洵为希有。

该刊作者多为当时潮汕地区的密教居士，如王弘愿写了《发刊辞》。王弘愿是潮汕密教的核心人物，该刊上面"艺文"一栏中，有《宝箧印陀罗尼塔记》《沧海丛书第三辑跋》《王母许太夫人生西颂》。从《世灯》所载图文看，王弘愿是该刊灵魂人物。王弘愿之外，密教居士如杜腾英、王净心、王慧子，王大依、王学智、林觉圆、黄系西也为该刊撰稿。

因为属于汕头密教重兴会的机关刊物，所以《世灯》的文章多和密教有关，如：腾英《汕头密教重兴会发行月刊宣言》，福慧讲、一宝记《密教重兴会释名》，王弘愿讲《灌顶之功德》，王大依《密宗教义阐要》，黄系西《密教重兴之大意》，《班禅为太虚法师灌顶》（消息稿）。

该刊的文章，也有不少超出密教范围，而讨论其他佛学问题。例如：王慧子的《前五识与第六识之关系》是关于唯识学的；王慧子《出家在家学佛之观察》和王学智《论人生应学佛及其途径》是学佛随笔。《世灯》月刊还集录了当时各地的佛教消息，如《晋城青莲寺发现隋唐写经》《世界佛化哲联会发起在瑞士集组欧洲佛会》。

---

① 林俊聪编著：《潮汕庵寺》（下册），广州：花城出版社，2004年，第222页。

笔者在该期刊物还发现和密宗有关的图像，包括《胎藏中台八叶院曼荼罗》《潮州开元镇国禅寺唐刻石幢》《本会导师圆五大阿阇黎造像》和《日本室生山风景》。①

三月十一日，上海发起时轮金刚法会成立大会，请班禅在杭州建立法会。身在宁波的太虚闻讯后，即抵杭州参加时轮金刚法会，并从班禅受金刚阿阇黎灌顶。②

三月十七日，王弘愿、杜腾英等发布《雷斧大僧正追善报因法会祭文》，该文对权田雷斧极度称颂。据该祭文，雷斧寿数八十九岁，逝于当年二月七日。③

三月二十一日，王弘愿、王净心、王少瑜等发布《弘法大师入定一千一百年纪念祭文》。④

四月二十三日（夏历三月初十日），汕头密教重兴会进行两部灌顶，《世灯》月刊详载其事：

会众报名计金胎两界共七十五人，先期迎请密教传灯大阿阇梨王弘愿来汕主持一切，遂由大阿派定王净心、王福慧、黄系西、王少瑜、杜腾英、王慧兰、林念一七居士为教授师。……下午二时，大阿率职众及受灌顶入坛。至五时三十分说戒始毕，历三时三十分之久，听者均无倦容，咸庆希有。惟此次求灌顶人数多至七十余人，法会非一二日所能成事，故先编定廿三、廿四、廿六、廿七、廿九等五日，分两次受胎藏灌顶。兹将法会情形及各受灌顶者投花所得本尊分志于后。

胎藏界灌顶第一日（即廿三日）是日因下午二时，本会开成立大会，各职众多应到会，为时间关系，故受者编为十一人。是早八时，大阿率职众入坛，受胎藏曼荼罗供养大法。诸受灌顶者，以次于守候处守候，修法毕，由教授师引受者一人入坛，挨次行灌顶礼。至下午二时，始告毕事。⑤

五月三日，王弘愿在汕头密教重兴会演讲《灌顶之功德》。⑥

五月四、五日，王弘愿在汕头密教重兴会演讲《七支修法》。⑦

五月六、七日，王弘愿在汕头密教重兴会演讲《十八道修法》。⑧

五月七日，密教居士张仁海致信王弘愿，商议出版之事，落款有“弟彭错顿首”，则张仁海即彭错。⑨

六月二十日，王弘愿在居所（即圆五居）讲《秘密曼荼罗十住心论口义记》，由王慧子笔记，其文首载：“先由讲主分给涂香于听众；次讲主入定，次率众诵净三业真言；讲毕复率众诵救世加持句，令法眼道遍一切处久住世间真言，然后散会（后会复如是）。”⑩

---

① 《世灯》月刊创刊号，1934年7月。

② 释印顺：《太虚大师年谱》，北京：中华书局，2011年，第200－201页。

③ 《雷斧大僧正追善报因法会祭文》，《世灯》月刊创刊号，1934年7月，第69页。

④ 《理趣法会表白文》，《世灯》月刊创刊号，1934年7月，第72页。

⑤ 《会务·本会大事记》，《世灯》月刊创刊号，1934年7月，第56页。

⑥ 《会务·本会大事记》，《世灯》月刊创刊号，1934年7月，第60页。

⑦ 《会务·本会大事记》，《世灯》月刊创刊号，1934年7月，第60页。

⑧ 《会务·本会大事记》，《世灯》月刊创刊号，1934年7月，第60页。

⑨ 《通信》，《世灯》月刊创刊号，1934年7月，第79页。

⑩ 《讲台·秘密曼荼罗十住心论口义记》，《世灯》月刊第2期，1934年8月，第35页。

七月一日，《世灯》月刊创刊号发行。① 据笔者所查，《世灯》月刊一共有四期。

七月二十三日，汕头密教重兴会表决敬请王弘愿为该会导师。②

八月一日，《世灯》月刊第二期发行，载冯达庵（宝瑛）上王弘愿信，此信表明冯达庵对藏密的不满：

示谕，敬聆一是。诺那南来，弟子加以微密观察，觉其道不外真如缘起，与显教较为接近。虽盛传藏文经典，比汉文为多，《金刚顶经》更多，后数卷为此方所无。然彼方行人之所受用，只限于妙平二智，未得云入金刚法界也。夫入金刚法界，必断肉食，此《金刚顶经》所曾云，又《微妙大曼荼罗经》云，“凡当阿阇梨，不得饮酒食肉”。而西藏行者，全体未尝素食，故不能与金刚界相应。此次省港人士之预备灌顶者，其始颇有二三千人之希望，及诺那抵港，众以火腿供之，事闻于外，报名人数锐减，结果，只得一千三百人。附录见闻消息一纸，借供参阅。③

八月十八日（夏历七月初九日），王弘愿等发起“甲戌年盂兰盆供追善法会”，时间持续至八月二十四（夏历七月十五日），参加人员有王弘愿、王少瑜、杜腾英、王净心、黄系西等。④ 王弘愿、王福慧和王少瑜等于八月十八日（夏历七月初九日）发布《佛欢喜日修盂兰盆供养法表白文》。⑤

九月一日，《世灯》月刊第三期发行，本期刊载：王弘愿《药师琉璃光如来之研究》、杜腾英《记王弘愿居士之家庭》、冯达庵《人死问题》等，另载广州梁业基居士上王弘愿书和上海佛学半月刊致王弘愿书。⑥《上海佛学半月刊来书》请求王弘愿为该刊提供文章：

敬启者：查九月三十日，为药师如来圣诞，敝计拟于是时刊行专号一期，藉以宏扬药师如来盛德。窃见丛林大殿，皆供养释迦药师弥陀三尊，历代以来，几成定例。是药师弥陀，尤宜一致维护，始符佛意也。惟自宋代以后，学者多偏于西方净土法门，遂使药师德音，千载寂寥，同人不敏，亟思宏扬。久仰居士道德文章，冠绝当代，乞赐鸿文，一致提倡。⑦

九月，汕头密教重兴会举行第三次灌顶，据《世灯》第四期所载：“岁九月，汕头密教重兴会会员郑介卿等诸大居士，深慕真如，倾向妙乘，恭请潮安王弘愿大阿阇梨莅会，开坛坛灌顶。计此次受戒灌顶及受诸印明仪轨者，共有多人。”⑧

十月一日，《世灯》月刊发行第四期，本期载有：王弘愿《药师琉璃光如来之研究（续）》、冯达庵《人死问题（续）》《密教重兴会第三次灌顶记》等。⑨

本年浴佛前二日，王弘愿撰《沧海丛书第三辑跋》。沧海丛书是东莞密教中人张伯桢

---

① 《世灯》月刊创刊号，1934 年 7 月。
② 《会务·本会大事记》，《世灯》月刊创刊号，1934 年 7 月，第 54 页。
③ 《通信·冯宝瑛居士上王大阇梨书》，《世灯》月刊第 2 期，1934 年 8 月，第 72 – 73 页。
④ 《消息·甲戌年盂兰盆供追善法会秩序》，《世灯》月刊第 3 期，1934 年 9 月，第 48 页。
⑤ 《丛录·佛欢喜日修盂兰盆供养法表白文》，《世灯》月刊第 3 期，1934 年 9 月，第 55 – 56 页。
⑥ 目录，《世灯》月刊第 3 期，1934 年 9 月。
⑦ 《通信·上海佛学半月刊来书》，《世灯》月刊第 3 期，1934 年 9 月，第 62 页。
⑧ 《消息·汕头密教重兴会第三次灌顶记事》，《世灯》月刊第 4 期，1934 年 10 月，第 53 – 54 页。
⑨ 目录，《世灯》月刊第 4 期，1934 年。

所辑丛书之名，其第三辑全部是关于西藏密教之著书。①

本年，密教会排印本《佛说盂兰盆经解义》刊行，由广东澄海杜腾英居士著。②

本年，日本东京护国寺佐佐木教纯大僧正，及户川戒宪阿阇黎，莅潮汕开坛传法数度。户川戒宪阿阇黎来汕常住会中，密友受化者甚多。③

本年，王弘愿授法冯达庵，往广州开坛灌顶，罗时宪往受胎藏法及千手千眼观音法。④罗时宪是现代唯识学名家，其介绍详见《罗时宪先生行状》，现摘录若干：

罗教授孔章先生，讳时宪，广东省顺德县人。世代书香，考瀚波公，乡邑缙绅，望重闾里。公生于公元一九一四年一月十七日，萱堂刘氏。公出自诗礼之家，幼而颖异，在穗修读塾学，后考晋国立中山大学附属中学，以成绩优异，越级蜡升高三，时公廿岁。是年，与雷美英女士结婚。

翌年，公元一九三五年，公高级中学毕业，考升中山大学，主修中国语言文学，副修哲学，越四年（公元一九三九）大学本科毕业，获颁文学士荣誉学位，继续在中山大学文科研究院深造。越两年，完成《汉译佛典文学研究》论文，以优异成绩毕业，获颁荣誉文学硕士。溯于公元一九三八年十月，日军侵粤，穗垣沦陷，公一度避难香港，借读于岭南大学（时假香港大学授课）；后迁云南澄江县，再迁粤北乐昌坪石镇。此数年间，莘莘学子，流离颠沛，公恒在日机侵袭之会埋首经籍，申申侃侃，乐以忘忧，公之坚强意志与高尚品格，由斯陶铸！

公元一九四一年，公颁受文学硕士学位时，即由当局聘任为广东省政府秘书处编译。翌年，转受聘于国立中山大学，为专任讲师兼教务处办公室主任；公元一九四五年，升叙副教授。胜利后，复员回穗，公受聘为国民大学专任教授；公元一九四七年，兼任广州法学院注册主任，以迄大陆政权转易为止。

公元一九四九年，公携眷南迁香港。先在建华中学任教，后任培德学校校长，嗣受聘为广侨书院教务主任。公元一九五六年起，香港联合书院、玛利诺神父学校、新亚书院、联合书院夜校等，竞相延聘。公元一九七九年起，能仁书院礼聘为教务长、研究所所长、院长等。一九九一年，兼应聘为法住文化学院佛学系主任。公于课余，复应中文大学及香港大学校外进修部、香海莲社、三轮佛学社等各大组织之请，于夜间相继讲授《隋唐佛学》《成唯识论》《解深密经》《金刚经》《因明入正理论》等课程，一周七晚，从无间断。其间为香海莲社讲授《成唯识论》凡十年八月，并应李世华先生邀请，主编《佛经选要》，为香港佛教界掀起唯识学研习热潮；又创立佛教法相学会，出版《法相学会集刊》，推动港人对佛学研习风气。近年讲授《阿含》《般若》《现观庄严论》等，开示原始佛教、中观般若学及中观瑜伽学之探索途径。公积数十年之劬劳，对佛法在港之流布发展，贡献宏伟，成效昭著，世人共仰。

公讲课之余，潜心著述。前期著作有：《唯识论之源流》《摄大乘论疏》《庄子内篇义

---

① 《艺林·沧海丛书第三辑跋》，《世灯》月刊创刊号，1934 年 7 月，第 75 页。

② 饶宗颐总纂：《潮州志》，潮州：潮州市地方志办公室，2005 年，第 2686 页。

③ 《潮汕佛教大事记》，林俊聪编著：《潮汕庵寺》（上册），广州：花城出版社，2004 年，第 17 页。

④ 《附录：罗时宪先生哀思录》之《罗时宪先生行状》，罗时宪：《罗时宪著作全集》（卷六），北京：中国社会科学出版社，2010 年，第 266 页。

记》《成唯识论纂疏》《瑜伽五识身相应地之研究》《唐五代法难与中国佛教》等专论，以及《大乘掌中论略疏》《能断金刚般若波罗密多经纂释》《成唯识论述记删注》等专著；近年见刊有：《唯识方隅》《瑜伽师地论纂释》《解深密经测疏节要》《八千颂般若经论对读》《般若波罗密多心经导读》等，论者誉为著作等身，裨益后学，功宏佛法，信而有征。①

本年，纯密再次前往日本东京，购买密宗金刚界、胎藏界全部经像、法器。②

民国二十四年（1935）　乙亥　六十岁

二月，高僧释圆瑛来汕讲经。二十三日起，在汕头总商会讲《阿弥陀经要解》，听众济济，大师妙辩纵横，悲心恳切。存心、诚敬、慈爱三善堂，和贫民工艺院、密教重兴会纷请讲演，并求皈依（达600余人）。③

释圆瑛（1878—1953），俗姓吴，名宏悟，字圆瑛。福建古田人。十九岁在鼓山涌泉寺出家，从妙莲和尚受具足戒。三十一岁起讲经于福建、浙江、北京、天津各地。历任宁波天童寺、福建雪峰寺、鼓山涌泉寺、上海圆明讲堂、马来西亚极乐寺等九大名刹住持，皈依弟子很多。1929年起任中国佛教会会长。抗日时期，住持上海圆明讲堂，组织僧侣救护队，收容难民。新中国成立后，于1953年6月中国佛教协会成立时，被推任会长。同年九月，在宁波天童寺示寂。著有《圆瑛法汇》。④

十一月三十日，欧洲拉脱维亚国僧人帝释鸣阿阇黎，率徒庆喜（德国人）来开元寺瞻礼。住持福来具素筵接待，并赴西湖游览。即日返汕头。⑤

十一月，上海佛教名流段祺瑞、屈映光、王一亭等发起菩提学会，公推九世班禅为会长，印光为副会长，并聘请持松为真言宗导师，负责指导教学工作。⑥藏密不断扩大在汉地主流佛教界中的影响。

本年，《海潮音》第十六卷第四号（即本年第4期）刊登尘隐《禅密或问》⑦，对禅宗和密宗相关问题进行阐述。

本年，王弘愿自汕来穗，到中山大学讲演唯识。金思庄、罗时宪两人虽为中学生，却为求知欲所驱使，不约而同前往参听。从此针对真言宗净信倍添，“可与适道，殆无可疑”。⑧同年，王弘愿得疾。

---

① 《附录：罗时宪先生哀思录》之《罗时宪先生行状》，罗时宪：《罗时宪著作全集》（卷六），北京：中国社会科学出版社，2010年，第265－266页。

② 郑群辉：《潮汕佛教研究》，广州：暨南大学出版社，2015年，第170页。

③ 《潮汕佛教大事记》，林俊聪编著：《潮汕庵寺》（上册），广州：花城出版社，2004年，第17页。

④ 姚金城主编：《潮汕佛教文化》，汕头：汕头大学出版社，2003年，第171页。

⑤ 《潮汕佛教大事记》，林俊聪编著：《潮汕庵寺》（上册），广州：花城出版社，2004年，第18页。

⑥ 李郑龙：《近代佛教界显密纷争的再探讨》，《中山大学学报》（社会科学版），2015年第2期。

⑦ 尘隐：《禅密或问》，《海潮音》月刊，1935年第4期。

⑧ 金思庄：《从“三可与”悼念罗时宪先生》，罗时宪：《罗时宪著作全集》（卷六），北京：中国社会科学出版社，2010年，第285页。

民国二十五年（1936） 丙子 六十一岁

一月十三至二十日，太虚再莅潮汕弘法。[1]

夏，病中传法于冯达庵（广州人）、汪彦平（广州人）、王学智（潮州庵埠人）、王福慧（居士之次子）等四人。[2]

按：冯达庵长居广州，但本为惠州人。上文记述错误，查冯达庵居士传——

冯达庵（1887—1978），名宝瑛，字玉衡，广东惠州人。“天资聪颖，勤奋好学，有奇志”。早年就读于两广游学预备学校、广东高等学堂，后任教于惠州中学、廉州中学、广东省省立甲种工业学院。他知识渊博，擅长外文，智力超群、德高望重，被时人尊称“阿公”。他曾随兄涉足仕途，聘任过福建漳州煤炭局局长、报社主编等职，从官余年后，便辞官后居广州。

冯达庵思想活跃，他曾广泛地涉猎研究各哲学思潮和宗教思想，仍觉终非究竟圆满。后读《六祖坛经》，仰慕六祖而起信于佛教。1922 年，冯达庵开始摒除俗缘，发心学佛，初修净土，后习禅宗。他真参实究，彻悟心源，期间著有《禅宗六祖大鉴禅师传》《禅关三颂》等。时，王弘愿主编《密宗讲习录》，冯达庵以修证心得向该刊投稿，得王弘愿的赏识，于是从其学密，谓“唐时已受灌顶，今生学密乃增上缘”。冯达庵由净通禅，复由禅入密，故学密成就甚速。

1927 年，冯达庵在香港受黎乙真胎藏界灌顶，得月轮观成就。1929 年，在广州受王弘愿金刚界灌顶，入菩提三摩地。1936 年，受王弘愿传法灌顶，成真言宗第五十代阿阇梨。1937 年，王弘愿去世，冯达庵主持“解行精舍”，开坛弘法。抗战期间，解行精舍解散，隐居惠州西湖畔潜修。抗战胜利后，重返广州芳草街住所，弘扬密教。1946 年，应广东佛教会邀请，于“解行精舍”讲《佛教源流》，历时月余。同时与虚云大师、汤瑛等创办《圆音月刊》。“文革”期间，闭门潜修，1978 年去世。

冯达庵一生笔耕不辍，著述等身，可谓近代一大佛学通家。他的净土入门之书《佛法要论》得到了印光法师的鉴定，而广泛流通。《法华特论》曾被翻译成外文，广受欢迎。《天眼通原理》曾一度被争相阅读。另有《佛学起源》《佛法源流》《佛教真面目》《禅观随笔》《惠州西湖佛化史》《东方哲学与西方哲学》《心经广义》《金刚经广义》《金刚经提纲》《八识规矩颂详释》《大乘起信论疏记》《人死问题》等数十部问世。[3]

冯达庵主要弟子有杨佛兴和唐普式二人。

杨佛兴（1928—?），（籍贯?）18 岁拜冯达庵为师，茹素学佛。其继承冯达庵显密交融，解行相应的佛学思想，于净、禅、密都有研究。后于多所研究机构讲学，内容涉及佛学与心理学、科学、哲学、法学、经济学等。著作集有《一乘法要》。

唐普式（1923—?），广西玉林人，1948 年，授冯达庵灌顶，一生主要于密法的修持上用事。著作有：《唐密与广东》《唐密乃印度正纯密教的唯一传承》《唐密曼荼罗，异彩

---

① 《潮汕佛教大事记》，林俊聪编著：《潮汕庵寺》（上册），广州：花城出版社，2004 年，第 18 页。

② 慧原编：《潮州市佛教志·潮州开元寺志》第八章《人物》，潮州：开元寺，1992 年，第 796 页。

③ 存德：《王弘愿与东密热潮》，《人海灯》季刊，2013 年第 2 期，第 12 页。

纷呈，彪炳千古——朝拜法门寺地宫出土圣母所得启示》《法门寺塔地宫的唐密曼荼罗之我见》《禅宗三关与密宗三妄》《七觉支颂》《宗门三关直指》《如此歪风应该停止了》等文。①

本年，纯密在信众的支持下，买下了潮州城内金山脚下七星桥原万寿庵（当时已废）的一部分，改建为密宗道场，命名为“苏悉地园”。② 这是广东省乃至全国唯一由僧人建立的专弘东密的寺院。纯密在此安坛灌顶，直至“文革”前，前后达三十年之久（二十世纪五十年代初期一段时间曾驻军）。③

本年，陈济棠下野，广东还政南京中央。

民国二十六年（1937） 丁丑 六十二岁

二月五日六时(夏历丙子十二月二十四日卯时)，终，寿六十二，有子女各二，子福慧、女慧兰，皆终身持素不婚嫁。生前所著有《大日经疏》《金刚顶经义诀》《四度次第及私勘集译》《缵槐堂文集、诗集》《圆五居士文集、诗集》等共数十种行世。④

按：二月二十五日，冯达庵为本师王弘愿撰传，即《真言四十九世先师王大阿阇黎传》。该传载于《佛学半月刊》第一四七期（第七卷第六号，三月十六日出版）。文中载：

二十二年，师辞潮州中学教席。任名誉顾问职。旋住持广州解行精舍。国立中山大学仰师名，聘为佛学讲师，兼主修两广通志宗教志。达庵以此因缘，获与赵居士公璧，汪居士彦平，同传两部大法。逾岁，中途公璧赍志殁。而师又以弘法过劳，顿感四大不调。去夏，师自知化缘垂笃，示期二四六当行。果于农历二十四日晨六时示寂，即二十六年二月五日。世寿六十有二。⑤

慧原《潮州市佛教志·潮州开元寺志》和冯达庵《真言四十九世先师王大阿阇黎传》关于王弘愿世寿说法不同，可能冯达庵是基于虚岁推算，而慧原是基于实岁推算。

饶宗颐总纂《潮州志》之《艺文志·子部》列举王弘愿部分著述如下：

《大日经七支念诵法集释》《大日经开题讲义》《佛顶尊胜陀罗尼研究》《光明真言研究》《圆五居士护法录》《瑜伽菩提心论口义记》《般若心经口义记》《阿字观用心口诀浅释》《一字顶轮王瑜伽仪轨略注》《秘藏记集释本》《因明学与名学》《一期大要秘密集略注》。⑥

《潮州市佛教志·潮州开元寺志》之第八章《人物》总评王弘愿：

编著昔游姑苏，尝闻印光法师云，弘愿居士初尝与法师函论佛法及刻经事，颇见虔诚，后见其言论渐乖，意见相左，遂绝往来云。吁！如居士者，可谓我潮现代佛教界中之一特异人物也。

---

① 存德：《王弘愿与东密热潮》，《人海灯》季刊，2013年第2期，第14页。两人介绍见此文第27项注释。

② 郑群辉：《潮汕佛教研究》，广州：暨南大学出版社，2015年，第171页；转引自《本市七星桥苏悉地园住持纯密报告》，1952—1953年潮州市（镇）政府第167号卷16档案，潮州市档案馆藏。

③ 郑群辉：《潮汕佛教研究》，广州：暨南大学出版社，2015年，第171页。

④ 慧原编：《潮州市佛教志·潮州开元寺志》第八章《人物》，潮州：开元寺，1992年，第796页。

⑤ “传记”栏目，《佛学半月刊》总第147期，1937年。

⑥ 饶宗颐总纂：《潮州志》，潮州：潮州市地方志办公室，2005年，第2685－2686页。

论者谓权田大僧正来潮弘密之役，弘愿居士以在俗之身，传灯绍位，开坛灌顶，僭为人师，遂致我国教中非议蜂起，一时两方诤辩甚烈，数见当时王所编之《密教讲习录》及武昌佛学院之《海潮音》，诚有美中不足之嫌。权田归后，亦受彼邦教中抨击云。（民国二十二年七月《海潮音月刊》《圆五居文集下·上本师大阿阇黎书》《弘愿居士讣闻行述》）①

按：由王弘愿引起的《海潮音》论争中所提出的主要佛学观点有：（一）关于"女身成佛"问题的论争；（二）与持松关于《贤密教衡》的论争；（三）王弘愿白衣登座灌顶所引起的论争。以下专就"女身成佛"问题说明之——

王弘愿最初是与印光法师论"女身成佛"问题，但起因于何事何时、印光法师的见解如何等，笔者遍查印光法师的全部文钞（共有三编），都未找到，不得而知。太虚法师也说："印光法师与弘愿居士书，余未之见不知其措词奚似也"（《法华龙女成佛讨论之讨论》），但从太虚和王弘愿的论文中可以了解到这场论争的基本过程：可能是王弘愿为了在某篇文章中夸耀密宗之殊胜，强调密宗认为女身也可成佛；这一观点为印光法师所批驳，王弘愿不服，写了《复印光法师论女身成佛书》（发于1920年）申辩，印光法师可能认为王固执己见，就不再理会；这时太虚法师就站出来支持印光法师，写了上面所提到的文章，与王文一起在《海潮音》第2卷第4期上发表，王即对太虚法师文中的观点逐条反驳，因而太虚法师又再写信给王弘愿，再次阐明自己的立场。

女身是否能成佛？这一问题在佛教史上历来就有争论。据说上座部化地部说为，女人有五障：女性不能成佛，不能为魔王，不能为天帝释，不能为梵王，不能为转轮圣王，女性成佛要待转为男身才有可能。但是大乘经典如《佛说龙施女经》《道行般若经》《佛说无垢贤女经》《维摩诘经》等都反对这种说法，指出成佛男女无别。作为博览经书的佛学大德印光法师难道不了解这些道理？他之所以要反对王弘愿所持的女身也能成佛之说法，可能出于对王弘愿捧密宗以为至宝，赞自毁他的做法不满。王弘愿在《复书》中就说："女身成佛，实为密宗独有之义"，从这里就可看出他佛学理论修养的欠缺，以及那种自赞自矜的心理。然后，他从密宗的经典找根据，以《金刚顶经》有十六菩萨、四波罗蜜女菩萨，及四摄行天女使、金刚内外八供养金刚天女使，皆从佛心生，认为佛心即心王之谓，这三十二菩萨即心数之谓，既然心王成佛，心数也自然成佛；又以《法华经》中有八岁龙女听佛说法，瞬间成佛为例证，认为女身成佛是可能的。

太虚法师在《讨论之讨论》一文中认为，王弘愿所持的观点应作具体分析，所谓成佛，有三义：第一，可以成佛者；第二，现成是佛者；第三，本体同佛者。就可以成佛而言，一切众生都能成佛，就本体同佛而言，一切有情无情都与佛同一体性，而况女身？但就现成是佛而言，太虚法师认为王弘愿所引的例子就有问题，既然经中说是女菩萨、天女使，可见还并未成佛，至于法华龙女成佛，"是举众生不久顿即可以成佛之例耳；然法华经固明明言（龙女）转为三十二相八十种好之身，而于无垢世界成佛，未尝言成佛时、成佛已，仍是女身也"。可知王弘愿的女身现成是佛之义不能成立。太虚法师在文章里其实

① 慧原编：《潮州市佛教志·潮州开元寺志》第八章《人物》，潮州：开元寺，1992年，第796－797页。

是批评王弘愿执于事相，对经典义理不能圆融的偏执。[①]

日本人野依秀则盛赞王弘愿的作用：

佛教原有四种弟子，出家僧伽有比丘、比丘尼，在家居士有优婆塞、优波夷。佛涅盘时且将护法的责任付嘱于宰官长者，而中国从前居士与佛教似乎没有关系，一般人都认为佛法是和尚专有的。自从杨仁山居士中兴佛教以后，全国居士才渐渐知道有可贵的佛法。仁山居士的提倡虽是在十五年以前，而所得的结果正在这十五年之中。日人野依秀著有《国民佛教圣典》一书，对于中国颇有好评，他举五个人来代表中国的佛教，出家方面为印光法师，太虚法师，居士方面为欧阳渐，王一亭，王弘愿，以此作比例，居士要占五分之三。虽对于我国佛教情形尚未洞悉，然大体上庶几近之矣。[②]

按：上文的"欧阳渐"即南京的支那内学院竟无大师。王一亭是近现代上海著名居士，但他对佛教贡献主要体现在慈善事业：

王一亭（1867—1938），名震，号白龙山人。画家。早年曾任商务买办，入同盟会，资助辛亥革命和二次革命，为上海商界名人。一生虔信佛教，为近代上海著名居士，曾任中国佛教会执行委员会兼常委，连任上海居林副林长、林长，上海佛学书局董事长。[③]

附：东密衰落原因——

日本密教在中国的发展由于大勇改习藏密以及王弘愿所遭非议等原因，在民国兴盛的时间并不长。东密在民国的发展由"密教之声，竟遍中国"到快速衰落，有其深层次的原因。

首先，当时入日本学密法的僧人由于资费等问题，学法时间都很短，大致都在一年左右。其间，他们往往将需要几年、十几年学习的内容高度压缩，很难全面掌握密宗的体系。他们在求法时的一个共同特征就是放弃对教相（理论）的学习，而直接深入到事相（实践）的学习上，这一点金山穆昭在回忆中国僧人学法情况时也明确地指了出来。

其次，这些学法僧人归国后，并没有专修专练就投入到开坛传法的活动中，其传法者和得法者，根基浅弱是可想而知的。另外，当时弘扬密法的僧人只有构建中国密宗的抱负，而缺少实际可行的计划和可操作步骤，再加之像王弘愿这样的传法者又不能很好地结合当时中国的国情。这都不利于密教在中国的持久传播。继东渡学密的热潮之后，西去西藏学习藏密的高潮又在汉地兴起。[④]

附：藏密传入汉地——

民国建立以后，随着汉地佛教的复兴和汉藏两个民族间联系的进一步密切，许多藏族的高僧大德相继进入汉地弘传密法，当时比较著名的有九世班禅确吉尼玛（1883—1937）、章嘉活佛、白普仁喇嘛（1870—1927）、格鲁派格西多杰觉拔（1874—?）、诺那呼图克图

---

① 郑群辉：《潮汕佛教研究》，广州：暨南大学出版社，2015 年，第 179－180 页。

② 化声：《十五年来佛教思想之趋势》，《海潮音》月刊，1935 年第 1 期。本期是《海潮音》第十六卷第 1 期，即该刊的"十五周年纪念号"。

③ 陈兵编著：《新编佛教辞典》，北京：中国世界语出版社，1994 年，第 561－562 页。

④ 赖永海主编：《中国佛教通史》第十五卷第九章《民国时期的密宗中兴》，南京：江苏人民出版社，2010 年，第 381－382 页。

（？—1936）、贡噶呼图克图（1893—1957）等。①

在这样一批藏密高僧的影响下，汉地僧人对藏密的了解也越来越多，他们认为汉藏佛教可以互通有无，互相补充。于是，很多汉族的高僧也前仆后继，踏上了西去学密的艰难旅途。其中，大勇组织留藏学法团进藏求法，创造了中国近代佛教史上的一大壮举。汉族僧人中，也出现了像法尊、能海这样的融通汉藏佛教的精英，汉地也建立了汉藏教理院。②

除了法尊、能海这两位学习、弘传格鲁派的大师外，民国时期，陈健民、张澄基、心道、妙空、刘立千等人还赴康藏学习噶举派、宁玛派的教法，他们后来或传法或译介，对藏密在汉地的传播起到一定作用。

去西藏求法的僧人很多求学近十年，所学体系较为完备，根基也较为扎实，他们所做的翻译工作，对沟通汉藏佛教起到了巨大的桥梁作用，至今仍然显现着价值。③

按：关于民国显密之争，李郑龙在其论文《近代佛教界显密纷争的再探讨》的摘要中提及——

在近代佛教复兴的浪潮中，随着各家势力的扩张，不同宗派之间的矛盾也随之凸显。真言宗传入中国后，因其排他性的教义与俗家传教形式引起佛教界的强烈不满。最初，真言宗因其与禅宗在教理、人事上的关联而卷入“禅净”之争。净宗以根机立论，将密宗归入难行道，对此密宗提出了“净旁密正”的口号来摆脱束缚。受居士传法事件的刺激，密宗信徒与革新派人士就教制问题展开了激烈辩论。显教人士利用天台教理来阐释密教，希冀以此去除密宗的“神秘”成分，将其恢复到普通宗派的地位。而华严宗人更欲在传统“以密资贤”的基础上进一步“以贤统密”，显密冲突进一步激化。持续的纷争一方面导致密宗回传势力的严重分化与对立，另一方面又引起了社会各界对密宗的关注与了解，客观上为密宗传播提供了机会。最终，随着人们对密宗认知的深入，以显教附会密教的做法被抛弃，显密纷争亦告结束。④

又按：《近代佛教界显密纷争的再探讨》最后对显密之争进行总结，并指出王弘愿在显密之争中的关键地位和作用——

民国时期的显密之争与中国佛教所处的历史阶段有密切关联。以本文所涉及之净土宗、禅宗、华严宗为例，在近代，其领袖人物多重视“专宗”的弘扬，有意识地强调己宗与他者的区别，似有从“学派”向“宗派”发展的迹象。而大凡诸家竞进之时，随着教理的阐明，修行的独辟蹊径，往往会出现“时味说教，门户渐深”的情况。当显教遇到带有强烈宗派性的真言宗时，冲突在所难免。

在20世纪20年代初，真言宗在回传伊始就因受中国传统佛教“重禅”的影响而呈现出与日本不同的面貌。初期爆发的“净密”之争之所以引发多方关切，与部分佛教界人士

---

① 赖永海主编：《中国佛教通史》第十五卷第九章《民国时期的密宗中兴》，南京：江苏人民出版社，2010年，第382页。

② 赖永海主编：《中国佛教通史》第十五卷第九章《民国时期的密宗中兴》，南京：江苏人民出版社，2010年，第384页。

③ 赖永海主编：《中国佛教通史》第十五卷第九章《民国时期的密宗中兴》，南京：江苏人民出版社，2010年，第389页。

④ 李郑龙：《近代佛教界显密纷争的再探讨》，《中山大学学报》（社会科学版），2015年第2期。

对明末以来诸宗归净趋势的不满有直接关系。印光在继承了智旭思想的基础上，进一步将净土宗提升到“万法归一”的高度。王弘愿对引进密宗时虽然宣称是为了使禅宗与净土宗两得其所，其实是以密宗扶助禅宗。因此，印光也始终采取判摄禅宗的态度来对待密宗。

20世纪20年代中期，在留学僧归国而引发的学密热潮影响下，江浙、武汉等地学密热情高涨。为了“指明”密宗复兴的方向，太虚教团以“居士传法”事件为标靶，对王弘愿一派展开了严厉批判。大勇倾向于台密的态度，在一定程度上影响了太虚对密宗的理解。为了削弱密宗的强劲势头，太虚在批判“居士传法”的同时又以天台教义对真言宗大张挞伐。面对太虚等人的围攻，密宗人士据理力争，毫不退让。经过激烈的争论，密宗复兴的两大团体产生了严重分裂。

在中国传统佛教中，与密宗汇通性最强的莫过于华严宗。在清凉澄观那里，密宗与华严宗在教理上已有一定的交集。而近代华严宗在复兴时，贤首法藏的教义成为主流，面对抑华严而上的真言宗，持松极力强调华严宗的殊胜，并试图以贤首之学来统摄真言密教。经过对密宗深入的学习后，持松最终放弃了以贤统密的构想，而是以密教精义对传统的华严思想予以升华。持松不忘民族立场的做法固然值得赞扬，但是也应注意到，此种成就毕竟是其在放弃了以华严判摄东密的识见后才取得的。

在民国历次显密之争中，王弘愿始终作为关键人物参与其中。“居士传法”作为密宗在汉地传播的主要途径，一方面使得近代“居士佛教”发展再登高峰，另一方面也进一步加剧了僧俗之间的冲突。国人对真言宗的判摄，常根据其所需而做出与其本旨不尽相合的阐释，出于“护法”目的，王弘愿亦屡次参与论争。就影响来看，“显密纷争“一方面直接导致了太虚与王弘愿的分道，进一步促使太虚一派将复兴密宗的注意力由真言宗转向了藏传佛教。王弘愿与太虚闹翻后，也失去了一支强劲的外援，在声誉与布教权上都受到了一定的损失。另一方面，它也促使人们对密宗不断做深入的研究并使密宗屡次成为吸引舆论的焦点，密宗“神秘”的面貌得以为外界认知（虽然未必准确）。作为一新宗派，密宗能够在十数年内风靡全国，对佛教界产生重大影响，“显密之争”之推力亦未可小觑！①

本年七月七日，全面抗战开始。

（说明：以下部分为王弘愿圆寂后相关佛教纪事。）

民国三十一年（1942） 壬午 逝后五年

二月（农历正月），日本真言宗阿阇黎丰山派户川宪戒来潮，住开元寺之不俗精舍，后移居天阁楼上，组织“潮安县密教重兴会”，楼下开办日语学校，常往来潮汕、庵埠、园头（即鳌头）间，弘传密教。②

附：另据陈光烈后人的回忆，辛亥革命老人陈光烈在抗战时期受命打入汕头日伪政权，完成任务后，为保持自己的民族气节，决定避开这危险而又有辱声誉之差事，遂于一九四二年皈依户川宪戒，后由户川宪戒请佐佐木教纯为其灌顶，并任汕头密教重兴会董事

---

① 李郑龙：《近代佛教界显密纷争的再探讨》，《中山大学学报》（社会科学版），2015年第2期。

② 《潮汕佛教大事记》，林俊聪编著：《潮汕庵寺》（上册），广州：花城出版社，2004年，第18页。

长。这说明在抗日期间，汕头市密教重兴会并未完全中断活动。[①]

民国三十二年（1943） 癸未 逝后六年

五月，日本真言宗丰山派大本山护国寺贯主大阿阇黎佐佐木教纯代理大僧正，率巡锡团一行十余人（随团秘书杉一本）经汕来潮，于开元寺藏经楼下开坛灌顶，并于大殿开座说法，潮人参加者颇众。嗣往汕头密教重兴会说法灌顶，事毕归国。[②] 该团所经之处，备受当时地方军政人员隆重迎送。同来中的日本东本愿寺僧扇各重宪，则留住开元寺，未几亦返。[③]

本年，户川宪戒返日，海间船被盟机炸毁，飘海获救，复来开元寺，旋归国。有谓其后寂于香港云（户川宪戒曾于1924年随权田雷斧大僧正来潮）。[④]

本年，日寇侵汕，天灾人祸，民不聊生，至有饿死者，饶平籍莲舟法师（外字定会）冒险至东南亚募化大米六千包（每包一百二十市斤，人称“和尚米”“华侨米”），载回汕头发放赈济饥民，活人无数。[⑤]

民国三十五年（1946） 丙戌 逝后九年

十月，潮汕佛教界迎请虚云老和尚莅潮，主修“水陆大斋道场”七日。法会期间，省立金山中学特请和尚演讲《心经》义，听众咸赞稀有。嗣有以所听经义，撰登报端者，具见法缘之胜，法会圆满后，和尚于是月二十日往汕返穗。[⑥]

本年，陈健民上师过粤，将赴香港乘飞机朝印度，于广州旧书肆遍觅王弘愿遗著。陈健民听说冯达庵为王弘愿亲传首座，乃奉访焉。[⑦] 陈健民上师传略如下：

陈健民（1893—1987），侨居美国的现代佛教居士、佛教学者。湖南攸县人，少年工诗文，曾任湖南省政府秘书等职。20世纪30年代师从西康诺那、贡噶等密乘上师，并入西康学修。1931年曾受聘任四川佛学院语文教授，先后去乐山、炉霍、甘孜等地的寺院参访。1952年后在印度北境噶伦堡上城隐居修行25年。1972年赴美国弘法，在加利福尼大学讲学，并先后应邀去加拿大、菲律宾、中国香港、中国台湾等地讲授佛学。其先后拜师37位，灌顶500多次，闭关近40年。长期以来对藏密修法付诸实践，功力扎实。在促进佛教文化传播的学者中：日本铃木大拙介绍禅，印度的摩哈若虚介绍T、M静坐（瑜伽），而陈健民则是将密宗和禅宗介绍到英语世界的重要推动者之一。撰有《华严五论》《禅海塔灯》《大千印教授抉微》《净土五经会通》等书，融通汉藏佛学，辑有力作《曲肱斋文

---

① 郑群辉：《潮汕佛教研究》，广州：暨南大学出版社，2015年，第173页；转引自陈端度：《一位辛亥革命老人的传奇人生》，http://www.shanxiql.com/three.shtml?id=5345。

② 《潮汕佛教大事记》，林俊聪编著：《潮汕庵寺》（上册），广州：花城出版社，2004年，第19页。

③ 《大事纪要》，姚金城主编：《潮汕佛教文化》，汕头：汕头大学出版社，2003年，第604页。

④ 《潮汕佛教大事记》，林俊聪编著：《潮汕庵寺》（上册），广州：花城出版社，2004年，第18页。

⑤ 《大事纪要》，姚金城主编：《潮汕佛教文化》，汕头：汕头大学出版社，2003年，第604页。

⑥ 《大事纪要》，姚金城主编：《潮汕佛教文化》，汕头：汕头大学出版社，2003年，第605页。

⑦ 《奉复冯大阿阇黎问学佛履历》，陈健民著述，陈相攸主编：《曲肱斋全集》（第七册），北京：中国社会科学出版社，2002年，第39页。

集》。另用英文写成佛学小册子150余种。[①]

民国三十六年（1947）　丁亥　逝后十年

由侨港真言宗居士林暨汕在港诸会友汇资，在饶平路十五号，建成遍照寺，入宅安坛。年代虽浅，却为汕头旧市区历史上首创之庵寺。（见《汕头市密教重兴会略史》）[②]

按：遍照寺由黄焕章居士组织会员兴建，同年落成，入宅安坛，面积二千多平方米。成为潮汕乃至全国首座由在家居士创立的东密寺院，可与纯密在潮州建立的“苏悉地园”互为犄角。由此可见，东密在潮汕仍具有相当的影响力。[③]

民国三十七年（1948）　戊子　逝后十一年

浙江普陀山潮阳县人释根造（1916—1993），与密显法师往西康（川藏地区）学密近三年，受迦举诸法及宁玛派竹庆寺传承之大圆满密法。[④]

民国三十八年（1949）　己丑　逝后十二年

十月，汕头市解放，市区三个佛教团体岭东佛教会（1924年成立）、汕头市佛教居士林（1933年成立）、汕头市密教重兴会（1934年成立），奉命向人民政府备案。[⑤]

公元一九五三年　癸巳　逝后十六年

本年，根造上师与密显上师在上海创办中国内地第一个藏传宁玛派道场“常乐精舍”。[⑥]

公元一九五四年　甲午　逝后十七年

根造上师再度入康，在昂藏寺甲色美多吉仁波切座下，受大圆满心髓灌顶及大圆满教授，接受宁玛派传承法脉，后又求得大量密续经典，满载而归。[⑦]

公元一九五五年　乙未　逝后十八年

九月二日，汕头市佛教协会举行成立大会，叶心斋为会长，释定持、释敏仁、黄焕章、吴达庵为副会长。[⑧]

公元一九五七年　丁酉　逝后二十年

五月，开元寺南关外新建普同塔工程完成，启建开光进塔法会，由住持释纯信主持仪

---

① 张志哲主编：《中华佛教人物大辞典》，合肥：黄山书社，2006年，第1221页。
② 《潮汕佛教大事记》，林俊聪编著：《潮汕庵寺》（上册），广州：花城出版社，2004年，第19页。
③ 郑群辉：《潮汕佛教研究》，广州：暨南大学出版社，2015年，第173页。
④ 《潮汕佛教大事记》，林俊聪编著：《潮汕庵寺》（上册），广州：花城出版社，2004年，第19页。
⑤ 《潮汕佛教大事记》，林俊聪编著：《潮汕庵寺》（上册），广州：花城出版社，2004年，第19页。
⑥ 《大事纪要》，姚金城主编：《潮汕佛教文化》，汕头：汕头大学出版社，2003年，第607页。
⑦ 《大事纪要》，姚金城主编：《潮汕佛教文化》，汕头：汕头大学出版社，2003年，第607页。
⑧ 《大事纪要》，姚金城主编：《潮汕佛教文化》，汕头：汕头大学出版社，2003年，第607页。

式，潮汕各县佛教徒参加者近千人。是塔按密宗规格而建。设计者为纯密法师。①

公元一九六六年　丙午　逝后二十九年

本年，“文革”开始，纯密与开元寺其他僧人一样受到不公正待遇，被遣返还俗，苏悉地园被占用为学校、工厂，所有法器、经像被破坏殆尽。② 郑群辉述及后来苏悉地园情况：

潮州苏悉地园现已重建为开放寺院，有僧人住持，寺内也供有纯密牌位。但寺僧不是密宗僧人，寺院也不属于东密寺院，也未开展东密特有的宗教活动。在潮州市范围内，笔者多方打听寻访，无论是在俗家众还是出家众，都未见东密传人及宗教活动。由此可知，东密的传承在潮州市已彻底绝迹。③

公元一九七〇年　庚戌　逝后三十三年

本年，纯密又因事入狱，在狱病危被遣回家休养，数日后圆寂，世寿七十一，戒腊五十一。④

按： 纯密的弘法范围基本限于潮州本土，虽然在全国范围来说声名不彰，但他采买经像，建立东密正规道场，却比大勇、持松等人的弘密活动做得更为扎实，从而具有较长的生命力。从二十世纪二十年代至六十年代，在潮汕地区专弘东密，具有一定的影响。⑤

公元一九八三年　癸亥　逝后四十六年

本年，潮籍根造金刚上师出任上海龙华古寺监院，被推选为上海市佛教协会副会长。⑥

公元一九八五年　乙丑　逝后四十八年

本年，根造上师应美国及中国香港信众之礼请，前往传授宁玛派大圆满教法，其后与密显上师一起在两地建立大圆满心髓研究中心，陆续出版常乐文库，弘扬宁玛派教义。⑦

公元一九八七年　丁卯　逝后五十年

三月三十日，日本“东京大正大学（真言学）友好访中团”一行十五人访开元寺。香港真言宗居士林林长及林友数人，是日亦到寺随喜。受到住持慧原与诸执职欢迎，陪往各殿堂礼佛、礼祖、诵经及瞻仰六十三年前日本权田雷斧大阿阇黎于寺内藏经楼下禅堂，开坛灌顶之地方。⑧

---

① 《大事纪要》，姚金城主编：《潮汕佛教文化》，汕头：汕头大学出版社，2003 年，第 607 页。
② 郑群辉：《潮汕佛教研究》，广州：暨南大学出版社，2015 年，第 171 页。
③ 郑群辉：《潮汕佛教研究》，广州：暨南大学出版社，2015 年，第 171 页。
④ 郑群辉：《潮汕佛教研究》，广州：暨南大学出版社，2015 年，第 171 页。
⑤ 郑群辉：《潮汕佛教研究》，广州：暨南大学出版社，2015 年，第 171 页。
⑥ 《大事纪要》，姚金城主编：《潮汕佛教文化》，汕头：汕头大学出版社，2003 年，第 611 页。
⑦ 《大事纪要》，姚金城主编：《潮汕佛教文化》，汕头：汕头大学出版社，2003 年，第 613 页。
⑧ 林俊聪编著：《潮汕庵寺》（上册），广州：花城出版社，2004 年，第 17 页。

公元一九八八年　戊辰　逝后五十一年

五月十一日至十三日，四川省藏传佛教学习参观团20位喇嘛，在团长苦尔盏吉寺活佛、阿坝州政协常委昌都活佛和省宗教局副局长温润波、寿宁寺活佛降已其礼的率领下，抵达潮汕，在开元寺等地进行藏汉佛教交流和参观访问。①

公元一九八九年　己巳　逝后五十二年

十二月十七日（农历十一月二十日）至次年一月四日（农历十二月初八日），开元寺修授三坛戒法，礼请香港宝因法师为得戒和尚，该寺住持定持法师为传戒和尚，退居住持慧原和尚为羯磨阿阇黎；青云寺住持定根法师为教授阿阇黎；圆彻、新维、宏生、若化、心印、新琳、明光诸大师为尊证阿阇黎；缘如大师为开堂；传正大师为陪堂……是役乃解放后四十余年之第一次，因缘殊难得也。②

公元一九九〇年　庚午　逝后五十三年

九月六日，日本驹泽大学（曹洞宗）一行十六人，以石井修道教授为代表，访汕头佛协。③

公元二〇〇九年　己丑　逝后七十二年

本年，于瑞华主编的《密教讲习录》（全五册）由华夏出版社出版。④

---

① 《大事纪要》，姚金城主编：《潮汕佛教文化》，汕头：汕头大学出版社，2003年，第617页。

② 《大事纪要》，姚金城主编：《潮汕佛教文化》，汕头：汕头大学出版社，2003年，第617－618页。

③ 《大事纪要》，姚金城主编：《潮汕佛教文化》，汕头：汕头大学出版社，2003年，第618页。

④ 版权页，王弘愿著述，于瑞华主编：《密教讲习录》（壹），北京：华夏出版社，2009年。

参考文献

［1］王弘愿著述，于瑞华主编：《密教讲习录》（共五册），北京：华夏出版社，2009 年。

［2］权田雷斧著，王弘愿译：《密教纲要》（本书和冯达庵的《学密须知》合编），台北：新文丰出版股份有限公司，1987 年。

［3］陈健民著述，陈相攸主编：《曲肱斋全集》，北京：中国社会科学出版社，2002 年。

［4］罗时宪：《罗时宪著作全集》（卷六），北京：中国社会科学出版社，2010 年。

［5］潮汕历史文化研究中心编，陈贤武、黄继澍整理：《饶锷文集》，香港：天马出版有限公司，2010 年。

［6］饶宗颐总纂：《潮州志》，潮州：潮州市地方志办公室，2005 年。

［7］饶宗颐：《饶宗颐东方学论集》，汕头：汕头大学出版社，1999 年。

［8］饶宗颐述，胡晓明、李瑞明整理：《饶宗颐学述》，杭州：浙江人民出版社，2000 年。

［9］潮州市地方志编纂委员会编：《潮州市志》，广州：广东人民出版社，1995 年。

［10］慧原编：《潮州市佛教志 · 潮州开元寺志》，潮州：开元寺，1992 年。

［11］达亮：《潮州开元寺》，广州：广东人民出版社，2005 年。

［12］余庆绵主编：《广州六榕寺志》，广州：六榕寺，1999 年。

［13］林俊聪编著：《潮汕庵寺》，广州：花城出版社，2004 年。

［14］姚金城主编：《潮汕佛教文化》，汕头：汕头大学出版社，2003 年。

［15］郑群辉：《潮汕佛教研究》，广州：暨南大学出版社，2015 年。

［16］张志哲主编：《中华佛教人物大辞典》，合肥：黄山书社，2006 年。

［17］陈兵编著：《新编佛教辞典》，北京：中国世界语出版社，1994 年。

［18］慈怡：《佛光大辞典》，北京：北京图书馆出版社，影印台湾佛光山出版 1989 年第五版，2004 年。

［19］广东省中山图书馆、广东省珠海市政协编：《广东近现代人物词典》，广州：广东科技出版社，1992 年。

［20］广东省立中山图书馆编纂：《民国广东大事记》，广州：羊城晚报出版社，2002 年。

［21］洪启嵩：《密宗的源流》，北京：华夏出版社，2011 年。

［22］吴信如编著：《台密东密与唐密》，北京：中国藏学出版社，2011 年。

［23］张曼涛主编：《密宗思想论集》（密宗专集之三，《现代佛教学术丛刊》第 73 种），北京：北京图书馆出版社，2005 年。

［24］蒋维乔：《中国佛教史》，扬州：广陵书社，2008 年。

［25］赖永海主编：《中国佛教通史》第十五卷，南京：江苏人民出版社，2010 年。

［26］杨曾文、张大柘、高洪：《日本近现代佛教史》，北京：昆仑出版社，2011 年。

［27］释印顺：《太虚大师年谱》，北京：中华书局，2011 年。

［28］赵春晨、郭华清、伍玉西：《宗教与近代广东社会》，北京：宗教文化出版社，2008 年。

［29］广州市地方志办公室编：《广州话旧：〈羊城今古〉精选：1987—2000》，广州，广州出版社，2002 年。

［30］黄纪莲编：《中日“二十一条”交涉史料全编（1915—1923）》，合肥：安徽大学出版社，2001 年。

［31］李郑龙：《密宗的回传：以王弘愿为中心的考察》，林有能、李尧坤主编：《六祖慧能与岭南禅宗历史文化研究文集》，香港：香港出版社，2015 年。

［32］李郑龙：《近代佛教界显密纷争的再探讨》，《中山大学学报》（社会科学版），2015 年第 2 期。

［33］郭伟川：《略谈选堂先生早年的经历与文化学术机缘》，《潮学通讯》，2015 年第 2 期。

［34］陈伟：《论饶锷古文之取法门径》，陈景熙主编：《潮学集刊》（第三辑），北京：社会科学文献出版社，2014 年。

［35］闵定庆：《从“韩愈崇拜”到“六一风神”：试论饶锷散文文体学认知的体验化特征》，林伦伦主编：《饶学研究》（新版）第一辑，广州：暨南大学出版社，2014。

［36］《海潮音》月刊：1920 年第 2、5、9、12 期；1921 年第 7、9 期；1922 年第 2、3、5、7、8、9 期，1922 年 10、11 期合刊；1923 年第 1、3、6、8、10、11、12 期；1924 年第 2、4、5、10 期；1924 年第 9、10 期；1925 年第 1、7、10 期；1926 年第 4 期；1930 年第 4 期；1931 年第 4、11 期；1933 年第 7 期；1932 年第 2、3、4、12 期；1933 年第 2、7 期；1934 年第 3 期；1935 年第 1 期。

［37］《人海灯》季刊：2013 年第 2 期；2015 年第 1 期。

［38］《世灯》月刊：创刊号，1934 年 7 月；第 2 期，1934 年 8 月；第 3 期，1934 年 9 月；第 4 期，1934 年 10 月。

［39］《佛学半月刊》：总第 147 期，1937 年 3 月。

［40］《佛化季刊》：1925 年秋季刊（10 月出版）。

［41］《解行精舍第一次特刊》，广州解行学社，1932 年。

［42］《国立中山大学文学院概览》，广州：中山大学图书馆藏。

冯达庵年谱简编

目　录

凡　例

一、文中对谱主一般称“冯达庵”，但有时以“冯宝瑛”或“阿公”叫法出现，很多人尊称冯达庵为“阿公”。

二、民国时期，公历、农历往往并用，文中民国时期的月份和日期一般指公历。年谱中如果明确出现农历，则同时换成公历。

三、文中对相关人物进行介绍，以便读者理解。冯达庵早年资料较少，抗战时期和“文革”中资料较为缺乏，这和“末法”时期不利于传法的特点相关。年谱中附上谱主早年生活的惠州地区相关事情，以加深读者对谱主皈依佛法的理解。

四、年谱中，附有时代大事介绍，以更好地了解谱主生活的时代背景。

五、文中的引文，字体一般用仿宋。如果引文中出现错误，则加以说明。

六、年谱以正文为主，辅以后面附表、附图，互相发明，互为印证。《达庵自传》手写稿摘自百度“唐密贴吧”，据称香港何泽红女士藏有稿本。至于近年新出现的《达庵笔记》，笔者没有看到，真假亦不可知，故不采纳。

谱主简介

根据冯达庵亲传弟子杨佛兴于二〇〇六年六月十九日所作序摘录：

大阿阇黎冯达庵（1887—1978）名宝瑛，字玉衡。自幼天资聪颖，勤奋好学，有奇志。其年既长，虽于世间法有所成就，但觉人生无常，遂生探求真理之志。曾深入探讨东西哲学和世间宗教，总觉皆非究竟圆满。后因拜读《六祖坛经》，引生了对六祖的敬慕和赞叹，从而明确并坚定了人生的终极旨归：长素学佛。

阿阇黎夙根猛利，一经发心学佛，即摈除俗缘，息脑运心，返尘归根，泯识显智，明体达用，由净通禅，复由禅入密。其实修净土法门，卓有成就，著《佛法要论》，综述佛法大要，广弘净土精义。甚得净土宗硕德印光大师的赞叹与推崇，并亲为作序，倡印流通。阿阇黎参禅亦达巅峰，先后经历昭灵禅、明心禅、无生禅、见性禅四个阶段，参破禅宗三关，入宗门第一句，会《大日经》“极无自性心”之妙旨，彻悟心源，得大自在！其《禅关随笔》评见性禅云：“首山云‘龙袖拂开全体现，象王行处绝狐踪’，余于此偈颇有实地相应处，故读此段经文，觉得句句若从自心流出。”然阿阇黎虽证禅宗最高境界，却“志不欲盘桓于是，但急求向上”，以破极微之住地无明，实践即身成佛之旨，乃从王弘愿大阿阇黎进修一乘密法。

阿阇黎自识宿命，尝谓“唐时已受灌顶，今生学密乃增上缘”，加上通禅后学密，是密宗正机，故其学密成就甚速：1927 年在香港受黎乙真法师胎藏界学法灌顶，当下即得月轮观成就；1929 年在广州受王弘愿大阿阇黎金刚界灌顶，当下即入菩提心三摩地；1936 年受王弘愿大阿阇黎传法灌顶。

阿阇黎即身成佛，通宗通教。一生著述等身，凡有所论“不离性体”，语语皆自胸襟流出。慈心普覆，感悯世人去佛兮远，迷昧本心。悲心所及，普应众机导倡佛乘，洞明性体。其著《学密须知》一书，诚为学密行人之引路明灯，俾有志实修一乘密法者端正知见，迅契悉地。故有缘亲值者，无不获益；根机猛利者，法效尤著。其圆证胜共悉地，去来自在，于 1977 年 8 月即预告门人：“我明年入灭”。当时身体健康，红光满面。后果于 1978 年农历六月二十日色身融入法界，以大印身示寂。入灭前数十分钟还在床上修法，多人共见。[①]

附：谱主著作——

师一生著述等身。所知者：长篇如《佛学起源》《佛法要论》《佛教源流》《佛教真面目》《天眼通原理》《宿命通原理》《禅宗六祖大鉴禅师传》《禅观随笔》《学密须知》

---

① 杨佛兴：《序》，冯达庵：《佛法要论》，北京：宗教文化出版社，2006 年，第 1 - 2 页。

《〈心经〉广义》《〈金刚经〉广义》《〈金刚经〉提纲》《〈法华〉特论》《〈八识规矩颂〉详释》《惠州西湖佛化史》《人死问题》等，短篇如《禅关三颂》《禅宗明心见性与密宗即身成佛》《三密妙用》《新时代的佛法》《〈圆音月刊〉发刊词》等。①

附：谱主弟子举例——

杨佛兴：据称是冯达庵大阿阇黎惟一之嫡传法嗣，唐密五十一代传灯大阿阇黎，即唐密第五十一代祖师。生于一九二八年，天资聪颖，心地慈厚，志向卓越。自幼便觉悟人生无常，探求生命之意义与价值，因景仰冯大阿阇黎了脱生死、乘愿而去之殊胜伟业，立志走冯阿阇黎即身成佛之路。冯大阿阇黎对杨佛兴严格要求，器重有加，悉心培养三十余年。杨佛兴后于禅、净、密三宗均有较高成就。杨佛兴开辟国外弘法路线，弘化足迹遍及大江南北，在全国各名牌大学、国外高等学府讲课。② 杨佛兴著作有《一乘法要》。

唐普式（1923—?）：广西玉林人，一九四八年，受冯达庵灌顶，一生主要于密法的修持上用事。著作有《唐密与广东》《唐密乃印度正纯密教的唯一传承》《唐密曼荼罗，异彩纷呈，彪炳千古——朝拜法门寺地宫出土圣母所得启示》《法门寺塔地宫的唐密曼荼罗之我见》《禅宗三关与密宗三妄》《七觉支颂》《宗门三关直指》《如此歪风应该停止了》等文。③

叶弥章：据称是冯达庵根基最好的女弟子，并曾受过佛法加持。④ 叶弥章师从冯达庵之前曾师从显慈法师习禅，是法师门下破过禅宗初关的高足。法师圆寂后，她又得遇殊胜因缘，师从冯达庵学密。由于她有禅宗修证基础，所以第一次接受冯达庵加持，即有显著法效，成为阿公门下根机最猛利的女弟子之一。叶弥章由于立志学佛，终身未婚。老家亲戚虽然不少，但对其独身修行不解，甚至毁谤，晚年最艰难的时间基本靠道场同学照顾。⑤

章惠卿：是冯达庵的弟子，也是杨佛兴的同门师兄。据杨佛兴《答惠卿书》，章惠卿是第一个向杨佛兴顶礼的人，杨佛兴对其印象深刻，当年阿公即冯达庵很信任章惠卿。杨佛兴当时的书信写于一九八九年五月二十四日，当时章惠卿已经九十岁。⑥ 杨佛兴另提及：章惠卿是从法政学院毕业，读书时代即发心素食、学佛，一九八〇年初，重新受杨佛兴准提法。⑦

伍普聪：青年时代即跟阿公（冯达庵）学佛。相貌端庄、性情慈善、聪明能干，当年常有“冯达庵演讲，伍普聪笔记”的文章在《圆音月刊》发表。她入灭之后，阿公悼念她的诗云：游我门墙几许年，弱质生来独堪怜；坛司剧务彰功德，笔缮余音著法筵。拙稿草成谁复缮？旧衣穿弊孰关联？慈尊施汝加持力，缘熟终生兜率天。⑧ 另，普聪的姐姐普兰（即服侍阿公的三姑）悼念她的悼词的最后两句云：“弥勒下生，再来相会。”据此看，

---

① 《冯达庵大阿阇黎简介》，杨佛兴：《一乘法要》，北京：宗教文化出版社，2009 年，第 452 – 453 页。

② 慧圣：《序》，杨佛兴：《一乘法要》，北京：宗教文化出版社，2009 年，第 I – II 页。

③ 存德：《王弘愿与东密热潮》，《人海灯》季刊，2013 年第 2 期，第 14 页。参见该文第 27 项注释。

④ 慧圣：《序》，杨佛兴：《一乘法要》，北京：宗教文化出版社，2009 年，第 III 页。

⑤ 《叶弥章居士往生纪实》，杨佛兴：《一乘法要》，北京：宗教文化出版社，2009 年，第 285 – 286 页。

⑥ 《答惠卿书》，杨佛兴：《一乘法要》，北京：宗教文化出版社，2009 年，第 186 – 188 页。

⑦ 《答林凡书》，杨佛兴：《一乘法要》，北京：宗教文化出版社，2009 年，第 201 页。

⑧ 《答文清书》，杨佛兴：《一乘法要》，北京：宗教文化出版社，2009 年，第 196 页。

伍普兰也是冯达庵女弟子。①

罗时宪：（1914—　）旅居加拿大的现代学者。广东顺德人。一九三九年毕业于中山大学中文系。一九四一年于该校研究院中国语言文学部肄业。历任中山大学讲师、副教授，广东国民大学及广州法学院教授。初从宝静法师听讲，后皈依太虚大师，而私淑支那内学院欧阳竟无。一九五〇年抵香港任中学教员，课余在三轮佛学社、香港大学及香港中文大学校外进修部等机构宣讲《成唯识论》《解深密经》《因明入正理论》及佛学专题等，达数十年之久；延唯识一脉于香港。一九六二年，应金刚乘学会的邀请，主编《佛经选要》。一九六五年，创立法相学会，出版《法相学会集刊》。一九八〇年，任能仁研究所教务长，后任所长。一九八四年移居加拿大，仍不时回香港弘法。著有《大乘掌中论略疏》《能断金刚般若波罗蜜多经纂释》《成唯识论述记删注》《现观庄严论略释》等。② 罗时宪是现代唯识学名家，早年曾受冯达庵密法灌顶。

① 《答文清书》，杨佛兴：《一乘法要》，北京：宗教文化出版社，2009 年，第 197 页。

② 张志哲主编：《中华佛教人物大辞典》，合肥：黄山书社，2006 年，第 1254 页。

年谱正文

光绪十三年（1887） 丁亥 一岁

十一月七日(农历九月二十二日)，冯达庵生于广东惠州。①

按：《达庵自传》自称，“我姓冯，名宝瑛，别号达庵，一八八六年二月二十一日出生于惠州。籍贯虽属博罗，实则迁居惠州城已五世矣。父亲是当地小商家，可以维持一家生活。”② 多种资料关于冯达庵生日都以一八八七年为准，本文取此说。

《惠州市志》（四）的第六十四编《人物》关于冯达庵记载：

冯宝瑛（1887—1978），字玉衡，号达庵。清惠州府城银冈岭（今惠州城区桥西）人。毕业于广东高等师范学校数学系。后执教于廉州中学、广东甲种工业学校，任漳州煤炭局局长。任职年余即辞归，寓居广州芳草横街，讲学著述。③

冯达庵早年生长于惠州，据冯达庵弟子杨佛兴叙述：

惠州是唐密第五十代祖师冯达庵大阿阇黎的诞生地。冯达庵大阿阇黎曾在西湖准提阁住了许多年，不少著作就是在西湖边写的。其中有一本叫做《惠州西湖佛化史》，本来对于弘扬惠州西湖文化很有意义，可惜在文革当中被抄家时拿去了。④

惠州有浓厚的佛教文化氛围，曾是宋代苏东坡居士的谪居之地。以下介绍惠州地方佛教背景，以加深对冯达庵后来学佛的了解：

东汉末年，僧文筒在今惠州西湖边筑伏虎台。罗浮山，是佛教传入惠州最盛的地方。梁天监元年（502），天竺三藏法师智药泛舶至粤，建议在韶州曹溪建寺（今南华寺）后，来到罗浮山创建香积寺，并频繁来往罗浮山与韶州之间，弘扬佛法。隋开皇仁寿年间，禅宗三祖僧璨大师于安徽南下，居罗浮山达两年之久，将禅宗法门带入岭南，促进佛教在惠州各地的传播。唐代，密宗和律宗在岭南进行译经弘法活动，岭南佛教呈鼎盛局面。罗浮山香积寺曾发现有尊胜陀罗尼石遗迹，为密宗在此举行建坛灌顶（入教或传法仪式）提供了见证。

宋绍圣年间，苏轼贬谪惠州，与韶州南华寺僧关系密切，信函往来、诗赋唱和不断。南华寺住持辩老写信请苏轼书写柳宗元《大鉴禅师碑》在南华寺刻石永存，并多次派人给

---

① 《冯达庵大阿阇黎简介》，杨佛兴：《一乘法要》，北京：宗教文化出版社，2009 年，第 451 页。

② 冯达庵：《达庵自传》手抄稿，百度“唐密贴吧”。

③ 惠州市地方志编纂委员会编：《惠州市志》（四）第六十四编《人物》，北京：中华书局，2008 年，第 4629 页。

④ 《内净外护》，杨佛兴：《一乘法要》，北京：宗教文化出版社，2009 年，第 298 页。

苏轼送食物和生活用品。明代嘉靖年间，广东提学副使魏校、提学欧阳铎先后在惠州府各属县兴办社学，“大毁寺观淫祠”，勒令僧尼还俗，佛教在惠州呈衰颓之势，曾繁荣一时的岭南禅宗一度中止发展。至明末，净土宗元觉禅师晚年居罗浮山一石洞，号“石洞禅师”，禅律兼通，四方学者多从之游。另一位空隐禅师，在罗浮山华首台任住持，重修华首台，使佛教在罗浮山得到复苏，成为广东佛教界的活跃地区。

清初，由于明末大量逸民的逃禅皈依，加上新权贵的顺时扶持，佛教又获发展。罗浮山华首台一些明末遗老在此出家，香火鼎盛，僧众聚居，成为罗浮山第一禅林。佛教在惠州城乡进一步传播发展，重修或新建寺庵。惠州西湖畔及其附近的寺、观、庙、庵、阁达32座。但至清末和民国，提倡“庙产兴学”，加上兵事频繁，寺院多被占被毁，僧民又忙于生计，无暇传教弘法，佛教在惠州又呈衰颓之势。①

以上是冯达庵生活地区佛教信仰源远流长情况，早在唐代，密宗就在惠州传播。而且冯达庵出生于文化素养较高、佛教气氛浓郁的家庭。冯达庵有兄长冯重熙，两人都奉佛。冯重熙之传，载《惠州市志》第四册：

冯重熙（1880—1959），清惠州府城（今惠州城区桥西）人。毕业于上海中国公学，后回乡兴学。在惠州创办昌明小学堂和振坤女子小学堂（惠州第一所女子学校）。历任惠州昌明小学，观澜小学，省立惠州中学，县立一中，县立女师，私立持平中学，惠阳良井中学，博罗柏塘中学，东莞兴质小学，汕头回澜中学，福建漳州工程专科学校等校教师、校长。他博学多才，贯通文、理，既教国文，又教几何、绘画。通音律，善风琴，曾作昌明、女师两校校歌和惠州八景歌。还积极开展社会文体活动，倡办惠阳县第一、二次运动会和寓教于乐的“瀹新灯社”：每年元宵节前后，在惠州举办文物和工艺品展览，开展演戏、打灯谜等活动。

20年代，一度任漳州官产事务所所长、漳厦海军司令部厦门堤工处秘书兼统计科科长。负责漳州的市政建设，秉公办事，绝请托，拒贿赂，廉洁奉公。中年学佛，修净土宗和密宗。先后在厦门、惠阳创设佛学会，主编厦门《佛学会刊》，在厦门大学、南普陀闽南佛学院、越南岘港华人学校讲授佛学。

冯重熙一生淡泊名利，不沾烟、酒。喜字画，勤著述。著有《瓷粹》《聊自娱斋笔记》《觉园文钞》《密宗仪轨》《学佛心传》等书。②

冯达庵曾写过一首诗，庆贺他哥哥冯重熙的寿辰，其中曰：“天下汹汹不问年，众生业障累相牵。袁氏父兄褒素食，苏家昆仲论禅篇。雁行佛化今犹昔，月印丰湖映正圆。”③

惠州西湖包括好几个湖，丰湖属于其中之一。冯重熙、冯达庵后来都学佛，而袁氏兄弟、苏氏兄弟都学佛论禅，杨佛兴解释：

“袁氏父兄褒素食，苏家昆仲论禅篇。”袁指明朝的袁枚，听说是苏东坡的后身，专修净土，结果往生了。“苏”即苏东坡，他一家人都学佛，修禅宗。“雁行佛化”指庞蕴居士一家，来时乘愿而来，去时乘愿而去。我们道场同志有很多都是一家人学佛。能达到这

① 惠州市地方志编纂委员会编：《惠州市志》（四）第六十三编《宗教》，北京：中华书局，2008年，第4466－4467页。

② 惠州市地方志编纂委员会编：《惠州市志》（四）第六十四编《人物》，北京：中华书局，2008年，第4607页。

③ 《内净外护》，杨佛兴：《一乘法要》，北京：宗教文化出版社，2009年，第298页。

个目的，就是人生最大的幸福。①

按：袁枚是清中叶著名文人，不是明代人。另外，明代后期有袁宗道、袁宏道、袁中道“三袁”，和佛教关系密切。估计是上述杨佛兴的解释错误。“袁氏父兄褒素食”可能指的是“三袁”之事。

另，冯达庵三弟友直（宝琜）及其妻丘氏，两人均早逝，且生前都奉佛，两人遗有一儿。友直夫妇事迹见本年谱在民国十五年（1926）部分。冯达庵先考启净公奉佛事迹，见本年谱在民国十三年（1924）部分。冯达庵自称还有从弟炳，妹夫李泽民，均见于本年谱。总而言之，冯达庵的生长地、家庭奉佛氛围十分浓郁，这是这位大居士出现的客观背景。

2008年10月23日《南方都市报》则载：

冯宝瑛祖家原籍博罗县城郊，祖先后逃荒来到惠州，先定居银岗岭，后经济好转，旋于秀水湖营造大屋，规模在当时秀水湖堪称大宅之一。出身贫苦经商致富的冯家受到周边大户人家的欺凌。冯宝瑛父名日南（字融午），深知需要培养子弟成才撑持门面。冯宝瑛家有三兄弟，长兄小名承顺，学名宝璠，字重熙；小弟小名承舜，学名宝琜。苦于撑持门面的父亲望子成才心切，在子女仍在读书阶段，除从名师受业外，还严格督促他们刻苦攻读。②

冯达庵自己的家庭情况，见《达庵自传》：

我妻钟净澜，性勤俭，善储蓄；历年家计均赖其经理。本是多病之身；见我学佛能致康健，则亦学习焉。其始有一子一女；但女早夭。及我父母俱逝世，子寄怀出外就学，家中太觉寂寥；乃以自幼认为谊女之伍普兰，转来我家作养女，并从我姓。我外母及侄女名普静，无父母，亦时来居住。普兰随本生父母住河南时，邻居有佛教独身女，每说当时婚姻制度不良，女子倘遇不淑，终身苦恼。普兰习闻其说，遂常与一般女佛教徒来往。本生父母已殁，即愿来住我家，以便学佛；并矢志奉母终身，不谈婚事。③

冯达庵有儿子寄怀，娶妻谢丽琼，冯达庵孙子名溥门，仍见《达庵自传》：

当一九四六年间，寄怀以数年所积之薪金无可安置，爰与亲戚合营鞋业。次年与扶轮学校（铁路局办）女教员谢丽琼订婚。一九四八年七月，行结婚礼。逾年六月，生子名溥门。所营鞋业则因铺主变卖其铺，已于是年春间收束。自此不复再营商业。秋间即遇解放。一九五〇年一月，寄怀调任省立肇庆中学校长；丽琼则改充铁路小学教员。因业务太忙，雇一保姆携带溥门，兼理室内什物。由是我家人口，自身而外，子一，媳一，女一，孙一，侄女一，保姆一，共七人。（另寄居亲戚二人不在内）一家生活费，由寄怀丽琼分担之。现在寄怀改充教育厅主办之港澳学生补习学校教导主任；丽琼则充铁路中学班主任。④

另据冯广淳（冯宝瑛之兄冯重熙的孙子、冯宝瑛的侄孙，居香港）叙述，冯达庵孙女名庆圆，嫁夫姓卓，有一子，极聪明好学。⑤ 综合地看，冯达庵本人的儿孙较少，源流简单。

---

① 《内净外护》，杨佛兴：《一乘法要》，北京：宗教文化出版社，2009年，第300页。

② 《达庵平生》，《南方都市报》，2008年10月23日。

③ 冯达庵：《达庵自传》手抄稿，录自百度“唐密贴吧”。

④ 冯达庵：《达庵自传》手抄稿，录自百度“唐密贴吧”。

⑤ 《达庵平生》，《南方都市报》，2008年10月23日。

光绪十四年（1888） 戊子 二岁

二三月间，东江大水，归善几于一片汪洋。博罗苏村垣堤坏，漂没田、庐无数。①

按：归善即是后来惠州市的前身。

光绪十五年（1889） 己丑 三岁

光绪十六年（1890） 庚寅 四岁

光绪十七年（1891） 辛卯 五岁

八月二十二日（农历七月十八日），归善、博罗等地遭受台风袭击，拔树、倒屋无数。②

光绪十八年（1892） 壬辰 六岁

光绪十九年（1893） 癸巳 七岁

冯达庵入私塾读书。③

是年，惠阳附城流行鼠疫，有顷刻即死者。④

光绪二十年（1894） 甲午 八岁

八月十日至十三日（农历七月初十至十三日），东江大雨滂沱，惠州水日涨，宛成泽国，民叹其渔囿之果木，田亩之禾苗尽被洪波卷去，无一遗留，城厢内外房屋倒塌不下百余间。⑤

是年，中日甲午战争爆发。

光绪二十一年（1895） 乙未 九岁

是年，归善县白花、平海、港口、吉隆、黄埠、稔山、铁涌、三多祝、梁化、平山等地（今属惠东县）流行天花，死亡二千余人。⑥

是年，《马关条约》签订。

---

① 《大事记》，惠州市地方志编纂委员会编：《惠州市志》（一），北京：中华书局，2008 年，第 88 页。

② 《大事记》，惠州市地方志编纂委员会编：《惠州市志》（一），北京：中华书局，2008 年，第 89 页。

③ 冯达庵：《达庵自传》手抄稿，录自百度“唐密贴吧”。

④ 《大事记》，惠州市地方志编纂委员会编：《惠州市志》（一），北京：中华书局，2008 年，第 89 页。

⑤ 《大事记》，惠州市地方志编纂委员会编：《惠州市志》（一），北京：中华书局，2008 年，第 89 页。

⑥ 《大事记》，惠州市地方志编纂委员会编：《惠州市志》（一），北京：中华书局，2008 年，第 89 页。

光绪二十二年（1896）　丙申　十岁

光绪二十三年(1897）　丁酉　十一岁

是年,归善县平山、稔山、平海、白花、新庵、双金等地（今属惠东县）流行鼠疫，死亡人数众多。

光绪二十四年（1898）　戊戌　十二岁

十月十四日(农历八月二十九日)，博罗县柏塘乡民愤于法国传教士横行不法、袒护教徒、抗拒官府、欺压平民，而地方官吏无能又办事不公，焚毁天主教堂，乱中毙法国神父及教民八人，事发后，清汛官黄致忠畏罪自杀，知县张从禹病卒。新任知县葛肇兰随提督张春发办理该案，株连百余人，赔银元两万多结案。[①]

是年，发生“戊戌变法”。

光绪二十五年（1899）　己亥　十三岁

光绪二十六年（1900）　庚子　十四岁

十月六日(闰八月十三日)，惠州革命党人郑士良、黄耀廷等奉孙中山命，联络三合会党六百人，在归善坪山三洲田（今属深圳市）起义。后在佛子坳、镇隆、永湖等地（今属惠阳市）大败清军，至三多祝时队伍发展到两万余人。后郑士良在三多祝（今属惠东县）接孙中山“外援难斯”电讯，宣布解散队伍。惠州戒严，调刘永福部驻元妙观，年作乃去。[②]

是年，义和团运动爆发，八国联军侵华。

光绪二十七年（1901）　辛丑　十五岁

三月,考入公立惠州中学。[③]

正月，湖南善化（长沙）籍革命党人毕永年在三洲田起义失败后入罗浮寺为僧，圆寂于山寺。[④]

是年,《辛丑条约》签订。

光绪二十八年（1902）　壬寅　十六岁

春,惠州大旱，早禾无播，晚造歉收。

是年，惠州府奉廷谕，增丁粮十分之三，以充光绪二十七年（1901）九月帝国主义列强强迫清政府签订《辛丑条约》中所规定的赔款，即“庚子赔款”。

---

① 《大事记》，惠州市地方志编纂委员会编:《惠州市志》（一），北京：中华书局，2008 年，第 90 页。

② 《大事记》，惠州市地方志编纂委员会编:《惠州市志》（一），北京：中华书局，2008 年，第 90 页。

③ 冯达庵《达庵自传》手抄稿，录自百度“唐密贴吧”。

④ 《大事记》，惠州市地方志编纂委员会编:《惠州市志》（一），北京：中华书局，2008 年，第 91 页。

广东开始实行“粮捐”，龙门以地瘠民贫，绅民百余人赴省请免，未准。次年，百余人再为邑人请命，获准减免三成。①

光绪二十九年（1903）　癸卯　十七岁

八月二十七日(农历七月初五）夜，惠州城区水东街发生劫案。百余人先夺练勇军械，击毙练勇一人，打伤七人，后劫夺恕安、惠丰、骏美三家银号和利栈铜钱店、天和药材店，劫钱逾万，从容而去。次日，各街市民以不满兵勇而不赴救，一律罢市。

归善县平山、稔山、平海、良井等地流行鼠疫。其中平山死亡二百多人，稔山死亡四百多人，平海死亡八十多人。

德国传教士强要惠州厦廓村土地建教堂，村民数百人向惠州知府投诉，引发一场村民与德国传教士打土地官司的教堂案。②

光绪三十年（1904）　甲辰　十八岁

二月,考升广东高等学堂（原名广东大学堂)。③

《南方都市报》载：

冯宝瑛自幼聪颖过人，早年考入两广游学预备科学英国语文，后转考广东高等学堂数学系。据冯重熙七子冯棣权在自家史《父亲生平》一书中记载：六叔尤聪颖过人，自修高等数学造诣极高，被誉为数学名家。据其侄孙冯广纯先生介绍，达庵先生知识渊博，擅长包括英文、印度文等多国语言。他德高望重，身边人无论岁数多少都喊他“阿公”。④

是年，归善县平山霍乱流行，患者千余人，死亡七百余人。⑤

是年，日俄战争发生。

光绪三十一年（1905）　乙巳　十九岁

是年,清廷废除科举制度。归善学生杨达廉、冯宝、潘宝英等在广府学宫设惠州学会，创惠州师范馆。⑥ 广府学宫在今天广州市文德路一带。杨佛兴起草的《冯达庵大阿阇黎简介》叙述冯达庵求学广州事迹：

师天资聪颖，勤奋好学，有奇志。清廷废除科举制度后，师偕仲兄冯重熙往省垣（广州）求学，考入两广游学预科学校，师读西洋班，准备赴欧留学。该校后因学潮被清廷解散，师转而考入广东高等学堂数学系。师智力超群、思想活跃先进，是该校突出的高材生。毕业后，历任惠州中学和廉州（合浦）中学数学教师、广东省立甲种工业学院数学系教授、福建漳州煤炭局局长、报社主编等职。⑦

---

① 《大事记》，惠州市地方志编纂委员会编：《惠州市志》（一），北京：中华书局，2008 年，第 91 页。

② 《大事记》，惠州市地方志编纂委员会编：《惠州市志》（一），北京：中华书局，2008 年，第 91 页。

③ 冯达庵：《达庵自传》手抄稿，录自百度“唐密贴吧”。

④ 《达庵平生》，《南方都市报》，2008 年 10 月 23 日。

⑤ 《大事记》，惠州市地方志编纂委员会编：《惠州市志》（一），北京：中华书局，2008 年，第 92 页。

⑥ 《大事记》，惠州市地方志编纂委员会编：《惠州市志》（一），北京：中华书局，2008 年，第 92 页。

⑦ 《冯达庵大阿阇黎简介》，杨佛兴：《一乘法要》，北京：宗教文化出版社，2009 年，第 451 页。

上述的《冯达庵大阿阇黎简介》载于杨佛兴《一乘法要》。笔者另在藏于广东省立中山图书馆的《金刚般若波罗蜜经》（姚秦译本，冯达庵提纲）中查到杨佛兴撰的另外一篇《冯达庵大阿阇黎简介》（该文作于一九九六年十一月），其中载：冯达庵任过广东省甲种工业学院（勷勤大学前身），后又婉辞岭南大学之聘而从政，赴福建漳州任煤炭局局长，之后又任过报社主编等职。①

据查，广东省立勷勤大学成立于陈济棠治粤时期（1929—1936）。勷勤大学是为纪念陈济棠的恩人、国民党元老古应芬而成立。勷勤大学由工学院、教育学院和商学院组成，工学院仅是其中之一，前身就是广东甲种工业学院，有时称为“工专”，卢德长期担任院长。工学院原先具有较长的历史，该院在清末成立，“最初为工艺局，后改为甲种工业学校，旋又改为市立工业专门学校，再改为省立工业专科学校，学制校名，凡数更易。”②而岭南大学则是民国时期著名的教会学校，其地址在今天广州市海珠区的中山大学康乐园。

光绪三十二年（1906）　丙午　二十岁

十一月，选充外国游学生。先在广州设馆补习英日语言，当时同学多有革新思想，遭粤督岑春煊之忌，中途下令解散。时在一九〇六年八月也。③

惠州知府陈兆棠饬各县，依方耀清乡方法，在各乡设立界碑，若有劫抢案，按界责成各乡赔偿。此举致任意诛杀，枉杀甚多。博罗、归善、海丰各县士绅控之于总督后，陈兆棠被调任潮州府，旋为革命党捕杀。④

光绪三十三年（1907）　丁未　二十一岁

二月，冯达庵往廉州中学教书，连续四年。⑤

是年，邓子瑜所派革命党人陈纯、林旺、孙隐集合三合会会党，于博罗七女湖（今属惠城区）举行起义，进攻泰尾，克杨村、三达、柏塘，又分军攻八子爷、公庄等地。各乡三合会会众纷纷响应，声势益振。后革命党进围博罗县城，不克。邓子瑜以粤督所调各路清军会攻、革命军枪弹缺乏，又闻黄冈事败，遂在归善县梁化（今属惠东县）埋藏枪支，并解散队伍。队伍解散后大部分撤到罗浮山区，部分逃往香港。⑥

---

① 杨佛兴：《冯达庵大阿阇黎简介》，姚秦译本，冯达庵提纲：《金刚般若波罗蜜经》，出版地不详，1996 年，第 1 页。

② 《卢院长答问词》，《勷勤大学工学院半月刊》第二期，1933 年 10 月 1 日，第 8 页。据《全国文化机关一览表》称：本校原为工艺局。清末时附设工艺学堂。嗣改为甲种工业学校。民国十三年，又改为工业专门学校。录于中山大学工专部。旋改归省立。十九年，改名广东工业专科学校。二十二年，奉教育部令改称今名。参看庄文亚编：《全国文化机关一览表》，上海：世界书局，1934 年，第 516 页。

③ 冯达庵：《达庵自传》手抄稿，录自百度“唐密贴吧”。

④ 《大事记》，惠州市地方志编纂委员会编：《惠州市志》（一），北京：中华书局，2008 年，第 92 页。

⑤ 冯达庵：《达庵自传》手抄稿，录自百度“唐密贴吧”。

⑥ 《大事记》，惠州市地方志编纂委员会编：《惠州市志》（一），北京：中华书局，2008 年，第 92 页。

光绪三十四年（1908） 戊申 二十二岁

是年，冯重熙、廖计百等于惠州府城环城西始平书院（即冯家祠），创办惠州振坤女子小学堂，聘邓梦湘（女）为总教习。廖雨生、冯百熙等在府城更楼下，创办惠州昌明两等小学。①

宣统元年（1909） 己酉 二十三岁

是年，提督吴祥达命从惠州至博罗、东莞沿江一带修建碉堡二十二座，其中归善县五座，博罗县十六座。②

宣统二年（1910） 庚戌 二十四岁

三月，同盟会员、归善县人严德明从香港来到惠州，令其弟严廷确开办寿康西药房，以接运军火，严德明运械至澳头为清兵所捕，旋逃脱。严廷确被捕遭受严刑，始终不屈，被押至广州，后被杀害。③

宣统三年（1911） 辛亥 二十五岁

是年，辛亥革命爆发。惠州光复。

民国元年（1912） 壬子 二十六岁

三月，冯达庵在广州民治日报社任编辑。社长杨叔隅，系游学馆同学。④

是年，中华民国成立。

民国二年（1913） 癸丑 二十七岁

一月，陈炯明、詹天佑等倡议组织惠潮铁路公司，修筑博罗石湾至饶平黄冈铁路。⑤

十月，避居惠州。据《达庵自传》："次年广东讨袁军失败，伪当局以我报有攻击袁世凯文字，于十月间勒令停版。我避居惠州，嗣在惠阳公立高等小学教书。"⑥

民国三年（1914） 甲寅 二十八岁

八月，孙中山任命的中华革命军广东总司令邓铿命洪兆麟潜入惠州，发动旧部起义，讨伐广东都督龙济光。因只率一部分民军作战，洪兆麟为龙军所败。⑦

---

① 《大事记》，惠州市地方志编纂委员会编：《惠州市志》（一），北京：中华书局，2008 年，第 93 页。
② 《大事记》，惠州市地方志编纂委员会编：《惠州市志》（一），北京：中华书局，2008 年，第 93 页。
③ 《大事记》，惠州市地方志编纂委员会编：《惠州市志》（一），北京：中华书局，2008 年，第 93 页。
④ 冯达庵：《达庵自传》手抄稿，录自百度"唐密贴吧"。
⑤ 《大事记》，惠州市地方志编纂委员会编：《惠州市志》（一），北京：中华书局，2008 年，第 95 页。
⑥ 冯达庵：《达庵自传》手抄稿，录自百度"唐密贴吧"。
⑦ 《大事记》，惠州市地方志编纂委员会编：《惠州市志》（一），北京：中华书局，2008 年，第 95 页。

民国四年（1915） 乙卯 二十九岁

是年，日本对中国提出“二十一条”密约，第五条就是日本人在华有自由传教的权利。

民国五年（1916） 丙辰 三十岁

六月，袁世凯病死，后北京临时政府成立，李嘉品调离惠州，陈炯明部入惠州城。[①]

民国六年（1917） 丁巳 三十一岁

七月，桂系陆荣廷军莫荣新部进驻惠阳。[②]

民国七年（1918） 戊午 三十二岁

三月，广州开办公立甲种工业学校。代理校务周醒南，亦游学馆同学，招冯达庵前往专教数学。时孙中山先生领导的援闽粤军，以陈炯明为总司令，在闽南大有进展。[③]

七月，设立财政局于漳州，任周醒南为局长。冯达庵随往充局内统计主任。逾年醒南调充工务局长，而以钟秀南继长财局。冯达庵照旧供职，但改称第三科长。[④]

按：冯宝瑛之所以涉足仕途，有这么一种说法。据冯重熙七子冯棣权在自家史《父亲生平》一文中说：据说当时是要委任父亲为漳州市煤炭局长的，后来他自愿当官产事务所所长，并荐准六叔（冯宝瑛）为煤炭局长。冯宝瑛当煤炭局局长期间，也算比较廉洁，无贪污舞弊之事。不过，“合理合法”的结余煤是例归局长所得的。每月终结，财会人员自动将余煤折款送到手，收入已颇可观，年余后辞官回归故里，在省垣广州营造新宅。[⑤]

据冯宝瑛的侄孙冯广淳先生介绍，达庵居士在广州的故居原来很气派，是一所两层楼的公馆。公馆的地板都由花阶砖筑成，很高雅，他的佛堂也很高雅。改革开放后，曾经在那里盖起了幼儿园。近年广州兴建地铁，达庵居士的故居已全部被拆除。[⑥]

八月三十日，桂系莫荣新急从肇庆、韶关等地调林虎部、沈鸿英部、李根源部去博罗、惠阳一带组织防御，抗拒粤军。[⑦]

民国八年（1919） 己未 三十三岁

是年，五四运动爆发。

民国九年（1920） 庚申 三十四岁

冬，粤军回粤。[⑧]

---

① 《大事记》，惠州市地方志编纂委员会编：《惠州市志》（一），北京：中华书局，2008 年，第 96 页。
② 《大事记》，惠州市地方志编纂委员会编：《惠州市志》（一），北京：中华书局，2008 年，第 97 页。
③ 冯达庵：《达庵自传》手抄稿，录自百度“唐密贴吧”。
④ 冯达庵：《达庵自传》手抄稿，录自百度“唐密贴吧”。
⑤ 《达庵平生》，《南方都市报》，2008 年 10 月 23 日。
⑥ 《达庵平生》，《南方都市报》，2008 年 10 月 23 日。
⑦ 《大事记》，惠州市地方志编纂委员会编：《惠州市志》（一），北京：中华书局，2008 年，第 97 页。
⑧ 冯达庵：《达庵自传》手抄稿，录自百度“唐密贴吧”。

民国十年（1921） 辛酉 三十五岁

二三月，积劳成疾，退职家居，学习静坐。下据《达庵自传》：

次年二月，财局迁粤办收束。我的统计任务至六月才毕。积劳成疾，肺病颇剧。时秀南为广东财政厅长，以旧日财局高级职员均蒙省府委给优差；我独带病，不堪出任繁剧；特陈请省府委为总务科员，只管煤仓收发事务。但八个月后，我病总未见好；随即退职家居（住广州市），作长期休养计。此是一九二二年三月间事。

我闻人言：肺病治疗，除医药外，宜兼习静坐法，乃易根本肃清。又闻静坐功夫，佛学讲说甚详。于是多买佛书以供参考。自退职之日起，实行静坐三年，肺病彻底痊愈。残弱之身，转为康健。其时年尚未满四十，本应再寻职业。但我一向有志研究人生观及宇宙观；闻佛学学理精深，可以解决重要疑问。唯内容过丰，头绪纷繁；非长期实践，无从窥见此中真面目。十余年来因职务缠身，无暇专究此道，每以为憾。今因养病三年，静坐中体会佛理，颇得要领。兴味甚浓，不忍释卷。自计以前投资商业所得之股息，年中可有数百元，足以维持一家数口之生活费；遂不复出预世事。一意闭户研究佛学，期成一代专门学者。[1]

民国十一年（1922） 壬戌 三十六岁

是年，冯达庵转而学佛，并自习梵文。初习净土宗，后修密宗。[2] 下据《达庵自传》：

我研究佛学，系自三十六岁春间开始。实习五年，对于大乘显教诸宗，均能了解其义理。每抽其要领加以笔记。间亦出简易作品，以公诸世。如《天眼通原理》《宿命通原理》《禅宗六祖传》《佛法要论》等……惟密教真言一宗，无师指示，不能入手。访闻香港有“佛教真言居士林”之设；林长黎一真先生，是有师承者。一九二六年我亲往见之，蒙授以中级教法。归而实践数年，渐渐发现其中理趣。时潮安王弘愿先生研究密教多年，名播海内；尝以出版物公开高级教理。我为进步起见，屡次函请指示，得益不少。有中山先生旧属赵士觐者，因反对蒋介石，被其通缉，避居香港；灰心仕途，一心学佛。亦曾向黎先生学习中级密教。西南独立，广州脱离蒋政权，士觐乃返市，借六榕寺左边余地建筑解行精舍，为专修密宗场所。欲求深造，于一九三二年暑假期间，特聘王弘愿先生来市说法。佛教中人如有志求学者，均得参加。并声明只学习佛法，不得涉及他事。我当时是参加者之一。次年暑假，亦复如是。我与士觐及汪彦平，并蒙传授高级教法。一九三四年王先生抱病，不能再来。一九三五年士觐逝世。精舍及藏经法器等物，概由梁季宽负责保存。时王先生病情迄未好转；一九三六年六月招我及彦平前往潮安，示以最高学理。我从此对于大乘显密各宗，均能彻底明了。为纠正佛徒对于密宗种种误解，著有《学密须知》一本行世。[3]

---

① 冯达庵：《达庵自传》手抄稿，录自百度“唐密贴吧”。

② 惠州市地方志编纂委员会编：《惠州市志》（四）第六十四编《人物》，北京：中华书局，2008 年，第 4629 页。

③ 冯达庵：《达庵自传》手抄稿，录自百度“唐密贴吧”。

民国十二年（1923） 癸亥 三十七岁

民国十三年（1924） 甲子 三十八岁

仲夏，南方佛化进行社将冯达庵《佛法要论》单行本首版印行流通，冯达庵为《佛法要论》作“弁言”。①

《佛法要论》目录分为：弁言、世界篇、三界篇、世法篇、小乘篇、大乘篇、净土篇。②

五月，日本真言宗丰山派大阿阇梨权田雷斧大僧正受王弘愿等邀请，莅潮传法。权田雷斧大僧正是冯达庵师祖，其事迹如下：

阇梨，日本新泻③县权田市人，俗姓权田，为市良左卫门次男，生于弘化三年丙午（清道光二十六年，1846）十一月。七岁受业于快顺师，受戒于快鑁法印和尚，法名称顺机房快识。十一岁登丰山（按：即真言宗新义派之大本山）就学，于《俱舍》《唯识》《因明》性相等义，莫不穷尽。二十六岁，转入曹洞宗，乃改名“雷斧”，号“天纵”，于穆山禅师受“正法眼藏”，寻任曹洞宗专门学校学监，兼于各寺讲授《俱舍》《唯识》《因明》等论。嗣亲炙行诚上人学净土宗，讲释《净土群疑论》。三十二岁，再上丰山董正法寺事，复应诸方讲座，座不暇暖，嗣受荣严和尚传法印信；受瑜伽教如僧正传法灌顶；于东睿山受台密法曼院流传法灌顶；于比睿山东塔受三昧院流传法灌顶。于是远近竞请开法；三十三岁为丰山东校教授；四十四岁为新义派大学林教授；四十九岁于丰山为特学生等讲《成唯识论》等；五十六岁任丰山派管长，补大僧正，设中学于东京；六十三岁为丰山派设丰山大学，众推任校长；七十岁任丰山派管长事务取扱；七十一岁，五月应东京帝国大学请讲《密教纲要》；七十九岁，大正十三年甲子（民国十三年，1924）五月，应中国广东潮安县王弘愿居士等之请，莅潮之开元寺开坛灌顶，特为慧刚、王弘愿居士以下四人授传法灌顶，于兹乃下震旦密教重兴之种子。昭和三年（1928）一月至五年（1930）三月，任大正大学校长，一生著述共八十余种，经二百余卷。晚年被推为“宗宝”，曾预言于八十九岁入寂，果于是年（民国二十三年甲戌，1934）二月七日顺世。④

附注：梵语“阿阇梨”，义为轨范师或教授师，系佛教之职称；“大僧正”为日本之僧官名，有“僧正”“少僧正”、“大僧正”之级别；管长即全宗之最高领导人。⑤

是年，冯达庵作《启净公生西实录》，述及其先考事迹，现录其文若干：

往者，先考感老病二苦交累，毅然发念佛之愿。或声或默，日未或间。梦寐之际，时觌佛光。今夏病益惫，起坐待人而后行。秋七月既望，病忽若瘳，苦况顿减。十六日，空中睹大莲花，绚丽莫可方喻。十七夕，谓家人曰：“予净土资粮既具，明日去矣。汝辈好自努力。”越翼日，家人进午粥，又曰：“好好，啜此即西归。”下咽顺利逾平时。申正，

---

① 《佛法要论》，冯达庵：《佛法要论》，北京：宗教文化出版社，2006 年，第 42 页。

② 《目录》，冯达庵：《佛法要论》，北京：宗教文化出版社，2006 年。

③ 应为“新潟”，原文误作“新泻”。

④ 慧原编：《潮州市佛教志·潮州开元寺志》第八章《人物》，潮州：开元寺，1992 年，第 783 - 784 页。

⑤ 慧原编：《潮州市佛教志·潮州开元寺志》第八章《人物》，潮州：开元寺，1992 年，第 784 页。

感三圣现前，亟呼儿曹顶礼，时精神固清晰也。嗣是连持佛号维殷。家人更番为助。夕阳垂暮，气息渐微。瑛率从弟炳，虔虔合诵，且为回向辞。辞甫毕，先考遂脱然化去。时则举体温暖异常，容貌欢笑，转增光泽。数时顷，始渐冰，顶上腾腾犹热。迨小敛竟，家慈不欲动其冠，不知顶热延至何时。翼辰，瑛以咒水为之洒面。振衾一望，颜容犹泽然含笑也。由此观之，生西之实不已昭然乎？举室上下，鉴懿范当前，益坚皈向之志；侪辈相闻者，亦往往鼓舞焉：因谥曰“启净公”。

公讳日南，号融午。春秋七十有七。原籍博罗，世商郡城，晚居广州。生平好讲堪舆。每喜粤中白云山形势，遂卜兆于山之莲花台，兼以莲花为净土所尚也。安厝之日，拟俟乙丑正月云。①

另查《海潮音》一九二四年（第五年）第十一期载有《启净公生西实录》。而落款标明是“冯宝瑛和冯宝璠谨述”。② 估计冯宝璠是冯达庵的从弟，冯达庵的哥哥是冯重熙，而三弟是冯友直，可能冯宝璠排行第四。

民国十四年（1925） 乙丑 三十九岁

是年，冯达庵的初期作品《佛法要论》出版，净土宗印光法师即指为净土宗必读之典。③

印光是近代佛门龙象、净土大德：

印光法师，名圣量，别号常渐。陕西郃阳人。俗姓赵氏。少为儒生，有声庠序。年二十一，悟世相无常，出家圆光寺。由是遍参知识，叩向上事，淹通宗教，专教提倡净业。初驻红螺山，既而卓锡普陀法雨寺。一衲之外，身无长物。终岁居藏经楼，脱粟粝食，影不出山者二十年。二六时中，唯持弥陀名号。……法师之推尊净土，于此可见。居普陀时，虽与世鲜通，然缁白闻名而求开示者众。法师口宣笔答，凡所为文，字字从性海中流出，而仍无一语无来历。会高鹤年朝普陀，得师文稿数篇，刊于上海《佛学丛报》。渐西徐文霞复搜求师之文字，汇印成册，名《印光法师文钞》行世。于是读其文而向慕者益多，皈依弟子几遍海内。④

是年，国民革命军发动两次东征。

民国十五年（1926） 丙寅 四十岁

二月十日（农历腊月廿八日），撰《友直居士夫妇生西记》，该文发表于《海潮音》第八年（一九二七年）第七期，原题为“故弟友直居士夫妇生西记”。本文对于解冯达庵三弟夫妇有较大价值，录其全文如下：

友直居士，讳宝璨，余季弟也。生于清光绪己亥普贤诞日。尝肄习于郡中学，以多疾闻。既卒业，尤频与药炉为偶。中医曰肾虚，西医曰脑气弱，或曰风湿焉；而皆无治本之

---

① 《启净公生西实录》，冯达庵：《佛法要论》，北京：宗教文化出版社，2006 年，第 250 页。

② 《海潮音》月刊，1924 年第 11 期。

③ 惠州市地方志编纂委员会编：《惠州市志》（四）第六十四编《人物》，北京：中华书局，2008 年，第 4629 页。

④ 蒋维乔：《中国佛教史》，扬州：广陵书社，2008 年，第 243 页。

方。辛酉以还，从余居广州。余数睹其病作之苦，始以佛法导之。岁癸亥，弟年二十有五，于禅、净之旨粗有所明，且稔知净业之不容阙。暮春之初，遂发心念佛。日兼以《金刚般若经》《普贤行愿品》为常课，病作弗敢废。其后加患瘰疬，医益难。迄八月十九而疾笃。是晨，目渐眩，阴境稍稍现。右其指曰若而人某某形貌；左其指曰若而人某某形貌。实则立乎前者，家慈及弟妇丘氏耳。所指皆人道中来牵引者也。时余出邀何居士剑菁来为助缘，仓卒未能返。李妹夫泽民先至，疾前宣佛号。甫数声，阴境悉灭，状复安详。近弟旁者，剑菁、泽民并余而三。佛号得以递接不绝。弟向西卧，两掌尚能合，败脸渐以润，至午初而气息断。额以下已冰，顶上腾腾暖逾余掌，数时不衰。是与生西公案合。

丘氏者，南洋巨商女也。以丙午腊月念日生，以辛酉腊月念日归于弟。寡时年只十八，孤儿煦诞生甫四十九日而已。煦生未尝茹荤，环境所熏，周岁自能念佛，今三龄矣。凡称人，兴之所至，每赘“同登极乐国”五言。受称者解颐。氏于弟之生西，既审信而有征；去岁先考启净公示寂，西方瑞应较大，氏躬与其会，观感甚深；故向西之愿日愈切，对此解颐之孤，颇落落不经意，弗类世俗常态。煦之提携，率劳家慈与力。其朝夕从事者，《弥陀经》《往生咒》《大悲心陀罗尼》，而申之以佛号。法侣过从谈内典，辄乐闻不倦，且歉乎未克常闻也。

人生无常，于耄、稚初无所择。醉心五欲者，未暇致思耳。氏今方二十岁，来日似长。夏间忽罹足疾，及秋而剧，至于不能步。医者以阴疽治。虽小效，而未能奏厥功。余所习准提陀罗尼，其音传自西藏，往往有少分相应处。余掩关持诵时，曾默祝若干日后氏能步出于庭，以为消业之证，定业如尽转也，从兹当自平复；不尔，亦足除生西之障碍焉。既而期满数日，氏不觉勉出厅事。余窃喜陀罗尼力果不可思议，进期氏之定业可移也。乃由此病复加剧，卒以不起。所谓寿命当终者非欤？命终而能往生净土，仍彰陀罗尼力之未尝唐捐也。

氏之大渐也，见端于是月十二日。女居士数辈，联袂来助胜缘。而氏闻众齐称洪名，苦若顿失，神转清朗。后当剧苦际，余偕从弟炳和念于屏外，苦辄忘。十九之夕，氏颇有所见；或常人一二，或妙女成双。此人、天业力乘机争逞之时，去世知不在远。诘朝，天未晓，余等亟复和念，绵绵不敢休。历五句钟，氏乃怡然脱去。将去，露微笑状，口有所言。余等念益力，未遑谛听也。嗣女居士复群集，则惟额顶留暖，余已冰矣。众则接诵修西常课以增缘力。日过午，氏额并冷，而顶犹温。是又与生西公案合。以气绝论，氏之生西，盖当腊月念日巳时云。生也是日，婚也是日，西归也是日。何巧合如是耶？

氏夫妇皆于生西之翌日，葬诸广州北郊白云庵之右。两墓相距可三十武，朝夕备闻庵中鱼磬之音。遗骸其犹带净缘乎？煦怙恃并失，遂长依祖母于余居矣。

乙丑腊月念八日，博罗冯宝瑛记①

按：古以六尺为步，半步为武。

三月，印光法师特为倡印流通《佛法要论》而作序，有云“达庵居士冯宝瑛者，宿植德本，笃信佛乘，彻悟自心。深入经藏，悯斯人之迷昧本心，述救世之《佛法要论》，

① 《友直居士夫妇生西记》，冯达庵：《佛法要论》，北京：宗教文化出版社，2006 年，第 251－252 页。乙丑腊月念八日对应的公历日期是一九二六年二月十日。

种种发挥，契理契机”①，评价甚高。

仲秋，作《宿命通原理》，文前称：“宿命通者，浅释之，即能知前生事迹之谓。有报得，有修得。此篇只就报得一类，不以佛典作解，而通俗学理是资：取其易于普及也。”②

是年，冯达庵往香港见黎乙真，蒙授以中级教法。《达庵自传》载：

惟密教真言一宗，无师指示，不能入手。访闻香港有“佛教真言居士林”之设；林长黎一真先生，是有师承者。一九二六年我亲往见之，蒙授以中级教法。归而实践数年，渐渐发现其中理趣。③

是年仲夏，王弘愿赴日本，谒权田雷斧大僧正。冯达庵后来提及：

良以震旦密教失传五百载，非公不能提倡也，公自是弘扬益力，丙寅夏，更得日政府拨庚子赔款千金，资之东渡，获得大阿阇黎职位而归，此外以居士身先后东渡求法得职位者，有香江黎阿阇黎，沪上程阿阇黎，厥后缁素交相弘化，东密宗风遂播于神州。④

民国十六年（1927） 丁卯 四十一岁

在香港受黎乙真法师胎藏界学法灌顶，当下即得月轮观成就。⑤

按：黎乙真居士原来修持显教。他五十岁读《大藏经》至密教部时，深感殊胜而发愿弘扬密教。适在此时，王弘愿在岭南地区大力弘扬东密，名震天下。王弘愿的事情，亦为日本人高度关注。数年后的一九二四年，日本新义派真言宗传灯阿阇梨权田雷斧大僧正到潮州、汕头弘法，黎乙真即与张莲觉、张圆明、林楞真等前往潮汕地区，迎请权田雷斧来港，在东莲觉苑开坛受其灌顶，并依法修持。

是年，国共合作破裂。

民国十七年（1928） 戊辰 四十二岁

五月九日，《海潮音》月刊第九年第四期发行，刊载冯达庵《评美国佛学界之中国佛教史观》，署名是“冯宝瑛”，标题后还有括号注明“原文登载本刊第八年第四期至第十二期”，文中载：

欧美学者竞谈内典，尚矣。然萌芽之期，方孜孜讲解，非所语于修证也。无修证之讲解，每落凡情。理有固然者也。宣氏此作，博采周咨，不遗余力，信具苦心。而凡情所拘，大略有四：哲学家以思维表心，广袤表物，匪论唯心唯物、一元二元。其所拟之体，统归意识。佛说心性，必破意识而后彰。今以万有一体论视宗乘，康德理性论视法身，不无鱼目混珠之弊。此所当辩者一也。⑥

九月十四日（农历八月朔日），撰《广州开坛记》。该记述及广州学密同人延请王弘

① 《佛法要论》，冯达庵：《佛法要论》，北京：宗教文化出版社，2006年，第42页。

② 《宿命通原理》，冯达庵：《佛法要论》，北京：宗教文化出版社，2006年，第293页。

③ 冯达庵：《达庵自传》手抄稿，录自百度“唐密贴吧”。

④ 达庵：《解行精舍建立之因缘》，《解行精舍第一次特刊》，广州解行学社，1932年，第14页。

⑤ 杨佛兴：《序》，冯达庵：《佛法要论》，北京：宗教文化出版社，2006年，第1页。

⑥ 冯宝瑛：《评美国佛学界之中国佛教史观》，《海潮音》月刊，1928年第4期。

愿至广州开坛的前因，以下的“余”指冯宝瑛，而“王公”即王弘愿：

岭南夙以禅学名于世。大教凌夷，硕德不出。挽近净土、天台诸宗渐有讲肄者，而能卓然成一代宗匠，尚未见其人也。潮安王公弘愿，以重兴震旦密教为己任。海内缁素，闻风景从。自受大阿阇黎职位以来，藉文字宣扬教义，与日俱进。谈东密者，辐辏于是焉，继此岭南又当以密学闻于天下矣。余入密也晚，闭户自修；惟日不足，利生之举，未之能为。然随喜赞叹者，固保持菩提心一大事也。今春，善男子伍君海他，本钦仰王公之诚悃，拟请建坛于广州。友人姚清馥居士，念母老耄，不可不急为灌顶，遂和其议而倩余介绍焉，余不胜赞叹之至。时王公方有事于潮安，未遑及此，固请而后许。秋七月朔，开坛于城内六榕古寺，善男子受三昧耶戒者杨叔隅等二十人，是日入坛投花者五，受尊胜弥陀等印明者五。余于翌日续行之，结缘者八人也。初五日复开坛于城西观音精舍，善女人受三昧耶戒者，林慧如等二十有七人，随事灌顶，终日而毕。结缘者五十余人，余既从受明，又忝列职众之一。前后两坛，躬与其役，更增益学识不少。是利他者，实则仍自利也。自他两利，欢喜无量。戊辰八月朔日记。

冯宝瑛①

王弘愿是近代潮州著名居士：

王弘愿（1876—1937），近代佛教居士。因爱唐韩愈文章，取名师愈，字慕韩，号圆五居士。广东潮安人。初读古书，颇有卓见。后博览西方书籍，探求西学，写下不少提倡新思想的文章，名躁一时，时称得风气之先。后于潮州中学任教，前后30余年，并一度出任该校校长。中年后，始对韩愈辟佛之说怀疑，广泛搜求佛典而穷究之。初读《华严经》，对普贤境界有悟而身体力行；继读日僧权田雷斧所著《密宗纲要》，且将它译成中文；后既广探密教经轨，颇有心得。1924年日僧权田雷斧来华，亲临潮安，于开元寺设坛，授予他两部大法。1926年奉权田雷斧之命东渡日本，受阿阇黎位。回国后，设会讲习，引渡有志于密法之士。1928年起，先后在潮安、广州、香港、汕头等地开灌顶坛，几年间受灌顶者数千人。1933年辞去潮州中学教席，住持广州解行精舍，弘扬密教。后被中山大学聘为佛学讲师；同时主修《两广通志》中的《宗教志》。次年回潮州，继续弘法。1937年逝世，葬于潮安砚田山。译著有《十八道私勘重制两部曼荼罗通解》《大日经疏会本》等。②

按：上述的《密宗纲要》是《密教纲要》之误。

是年，冯达庵之徒杨佛兴生。③

民国十八年（1929）　己巳　四十三岁

是年，在广州受王弘愿大阿阇黎金刚界灌顶，当下即入菩提心三摩地。④

---

① 冯宝瑛：《广州开坛记》，王弘愿著述，于瑞华主编：《密教讲习录》（伍），北京：华夏出版社，2009年，第255页。

② 张志哲主编：《中华佛教人物大辞典》，合肥：黄山书社，2006年，第1101页。

③ 慧圣：《序》，杨佛兴：《一乘法要》，北京：宗教文化出版社，2009年，第1页。

④ 杨佛兴：《序》，冯达庵：《佛法要论》，北京：宗教文化出版社，2006年，第1页。

是年冬，密乘佛子优婆塞赵士觐在白云山麓创立广州解行学社。①

按：广州佛教解行学社，发起人为赵士觐、释铁禅、胡毅生、梁季宽、释志光、释湛心、沈以甘、汤雪筠、陈少白等二十三人，社址设在白云山麓的弥勒寺和寺右邻的广化分院。该社以显密双修、智悲兼运、自利利他、自觉觉他为宗旨，以普贤十愿为本愿，为佛教徒提供方便修持和随喜佛事的场所。学社内设佛学部、学佛部、佛事部。②

赵士觐是民国时期广东密宗的重要人物：

赵士觐，字公璧，别号见机，出家后法名德圆。广东新会人。1915 年，在美国发行《民气日报》，任总编辑，以中西文著论，宣传中国革命，揭发袁世凯的窃国阴谋。回国后，于 1921 年追随孙中山，任广州军粮局长。翌年任广州电话局长、大本营粮食管理处督办等职。1623 年又任两广盐运使。十数年中，他为孙中山领导的资产阶级民主革命作出了较大的贡献。1925 年起开始信仰佛教，曾在香港参与发起组织佛教真言宗居士林，专修密法。回广州后，即从事佛教救世运动，先后成立广州佛教解行学社及解行精舍。1933 年秋，邀集同愿发起重修六榕寺花塔，1935 年落成，举行开光典礼，即于是日依观本法师在解行精舍剃度出家。后于光孝寺依虚云老和尚受具足戒，成为一个虔诚的佛教徒。③

民国十九年（1930）　庚午　四十四岁

是年，六榕寺住持铁禅和尚将六榕寺北堂旧址和大梅堂部分空地提供给解行学社，修建护摩坛、维摩室、信解池等，传播密宗。④

六榕寺：在广州市区。始建于梁大同三年（537），初名宝严寺。北宋端拱二年（989）重修后供奉禅宗六祖慧能，改称净慧寺，成为禅宗道场。因苏东坡见寺内有六株古榕，题“六榕”二字刻石，后人遂改称“六榕寺”。寺内有宋建千佛花塔、宋铸慧能铜像等。“文革”中被改建，一九八二年交僧人管理，已修复一新。⑤

六榕寺住持释铁禅，俗姓刘，名梅秀（1865—1946），番禺人，少习书画，曾入幕黑旗军刘永福将军（1837—1917）麾下，司职文书，将军解甲，梅秀亦遁入空门，拜六榕寺友石堂渠欣源喜和尚（？—1898）为师，得法名心镜，号铁禅。在长期担任六榕寺住持期间，一度兼主清远峡飞来寺法席。民国成立，铁禅被推选为广东省佛教会会长。抗日战争时期，广州沦陷，日伪罗致铁禅充当傀儡。抗日战争胜利后，铁禅以汉奸罪受执于拘留所，且加老病，遂卒。⑥

---

① 《重修六榕寺花塔工程记碑》（民国二十四年·一九三五年），李仲伟、林子雄、崔志民编著：《广州寺庵·碑铭集》，广州：广东人民出版社，2008 年，第 119 页。

② 赵春晨、郭华清、伍玉西：《宗教与近代广东社会》，北京：宗教文化出版社，2008 年，第 38 页。

③ 赵春晨、郭华清、伍玉西：《宗教与近代广东社会》，北京：宗教文化出版社，2008 年，第 71－72 页；转引自高振农：《佛教文化与近代中国》，上海：上海社会科学院出版社，1992 年，第 112 页。

④ 赵春晨、郭华清、伍玉西：《宗教与近代广东社会》，北京：宗教文化出版社，2008 年，第 38 页。

⑤ 陈兵编著：《新编佛教辞典》，北京：中国世界语出版社，1994 年，第 639 页。

⑥ 余庆绵主编：《广州六榕寺志》，广州：六榕寺，1999 年，第 209 页。

民国二十年（1931） 辛未 四十五岁

是年，上海佛学书局将冯达庵《天眼通原理》作为《佛学小丛书》之一印行。①

按：《惠州市志》（四）载：其《天眼通原理》甫脱稿，佛教人士便争相传诵，后于《广东七十二行商报》连载，上海佛学书局亦将其列为《佛学小丛书》之一印行。② 而笔者也查到，后来广州佛学会一九三四年一月出版佛刊《频伽音》第五期载有《天眼通原理》。该期目录在《天眼通原理》标题之后注明“续四期”，证明一九三三年底刊行的《频伽音》已刊载《天眼通原理》，第五期是续载。③

《天眼通原理》是为否认“天眼通”的存在而作。南海罗啸翱撰《初刻天眼通原理序》指出：

居士于是喟然叹曰：涓涓不塞，尚成江河。此而不辩，其何以报我佛。遂深入观累日，草成天眼通原理一书。深入显出，义正词严，诚此道空前未有之特著。书甫脱稿，友人争相传写。余愿有志者之先睹为快。业按日发表于报端。（见广东七十二行商报钟声栏目自十月一日始）同人更集资开刻单行本，以广其传。工竣之日，为序其缘起于书首。④

附：《天眼通原理》目录——

绪论

第一节　远近均见

第二节　彼此均见

第三节　微著均见

第四节　通塞均见

第五节　明暗均见

第六节　三世均见

结论⑤

是年，《海潮音》月刊第十二卷第七期刊行冯重熙《密宗概要》。⑥

民国二十一年（1932） 壬申 四十六岁

七月十七日，王弘愿撰《解行特刊序》，其文首标明“转载解行社发行之《解行精舍第一次特刊》”，内中提及冯达庵协助督促王弘愿开解行精舍法界坛场之事：

广州佛教解行精舍法界坛场既工成，函督弘愿以勤开幕役。弘愿以此大功德，皆赵居士公璧一手所造成，巽谢不敢当。然赵居士督促益殷，旷期以待，且要法慧最高之冯达庵大居士同为劝驾，既不获已，勉襄其役。而开幕之日，将发特刊，又委弘愿为序。弘愿不

---

① 《天眼通原理》，冯达庵：《佛法要论》，北京：宗教文化出版社，2006 年，第 298 页。

② 惠州市地方志编纂委员会编：《惠州市志》（四）第六十四编《人物》，北京：中华书局，2008 年，第 4629 页。

③ 《频伽音》第五期，1934 年 1 月。

④ 罗啸翱：《初刻天眼通原理序》，姚秦译本，冯达庵提纲：《金刚般若波罗蜜经》，出版地不详，1996 年，第 55－56页。

⑤ 《目录》，冯达庵：《佛法要论》，北京：宗教文化出版社，2006 年。

⑥ 《海潮音》月刊，1931 年第 7 期。

敏，研究群宗，深知吾宗之与他宗，盖有不同者十，殊胜者十焉。谨宣其义，请政多闻。①

七月十七日，王弘愿赴广州解行精舍举行灌顶开幕，冯达庵助修并担任赞头之职：

十七日开幕之日，大阿阇黎乃率众于密坛修大曼荼罗供养大法并开眼秘法。助修者有王显智、王福慧、王慧兰、林念一、周愿西、章雅若、汪彦平、赵见机、冯达庵、范鸣石、陆无为、朱护、张净芳、伍慧宗、林慧如、梁印宗、胡宁媛等十七人。呗师为王显智。赞头冯达庵、陆无为。散花师为伍慧宗。修法至三时余之久，人无倦容，感得金刚界全曼荼罗现身。午后摄影，并植菩提树于密坛护摩坛之间。②

七月十八日开始至八月，冯达庵积极参与王弘愿在广州的灌顶仪式，《壬申广州灌顶记》载：

十八日，安灌顶坛护摩坛于楼上文殊院中。十九日为胎藏界男众受三昧耶戒。自九时入坛，至一时毕事，得戒者都一百零五人。教授师为王福慧、周愿西，说戒师为冯达庵，散花师为赵颜芝、梁娜端、金思庄、汪涵晖，赞众为赵颜爱、黄雄飞、梁印宗、黄玉兰、朱护、钟翼贤、胡宁媛。二十一日，胎藏界女众受三昧耶戒，得戒者都一百一十一人。又男子补受者二人。教授师为王慧兰、林念一，说戒师为冯达庵，赞众如上。二十二日为胎藏界众第一日举行灌顶礼，受者二十六人。王大阿先期派出王慧兰居士为护摩师，林念一居士为神供师，周愿西、赵士觐两居士为引入师，王福慧、冯达庵两居士为教授师，汪彦平、赵士养、章雅若三居士为坛行事，赞众如前。③

八月七日，王弘愿主持金刚界男众受明灌顶，得度者二十五人。本尊得大日如来者，赵士觐、梁济公、王显智、胡隋斋、冯达庵等。④

八月十五日，王弘愿主持修盂兰盆供，冯达庵担任指定灵供师：

十五日为佛欢喜日，大阿与众议，定于是日修盂兰盆供，晚修施饿鬼秘法。故先于十四日授职众及参加者修持法要。至十五早八时，于大雄宝殿庄坛，中央供佛珍品百味，左右正面设牌位四：一、孙前大总统，一、三界万灵，一、全国抗日阵亡将士，一、六二七被灾亡灵。左右十八罗汉前，设善信先灵位甚多，而公安局亦请设该局历年伏法瘦毙诸灵位。大阿阇黎自为导师，并指定灵供师十二人：王显智、王福慧、周愿西、赵士觐、赵士养、胡毅生、冯达庵、梁济公、赵颜芝、王慧兰、林念一、梁印宗。至下午一时，法事始完，见佛者见先灵者不一而足。⑤

十一月十一日，姚陶馥在广州撰成《护法痛言》，对王弘愿和冯达庵大加痛斥，此篇后来载于《海潮音》第十四卷第七号（即1933年第7期），篇首便称，“王弘愿、冯达庵以居士而授僧尼戒，受僧尼拜。创千古未有之逆行！”，篇中指出：

---

① 王弘愿：《解行特刊序》，《海潮音》月刊，1933年第7期。

② 谢英伯：《壬申广州开坛记》，王弘愿著述，于瑞华主编：《密教讲习录》（伍），北京：华夏出版社，2009年，第278－279页。

③ 谢英伯：《壬申广州开坛记》，王弘愿著述，于瑞华主编：《密教讲习录》（伍），北京：华夏出版社，2009年，第279页。

④ 谢英伯：《壬申广州开坛记》，王弘愿著述，于瑞华主编：《密教讲习录》（伍），北京：华夏出版社，2009年，第284页。

⑤ 谢英伯：《壬申广州开坛记》，王弘愿著述，于瑞华主编：《密教讲习录》（伍），北京：华夏出版社，2009年，第286页。

王弘愿、冯达庵于本年（民国廿一年）七月，在广州六榕寺佛教总会，与僧尼授戒，毁坏三宝。复于《解行特刊》发布“比丘是陪位，应为俗士弟子，居士主嗣即生成佛，为殊胜。”等邪言。大放厥词，广惑无识。余睹正法陵夷，迫于八月十八日驰书暗劝，竟弗纳忠谏。（弘愿于其九月出版四十一期《密教讲习灵》中，明布不受理劝之词，唯对馥前所陈，独不敢致辩一语。悲夫！理屈而犹不肯悔！）①

针对王弘愿、冯达庵提出的唐代赵政开白衣传法之例，姚陶馥提出：

冯王力持造玄《血脉》所记赵政以为护符，而又不能明证赵政必非谬种，必不作谬行，是盲从也。吾闻海云《血脉》竟无赵政其人。冯王既谓其开坛传嗣，则赵政应已赫名当世矣，奈何亲列同宗之海云亦竟无睹，独遗其名耶？则造玄之记，尚足信乎？冯王执以为证，岂未得读海云之记欤？抑读而弗能思欤？学识如斯，亦革佛命，更有不惜人格为之张目者，无怪季世乱日亟矣！②

是年，解行学社同人在六榕寺建立解行精舍。③

是年，六榕寺住持重新提议募修宝塔，即与解行学社主要成员赵士觐、胡毅生（皆曾任党国要职、此时在本寺修密宗），本市古刹比丘释志光、释湛心、释妙心等，联合社会名流蒋光鼐、陈维周，护法居士梁致广、汤瑛等共同发起议定《重修六榕寺花塔委员会章程》。④ 上述诸人中，赵士觐、胡毅生、梁致广和广东密宗复兴有较大关系。

民国二十二年（1933） 癸酉 四十七岁

一月一日，《佛学半月刊》第四十六期出版，刊载冯达庵《禅观随笔》。⑤

一月十六日，《佛学半月刊》第四十七期出版，刊载冯达庵《禅观随笔（续）》。⑥

是年，《海潮音》第七期推出较多密宗文章，包括：戴季陶《金刚顶发菩提心论浅略释叙》、徐少凡《西康昌都诺那呼图克图传》、法舫《全系佛法上之密宗观》、王弘愿《解行特刊序》、姚陶馥《护法痛言》、周圆性《中国佛教密乘危矣》、赵士觐《与海潮音社书》、许谷生《附赵士觐居士所聘之许谷生律师来函》等。⑦ 如果说民国九年（1920）年《海潮音》推出的密宗专号侧重于学理研究，本期的密宗则极具火药味，双方论战十分激烈，甚至涉及人身攻击。

是年，王弘愿第三次到广州六榕寺解行精舍开坛灌顶，受法颇众，地方显达名流，间有与焉，详《广州灌顶记》。⑧

---

① 姚陶馥：《护法痛言》，《海潮音》月刊，1933 年第 7 期。

② 姚陶馥：《护法痛言》，《海潮音》月刊，1933 年第 7 期。

③ 《重修六榕寺花塔工程记碑》（民国二十四年·一九三五年），李仲伟、林子雄、崔志民编著：《广州寺庵碑铭集》，广州：广东人民出版社，2008 年，第 119－120 页。

④ 余庆绵主编：《广州六榕寺志》，广州：六榕寺，1999 年，第 81 页。

⑤ “禅理”栏目，《佛学半月刊》总第 46 期，1933 年 1 月。

⑥ “禅理”栏目，《佛学半月刊》总第 47 期，1933 年 1 月。

⑦ 《海潮音》月刊，1933 年第 7 期。

⑧ 慧原编：《潮州市佛教志·潮州开元寺志》第八章《人物》，潮州：开元寺，1992 年，第 795－796 页。

民国二十三年（1934） 甲戌 四十八岁

八月一日，汕头密教重兴会发行《世灯》月刊第二期，本期刊载冯达庵撰《补订传密大义》《五位君臣颂系辞》，以及冯达庵上王弘愿书信。[①] 冯达庵上王弘愿书信谈及前者对藏密看法，极值注意，兹引其中文句：

示谕，敬聆一是。诺那南来，弟子加以微密观察，觉其道不外真如缘起，与显教较为接近。虽盛传藏文经典，比汉文为多，金刚顶经更多，后数卷为此方所无。然彼方行人之所受用，只限于妙平二智，未得云入金刚法界也。夫入金刚法界，必断肉食，此金刚顶经所曾云，又微妙大曼荼罗经云，“凡当阿阇梨，不得饮酒食肉”。而西藏行者，全体未尝素食，故不能与金刚界相应。此次省港人士之预备灌顶者，其始颇有二三千人之希望，及诺那抵港，众以火腿供之，事闻于外，报名人数锐减，结果，只得一千三百人。附录见闻消息一纸，藉供参阅。[②]

九月一日，《世灯》月刊第3期发行，本期刊载：王弘愿《药师琉璃光如来之研究》、冯达庵《人死问题》等。[③]《人死问题》之“引端”述及：

诸法出兴，不离因缘，缘聚则起，缘散则灭，此佛法正义也。人之生也，以神识附于和合适宜之四大而成。识与四大，有一事不能支持，便失和合均势，而呈缘散之象；是谓死亡。[④]

十月一日，《世灯》月刊发行第四期，本期载有：王弘愿《药师琉璃光如来之研究（续）》、冯达庵《人死问题（续）》《密教重兴会第三次灌顶记》等。[⑤]

是年，《海潮音》月刊第三期刊登《王师愈诤潮中的闲话》，署名“密宗革兴会”，其作者是太虚，文中主要以对答形式驳斥了王弘愿东密。该文中有两条对答，提及冯达庵，现录文如下：

第一条——

或问：然则冯宝瑛所谓“传密只重实际，不论缁素”，及引五字陀罗尼颂：“依法不依人，野干罗刹形，为法故应受”之说，又如何？

答曰：重实际，至于择师二十二相中果德门悉地成者，可如菩萨入地之为胜义僧，不别缁素男女，降此以下，则必七众上首之比丘方可。然纵入胜义僧之俗形士女，犹必为保持佛教在世间建立之僧制及防现后流弊，或如六祖之舍俗形而现僧相，或如庞居士之不领众为师——吴殷等亦然，以通真俗，惟执不论缁素，犹担板汉耳。至依法不依人，乃四依之一。扩充此义，则诸咒印皆可自习，而传法阿阇梨可废！逮至僧相不存，佛法亦灭，则虽畜鬼中有能授佛一偈一咒者，亦将敬礼受之，然此为无复僧尼，亦无复所谓传法阿阇梨之时矣！今乃僧制犹存，并立传法阿阇梨名位，遽欲引同鬼畜而以俗士当之，抑何僨欤？观冯宝瑛答何不劝其亦现比丘身之相，虽悍然谓“一乘教中无此不了义，何必强人削迹适

---

① 目录，《世灯》月刊第2期，1934年8月。

② 《通信·冯宝瑛居士上王大阇梨书》，《世灯》月刊第2期，1934年8月，第72－73页。

③ 目录，《世灯》月刊第3期，1934年9月。

④ 冯达庵：《人死问题》，《世灯》月刊第3期，1934年9月。

⑤ 目录，《世灯》月刊第4期，1934年10月。

履为"？而一则曰："僧能弘密，不劳居士；僧乏，居士辞劳不得"。再则曰："同一程度比丘居士各有其人，则随俗尊重，推举比丘"。亦明知传密之僧现存，至王师愈以居士攘夺其间之为非理矣。但其罪实责在雷斧，按冯宝瑛设问："吾华何不竟效东邻之不劳居士"？及曼殊揭谛谓："犹忆民十四年，愚在日本多闻院修法时，日本密宗各流，于吾师权田大僧正到中国传法，与居士授传法灌顶事，攻击甚烈"。即可知雷斧不但破坏七众以比丘为上首之佛律，且亦破坏日本上承中华、印度之祖制，其罪案乃铁铸不移也！然王师愈若能学吴殷辈，不作师传法，亦可轻雷斧之罪耳。①

第二条——

或问冯宝瑛谓禅密共证点为一味平等之理境，密宗特证点为六大瑜伽之智境；又密宗人每谓他宗以超绝事相之理体为极则，密宗即事而真，当相即道，事相即为究竟真实，此义如何？

答曰：依起信论，其所谓共证点同真如如实空义，特证点同真如如实不空义。如实不空，则或说为六大瑜伽，或说为理事三千，或说为六相十玄，或说为五法三性，各成其善巧方便。以超绝事相之理体为极则，三论近之，唯识、台、贤皆不然，特台、贤等空假中俱圆，未若禅宗专主假中皆空之圆空，密宗专主空中皆假之圆假（假即幻即妙即密），为显然相对耳。密宗专主假想观，一切无不假想观化，依五佛观为佛果五法（谓清净法略及四智菩提，清净法界密宗名法界体性智），依莲华月轮等观有本有理性、新生智相等，乃至依男女和合观为福智和合等，无一非假想观之观境也。从空出假，原可云假胜于空，密典中有所谓不持咒印不成佛者，据此令从空而出假也。然若未透过空之假，则又空胜于假，文殊为圆空般若之代表，普贤为妙假真言之代表。如得意于圆空圆假，则随一皆妙满而自无优劣之辨。若空海、雷斧、王师愈辈，坚执假相为胜而兴诤，不悟为假想观之假相，则唯长见取、戒禁取之烦恼耳。②

是年，王弘愿授法冯达庵，在广州开坛灌顶，罗时宪往受胎藏法及千手千眼观音法。③

民国二十四年（1935） 乙亥 四十九岁

五月，重修六榕寺花塔委员会立《重修六榕寺花塔记碑》，纪念六榕寺花塔重修工程完成：

中华人民建国之二十有四年，佛历乙亥四月初八浴佛节日，本会举行六榕寺花塔重修落成典礼。礼成，为之记曰：……民国十八年冬间，密乘佛子优婆塞赵士觐在白云山麓创立广州解行学社，二十一年复由学社同人在六榕寺建立解行精舍。目击塔状，发愿重修。先由赵君募得重修基金一万五千圆，乃于二十二年夏间，邀集同愿佛子百余人共同发起，议定重修六榕寺花塔。章程七条暨重修六榕寺花塔委员会组织章程十五条，具呈广州市政

---

① 密教革兴会：《王师愈诤潮中的闲话》，张曼涛主编：《密宗思想论集》（密宗专集之三，《现代佛教学术丛刊》第73种），北京：北京图书馆出版社，第116－117页。

② 密教革兴会：《王师愈诤潮中的闲话》，张曼涛主编：《密宗思想论集》（密宗专集之三，《现代佛教学术丛刊》第73种），北京：北京图书馆出版社，第120－121页。

③ 罗时宪：《罗时宪著作全集》卷六附录《罗时宪先生哀思录》之《罗时宪先生行状》，北京：中国社会科学出版社，2010年，第266页。

府及广东省政府，奉准设会重修。[①]

记碑正文后附一长串“发起人姓名”，包括：释铁禅、赵士觐、刘纪文、蒋光鼐、萧佛成、胡汉民、胡毅生、陈融、梁致广、陈维周、何克夫、陈少白、李汉魂、江孔殷、谢英伯、陈惠宣、汤雪筠等，发起人中还有：王宏愿、冯□□、冯重熙。王宏愿就是王弘愿，冯□□在冯重熙之后，应是冯达庵。[②]

记碑正文之后还附有“重修六榕寺花塔委员会职员姓名”，其中载：“文书处总干事一人，副总干事二人，常驻干事一人，不常驻干事十九人。”总干事是梁致广，副总干事是陈益南、汤雪筠，常驻总干事是冯和之，不常驻总干事包括冯达庵等十九人。[③]

民国二十五年（1936） 丙子 五十岁

夏，王弘愿于病中传法于冯达庵（广州人），汪彦平（广州人）、王学智（本市庵埠人）、王福慧（居士之次子）等四人。[④]

按：冯达庵虽长居广州，但本为惠州人。上文说法有误。

杨佛兴称，王弘愿入灭之后，冯达庵接班驻广州六榕寺解行精舍，开坛弘法。由于所说法要契机契理，修学者法效显著，以致全国各地缁素仕绅从法者众。[⑤] 冯达庵在六榕寺解行精舍设坛，孔章（罗时宪）往受结缘灌顶，并受三昧耶戒。[⑥]

九月十五日，为己作《学密须知》作自序：

弘扬佛教，弗患皈信之不众，惟虑知见之不端。无论显密，一也。密教重兴以来，渐盛于是海内，事至可喜。然违理妄修，实繁有徒，流弊所及，大碍教化。谛审症结，爰著斯篇，俾有志者得入正轨，教外人士亦不致多所误会云。[⑦]

附：《学密须知》目录——

弁言

一　显教与密教

二　唐密

三　敬佛

四　忏悔

五　菩提心戒

六　灌顶

① 《重修六榕寺花塔工程记碑》（民国二十四年·一九三五年），李仲伟、林子雄、崔志民编著：《广州寺庵碑铭集》，广州：广东人民出版社，2008 年，第 119 – 120 页。

② 《重修六榕寺花塔工程记碑》（民国二十四年·一九三五年），李仲伟、林子雄、崔志民编著：《广州寺庵碑铭集》，广州：广东人民出版社，2008 年，第 120 – 121 页。

③ 《重修六榕寺花塔工程记碑》（民国二十四年·一九三五年），李仲伟、林子雄、崔志民编著：《广州寺庵碑铭集》，广州：广东人民出版社，2008 年，第 126 – 127 页。

④ 慧原编：《潮州市佛教志·潮州开元寺志》第八章《人物》，潮州：开元寺，1992 年，第 796 页。

⑤ 《冯达庵大阿阇黎简介》，杨佛兴：《一乘法要》，北京：宗教文化出版社，2009 年，第 452 页。

⑥ 金思庄：《从“三可与”悼念罗时宪先生》，罗时宪：《罗时宪著作全集》（卷六），北京：中国社会科学出版社，2010 年，第 285 页。

⑦ 《学密须知·弁言》，冯达庵：《佛法要论》，北京：宗教文化出版社，2006 年，第 315 页。

七　梵字

八　月轮观

九　即身成佛

十　阿阇黎

十一　持诵

十二　辨境①

十二月十二日（农历十月廿九日），冯达庵撰《妙吉祥秘密观门经大要》印行，文首载：

此经具名《妙吉祥平等秘密最上观门大教王经》，宋三藏法师慈贤译。三藏本天竺摩竭陀国人，曾受契丹聘为国师。原译五卷，叙金刚心修证法颇详。②

是年，两广事变发生，陈济棠下野，广东还政中央。

民国二十六年（1937）　丁丑　五十一岁

一月一日，《佛学半月刊》第一百四十二期（第七卷第一号）出版，刊载冯达庵《学密须知》。③

一月十六日，《佛学半月刊》第一百四十三期（第七卷第二号）出版，续载冯达庵《学密须知》。④

二月十六日，《佛学半月刊》第一百四十五期（第七卷第四号）出版，续载完冯达庵《学密须知》。⑤

二月二十五日，为本师王弘愿撰传，即《真言四十九世先师王大阿阇黎传》。该传载于《佛学半月刊》第一四七期（第七卷第六号，三月十六日出版）。文中载：

二十二年，师辞潮州中学教席。任名誉顾问职。旋住持广州解行精舍。国立中山大学仰师名，聘为佛学讲师，兼主修《两广通志·宗教志》。达庵以此因缘，获与赵居士公璧，汪居士彦平，同传两部大法。逾岁，中途公璧赍志殁。而师又以弘法过劳，顿感四大不调。去夏，师自知化缘垂笃，示期二四六当行。果于农历二十四日晨六时示寂，即二十六年二月五日。世寿六十有二。⑥

另外，《佛教季刊》第一年第一期（第一号）后再次刊载《真言四十九世先师王大阿阇黎传》。⑦

初夏，释尊诞日，为所著《人死问题》作自序：

死之于人，大矣。内而希望，外而颂祷，率以长寿为期。非万不获已，罕有自求速死者。然人无不死之方，世或粗喻其理。一涉死后状态，虽韦编三绝之大哲，犹未能答季路

---

① 《目录》，冯达庵：《佛法要论》，北京：宗教文化出版社，2006 年。

② 《妙吉祥秘密观门经大要》，冯达庵：《佛法要论》，北京：宗教文化出版社，2006 年，第 289 页。

③ 《佛学半月刊》总第 142 期，1937 年 1 月。

④ 《佛学半月刊》总第 143 期，1937 年 1 月。

⑤ 《佛学半月刊》总第 145 期，1937 年 2 月。

⑥ “传记”栏目，《佛学半月刊》总第 147 期，1937 年 3 月。

⑦ 《佛教季刊》第一年第一期，1937 年。

之路。况其下者乎？究孔子之意，疑若先须知生，始克论死。其实，生死两端，同一支点，明则俱明，昧亦俱昧。死而不知，生于何有？近代人生问题探讨颇众，大要不出适应生存之道。与语人生由来，辄瞠目结舌。正以人死问题，向未求津耳。佛学极致，不生不灭。生死不已，原落凡情。称情发挥，教所频见。曩岁酬机，尝博取此类教材而条理之。宣稿于汕头《世灯月刊》，未及半而《世灯》息，读者憾焉。净心王文开士，为应时所需，集资表全文于世，是固菩萨行也。后之览者，亦将有感于斯文也夫。[1]

按：《人死问题》有一九三七年的手抄本，该手抄本有冯达庵自序，后还有王净心居士所作序。[2]《人死问题》目录如下——

序

第一章　引端

第二章　临终

第三章　舍暖

第四章　中有

第五章　托生

第六章　助缘

第七章　追荐[3]

夏，出版《禅宗六祖大鉴禅师传》单行本[4]，冯达庵在传后记载：

悯叟居士寓公韶州有年，稔香客挤拥南华者岁必二度。问所事，大都要福；与语六祖本来面目，茫无所知，于是请撰祖传以弘禅。文主疏朗，期适时机云尔。丁丑季夏，达庵附志。[5]

是年二月五日六时（农历丙子十二月二十四日卯时），王弘愿寂世，寿六十一。王弘愿有子女各二，子福慧、女慧兰，皆终身持素不婚嫁。生前所著有《大日经疏》《金刚顶经义诀》《四度次第及私勘集译》《缵槐堂文集、诗集》《圆五居士文集、诗集》等共数十种行世。[6]

王弘愿寂后，冯达庵仍在解行精舍讲解佛理。据《达庵自传》：

一九三七年二月五日，王先生在潮安逝世。梁季宽以我所学，得力于解行精舍实多，宜为舍中诸友服务，月中讲解学理数天。我亦愿意效劳。但诸友大都一味信仰，不求理解，甚少来听。其有志研究者，不过十余人。男界如黄叔向、梁业基、金志廷，女界如伍慧宗、朱頀、刘竹问、龚卓琪，皆与我较常接近者也。是秋抗战军兴，市民渐次疏散。解行精舍遂告收束。[7]

是年，抗战开始。杨佛兴叙述："冯达庵大阿阇黎在抗战期间，有一次适逢日本飞机

---

① 《人死问题·序》，冯达庵：《佛法要论》，北京：宗教文化出版社，2006 年，第 223 页。

② 《人死问题》，冯达庵：《佛法要论》，北京：宗教文化出版社，2006 年，第 223 页。

③ 《目录》，冯达庵：《佛法要论》，北京：宗教文化出版社，2006 年。

④ 《禅宗六祖大鉴禅师传》，冯达庵：《佛法要论》，北京：宗教文化出版社，2006 年，第 277 页。

⑤ 《禅宗六祖大鉴禅师传》，冯达庵：《佛法要论》，北京：宗教文化出版社，2006 年，第 285 页。

⑥ 慧原编：《潮州市佛教志·潮州开元寺志》第八章《人物》，潮州：开元寺，1992 年，第 796 页。

⑦ 冯达庵：《达庵自传》手抄稿，录自百度"唐密贴吧"。

轰炸广州，阿公的房子周围四面八方都烧毁了，惟独阿公的房子幸存下来；日本人轰炸时，有颗炸弹在农讲所旁边下落，居然没有爆炸，阿公当时就是修的辟护法。”①

按：日寇侵华时，解行精舍被迫解散，冯达庵归居惠州西湖畔。② 其一家经济变得困难，据《达庵自传》：

一九三二年以前，我家生活费，系靠两处商业股息支给；一属航业，一属盐业。后因航业结束，收回船款，将住宅芳草横街二号头座加建木楼一层，招人承租。月得房租数十元，以资弥补。国难已作，房租骤落。盐船又被征用堵塞虎门海道，盐业完全破产。幸我子寄怀嗣毕业于中山大学，出任职务；家用赖以维持。③

民国二十七年（1938） 戊寅 五十二岁

十月十四日，日军由冷水坑、陈江两路向惠州推进。中国守军第一五一师第四五一旅在惠阳城郊与日军激战数小时，即向博罗方向溃退。晚上，日军在大雷雨中开始进犯惠州城。④

在此国难环境中，冯达庵一家到处迁徙，十分辛苦。据《达庵自传》：

一九三八年春，敌氛日恶，到处淫掠，我家准备迁徙；搜集积存余款数百元，作为逃难费。先发遣普兰、普静随河南佛教女友同往香港青山暂避。我与净澜及外母于秋间广州沦陷前夕，乃避往三水县。寄怀则随大队北上。我等初由河口窜三水元潭墟。未及一月，风声又紧，再避入鹿洞之蒲坑村。此村水土颇差。冬至前数日，外母病殁；冬至后乃转徙澳门。先我到澳避难者，六榕旧友有汪彦平夫妇，及朱頀、刘竹问二人。侨寓中仍以佛学相切磋。历九个月，外汇暴跌，计所携资不堪久住。探闻敌军暂放弃东江，我乃偕净澜取道香港，由淡水返惠州祖屋居住。此是一九三九年九月间事。⑤

不过，值此多事之秋，冯达庵却在著述方面取得较大成就。据《南方都市报》引述冯重熙季婿吴仕端话语：

定居于广州的冯宝瑛，在广州沦陷的1938年秋，匆匆离开，入广西，转而赴香港，不久遄回惠州。他的多部著作产生于此时的笔削。据重熙先生季婿吴仕端在《惠州西湖佛化史与两居士》一文中写道：日惟见其焚香趺坐，时而伏案疾书，时而披检经籍。时值张友仁先生的著作《惠州西湖志》尚未完成，张友仁建议冯达庵先生另外成书，补充西湖的历史。先生欣然答应便着笔为惠州西湖佛化修史了。后来，张友仁先生的《惠州西湖志》和达庵居士的《惠州西湖佛化史》成为惠州西湖志乘中相互辉映的双璧。⑥

民国二十八年（1939） 己卯 五十三岁

五月一日，《佛学月刊》第二期出版，刊载冯达庵《佛法要论》广告，标明价格“一

---

① 《内净外护》，杨佛兴：《一乘法要》，北京：宗教文化出版社，2009年，第299页。
② 《冯达庵大阿阇黎简介》，杨佛兴：《一乘法要》，北京：宗教文化出版社，2009年，第452页。
③ 冯达庵：《达庵自传》手抄稿，录自百度“唐密贴吧”。
④ 《大事记》，惠州市地方志编纂委员会编：《惠州市志》（一），北京：中华书局，2008年，第136页。
⑤ 冯达庵：《达庵自传》手抄稿，录自百度“唐密贴吧”。
⑥ 《达庵平生》，《南方都市报》，2008年10月23日。

册二角”。①

是年，日机轰炸惠州水东街，炸死炸伤数十人，炸毁房屋数十间。②

民国二十九年（1940） 庚辰 五十四岁

是年，惠阳闹粮荒，谷价一日数涨。惠淡守备区指挥官香翰屏宣布不准抬高谷价，并将库存谷五十吨投入市场，但谷尽而粮价依然。③

民国三十年（1941） 辛巳 五十五岁

三月十七日，日机轰炸惠州，在意大利教堂附属医院若瑟医院（在今惠州城区桥东黄家塘）避难的三四百人，被炸死二百五十人，炸伤数十人，连意大利主教玛利亦被炸死。④

《达庵自传》载冯达庵一家当时情况：

惠州生活较低；前此随身逃难费，所余无多，而得寄怀由曲江付款接济，尚堪度日。一九四一年敌军再袭惠州，劫掠物资西下。临行纵火焚烧民房过半。我之祖居在被烧之列。烬余之地，只我所住小室一间，及厨房二所而已。是年冬香港沦陷，敌军乘势三袭惠州。成年以上男丁，一见便杀。我当时避居较僻之乡村。事后调查，被杀约二千人。时寄怀仍在曲江教书，以我等长住惠州，危险殊甚，函请北上。并说北上之路，以取道广州较为易行。其时避难港澳之侨胞，自港陷后，逐渐遁回广州。普兰、普静亦跟随女友返居河南；亦曾与我函约，齐集广州，以便一同北上。⑤

民国三十一年（1942） 壬午 五十六岁

是年,冯达庵一家过得仍十分辛苦，冯达庵由惠州至广州，净澜逝世。据《达庵自传》记载：

一九四二年二月，我偕净澜跟随水客行踪，由惠州步至石滩，转东来广州市。步行曾历三天。净澜体弱，不堪奔驰。到市后，暂在故宅休养。先后同市之佛教女友如伍慧宗、朱䕶、刘竹问、龚卓琪及汪彦平之妻章雅若，时彦平已病殁皆来慰问。男友如黄叔向、梁业基、金志廷，闻我暂留广州，亦来探访。但净澜因过劳引起老病；虽间有起色，不久却仍严重。普兰、普静忙于看护，北上计划无从说起。诸友知我旅费有限，寄怀不能汇款到此间，屋租又极低下，如何过日？即由朱䕶发起，按月集资赠给我等粮食，及净澜药费。困难中得此援助，友谊良厚。逾年净澜迄未获痊，竟于十二月十七日逝世。在此期间，我著《佛学起源》及《金刚经提纲》各一册。诸友来讨论佛学义理者，我则详为解答。

丧事已完，重提北上问题，却有两重困难：(1) 得到寄怀消息，谓已离开曲江，前往湘桂铁路任职，暂住衡阳，将来或迁桂林。地点距离太远；我自顾身濒老境，不复能长途

① 《佛学月刊》第二期，1939年5月。
② 《大事记》，惠州市地方志编纂委员会编：《惠州市志》（一），北京：中华书局，2008年，第141页。
③ 《大事记》，惠州市地方志编纂委员会编：《惠州市志》（一），北京：中华书局，2008年，第143－144页。
④ 《大事记》，惠州市地方志编纂委员会编：《惠州市志》（一），北京：中华书局，2008年，第144页。
⑤ 冯达庵：《达庵自传》手抄稿，录自百度“唐密贴吧”。

跋涉。(2)当时本市社会秩序颇乱，住宅一无人居，便遭毁拆，亦有住客因贫自拆者。为保存我宅计，不得不逗留广州。此时净澜已不在世。月费只属我及普兰、普静粮食。诸友仍酌量赠送，以资维持。在此期间，我著《心经大义》一册。诸友来问学理者，照常解答。①

释尊诞日，为《佛学起源》作自序：

佛学以精微广大闻于世。其成立因缘，自汉迄宋，累有译本，事迹互有出入，要节尚称符契。译文详略不一，类涉奥衍，未便初学。爰荟萃精意，表以显易之词。智者或有取焉。②

附：《佛学起源》目录——

第一节　发端

第二节　业惑

第三节　实习

第四节　降魔

第五节　成道

第六节　垂教

（一）人天乘

（二）声闻乘

（三）缘觉乘

（四）菩萨乘

（五）佛乘③

冬，广东佛教居士林再版《佛法要论》，冯达庵对该著增订若干。④

民国三十二年（1943）　癸未　五十七岁

是年，日军飞机频繁轰炸惠州城，居民早饭后即走避到附近乡村。惠州流行鼠疫，惠阳县城新民街三天死亡四十七人，府城一带流行霍乱，淡水死一百多人。⑤

民国三十三年（1944）　甲申　五十八岁

冬，出版《般若波罗蜜多心经大义》，冯达庵后称：

《般若波罗蜜多心经大义》，版于甲申之冬。为应听众急需，仓促付印，未及校订。失当处，一一发现于演讲之时。《广义》重编，悉加改正。所标《大义》原文，间与甲申版有出入者，应以本版为准。达庵并志。⑥

从上述说明看，《般若波罗蜜多心经广义》是在《般若波罗蜜多心经大义》的基础上

---

① 冯达庵：《达庵自传》手抄稿，录自百度“唐密贴吧”。

② 《佛学起源》，冯达庵：《佛法要论》，北京：宗教文化出版社，2006年，第3页。

③ 《目录》，冯达庵：《佛法要论》，北京：宗教文化出版社，2006年。

④ 《佛法要论》，冯达庵：《佛法要论》，北京：宗教文化出版社，2006年，第42页。

⑤ 《大事记》，惠州市地方志编纂委员会编：《惠州市志》（一），北京：中华书局，2008年，第149页。

⑥ 《般若波罗密多心经广义·自序》，冯达庵：《佛法要论》，北京：宗教文化出版社，2006年，第333页。

进行修订。《圆音月刊》在一九四八年连载《般若波罗蜜多心经大义口说》。

附：《般若波罗蜜多心经广义》目录——

民国三十四年（1945）　乙酉　五十九岁

一月十四日，日军第四次入侵惠州城。采取“怀柔”“以华治华”的政策，打着“中日亲善”的招牌，组织“维持会”，派出伪县长，设立伪政府、宪兵队及特务机关，并开赌博公司、鸦片烟公司、彩票公司、出口货物附加征收处和妓院等，残杀进步人士。据统计，当时惠州被杀群众四百多人。日军这次占领惠州，直至日本宣布投降。[②]

是年，抗战结束。

按：抗战胜利后，冯达庵重返广州芳草街住所，开坛灌顶，弘扬一乘顿教。[③] 据《达庵自传》：“一九四五年九月二日，敌军签订投降书，市民大量回来。十二月寄怀亦安然返家，出任市立第一职业学校教员。薪金足以维持家用；屋租亦日有起色。我无内顾之忧，复得专心学佛。”[④]

---

① 《目录》，冯达庵：《佛法要论》，北京：宗教文化出版社，2006 年。
② 《大事记》，惠州市地方志编纂委员会编：《惠州市志》（一），北京：中华书局，2008 年，第 151 页。
③ 《冯达庵大阿阇黎简介》，杨佛兴：《一乘法要》，北京：宗教文化出版社，2009 年，第 452 页。
④ 冯达庵：《达庵自传》手抄稿，录自百度“唐密贴吧”。

民国三十五年（1946） 丙戌 六十岁

春，冯达庵再开密教胎藏法灌顶法会，孔章（罗时宪）又往普贤道场受胎藏法灌顶及再受三昧耶戒。①

十二月二十九日，宣说《佛教源流》第一讲，起首称：

佛学精微广大，为一切学术冠。世人少加研究者，义理太奥，纲领难寻耳。欲佛学昌明于世，不可不循科学方式而条理之。今自佛教源流说起。②

据杨佛兴叙述：

一九四六年冬，师应广东佛教协会之邀，在解行精舍讲《佛教源流》共六讲，历时月余。同时更与虚云大师、汤瑛居士等创办《圆音月刊》；质量很高，流通量广。一乘慧灯照耀有缘，影响深远！③

虚云是近现代著名高僧：

虚云（1840—1959），佛教徒。法名古岩，又名演彻，字德清，晚年自号虚云。俗姓萧。祖籍湖南湘乡，生于福建泉州。19 岁时潜往福州鼓山涌泉寺师从常开和尚出家，次年依妙莲和尚受具足戒。后在鼓山隐居岩洞多年，冬夏一衲，常以野菜充饥。27 岁离寺云游参学，足迹踏遍国内名山大刹，并由西藏至印度、锡兰（今斯里兰卡）、缅甸等国，朝礼佛迹。一生以振兴丛林为首务，许多衰败的古刹经他努力而复兴。光绪二十九年（1903）住持云南鸡足山迎祥寺，将迎祥寺建成十方丛林。时值云南兴办新政，遍提寺产，遂于光绪三十二年（1906）赴京请愿，终获上谕："凡有大小寺院及一切僧众产业，一律由地方官保护"。清廷还赐其为"佛慈洪法大师"。1929 年住持福建鼓山寺，恢复禅堂规制，创办戒律学院。1934 年住持曹溪南华寺，将破败不堪的六祖道场修葺一新。又开佛学院培训各地僧侣，并办义学收教贫民子弟，从学皈依者众。使南华寺再度成为四方僧众朝拜的圣地。1940 年募捐重修韶关大鉴禅寺。1942 年于南华寺东建无尽庵，作为比丘尼道场。1943 年冬至乳源县云门山大觉禅寺，重兴云门道场。1952 年赴北京协商筹组中国佛教协会，1953 年中国佛教协会成立，被推为名誉会长。同年住持江西云居山真如寺，直至圆寂。一身兼祧禅宗五家。④

汤瑛是民国时期广东著名居士，后成为僧人，法号融熙：

融熙（1888—1959），现代僧人。俗姓汤，名真，字雪筠，法号宽筠，又号九指头陀。广东番禺人。毕业于广东高等师范学校。未出家前，曾任番禺小学校长、教育厅视学官、广东省银行秘书处秘书、西南政府政务委员会高等顾问等职。1920 年，出资在广州创办佛教阅经社，兼设佛经流通处。又组织六一佛学研究会，创立《圆音》月刊。1947 年，于粤北南华寺皈依虚云大师。1949 年初，迁居香港。不久诣荃湾竹林禅院依融秋法师剃度。

---

① 金思庄：《从"三可与"悼念罗时宪先生》，罗时宪：《罗时宪著作全集》（卷六），北京：中国社会科学出版社，2010 年，第 285 页。

② 《佛教源流》，冯达庵：《佛法要论》，北京：宗教文化出版社，2006 年，第 18 页。

③ 《冯达庵大阿阇黎简介》，杨佛兴：《一乘法要》，北京：宗教文化出版社，2009 年，第 452 页。

④ 《岭南文化百科全书》编辑委员会编：《岭南文化百科全书》，北京：中国大百科全书出版社，2006 年，第 170 页。

翌年，依大屿山灵隐寺灵溪法师受具足戒。1954年后，常往返新加坡与吉隆坡之间弘法，并于吉隆坡创办马来亚佛学研究社。著有《佛教与禅宗》《无相颂讲话》《葛藤集》《百喻经选讲》等。①

是年，陈健民上师过粤，将赴香港乘飞机往印度，于广州旧书肆遍觅王弘愿遗著。陈健民听说冯达庵为王弘愿亲传首座，乃奉访焉。②

附：陈健民上师传略——

陈健民（1893—1987），侨居美国的现代佛教居士、佛教学者。湖南攸县人，少年工诗文，曾任湖南省政府秘书等职。20世纪30年代师从西康诺那、贡噶等密乘上师，并入西康学修。1931年曾受聘任四川佛学院语文教授，先后去乐山、炉霍、甘孜等地的寺院参访。1952年后在印度北境噶伦堡上城隐居修行25年。1972年赴美国弘法，在加利福尼大学讲学，并先后应邀去加拿大、菲律宾、香港、台湾等地讲授佛学。其先后拜师37位，灌顶500多次，闭关近40年。长期以来对藏密修法付诸实践，功力扎实。在促进佛教文化传播的学者中：日本铃木大拙介绍禅，印度的摩哈若虚介绍T、M静坐（瑜伽），而陈健民则是将密宗和禅宗介绍到英语世界的重要推动者之一。撰有《华严五论》《禅海塔灯》《大手印教授抉微》《净土五经会通》等书，融通汉藏佛学，辑有力作《曲肱斋文集》。另用英文写成佛学小册子150余种。③

《曲肱斋全集》第七册，收录陈健民致冯达庵的书信一共有九件（即《禀复冯达庵阿阇黎谢示文殊一字真言梵字》《奉复冯大阿阇黎问学佛履历》《谢冯大阿阇黎赐大著〈佛教真面目〉并许函授东密》《复冯大阿阇黎论东西密即身成佛义之差别》《复冯大阿阇黎论东密显密混杂之弊》《禀复冯大阿阇黎论唐密藏密异同》《复冯大阿阇黎并论东密之即身成佛》《禀复冯达庵阿阇黎论藏密唐密宗法异趣》《复冯大阿阇黎论空乐不二书》），④可见两位居士对于密宗的交流是较深入的。

是年，冯达庵之子寄怀结婚，妻子是谢丽琼，据《达庵自传》：

当一九四六年间，寄怀以数年所积之薪金无可安置，爰与亲戚合营鞋业。次年与扶轮学校铁路局办女教员谢丽琼订婚。一九四八年七月，行结婚礼。逾年六月，生子名溥门。所营鞋业则因铺主变卖其铺，已于是年春间收束。自此不复再营商业。秋间即遇解放。一九五〇年一月，寄怀调任省立肇庆中学校长；丽琼则改充铁路小学教员。因业务太忙，雇一保姆携带溥门，兼理室内什物。由是我家人口，自身而外，子一，媳一，女一，孙一，侄女一，保姆一，共七人。另寄居亲戚二人不在内，一家生活费，由寄怀丽琼分担之。现在寄怀改充教育厅主办之港澳学生补习学校教导主任；丽琼则充铁路中学班主任。⑤

民国三十六年（1947） 丁亥 六十一岁

一月五日，宣说《佛教源流》第二讲，开始称：

---

① 张志哲主编：《中华佛教人物大辞典》，合肥：黄山书社，2006年，第1422页。

② 《奉复冯大阿阇黎问学佛履历》，陈健民著述，陈相攸主编：《曲肱斋全集》（第七册），北京：中国社会科学出版社，2002年，第39页。

③ 张志哲主编：《中华佛教人物大辞典》，合肥：黄山书社，2006年，第1221页。

④ 陈健民著述，陈相攸主编：《曲肱斋全集》（第七册），北京：中国社会科学出版社，2002年。

⑤ 冯达庵：《达庵自传》手抄稿，录自百度“唐密贴吧”。

佛学内容，虽含有宗教意义，而与普通宗教家立场不同；虽含有哲学意义，亦与普通哲学家立场有别。宗教家以“宗”“教”二字合成浑略名词。大凡立有一种信仰，依以止恶修善者皆属之，在佛学只作小学观，列入“人天乘”。哲学家以意识经验推究人生、宇宙真理，有能契合佛学正义者，然不求如何实证之道，在佛学只作中学观，列入三乘教中之“论藏”。①

一月十二日，宣说《佛教源流》第三讲，内中称：

佛学乃特殊科学，不能以哲学眼光律之。若必须哲学家意识所及处方敢信为真理，则佛学直是哲学耳。有何特殊价值可言！惟能于哲学范围外另辟大路，故无穷妙理、无边妙相源源出现。知此，乃可与论大乘菩萨之妙迹。②

二月二日，宣说《佛教源流》第四讲，内中称：

佛学阶段亦如俗学，三乘教不过中小学规模，《起信论》乃大学教法（前者能破烦恼障，后者进破所知障）。心真如门固非寻常学人所易领会，心生灭门亦非水准低者所能企及。原夫生灭门以阿赖耶识为枢纽，苟不洞悉阿赖耶如何构成，则于生灭真理仍未能心领神会。③

二月九日，宣说《佛教源流》第五讲，开始称：

中观法门，本具摄体、相、用三大而观之。通达深旨，便契真如缘起之理，与马鸣性宗无异。后世多从遮情方面致力，转为空宗。一法不立，诚得体大根本，然依体起用，不无法相附见焉。粗细虽殊，要皆识所幻化。知其虚假，任其起灭，原于本体无碍。若极端排遣，则大用不行，只余凝静之体，不足以显佛性之妙。其或一切皆空，不妨恣意妄动，陷于无因无果之邪见，流弊甚大。④

二月十六日，宣说《佛教源流》第六讲，内中称：

大乘中任何教派，能真实契合般若波罗蜜多时，便得入一乘显教之门，终与禅宗“正法眼藏”同符。⑤

三月十五日，《圆音月刊》创刊号出版，冯达庵撰《发刊词》，文末称：

然而事有难言。佛教之在中国，早呈萎靡之象，近代尤甚。大德寥若晨星，僧伽类存虚表。与谈三乘权教，尚非易易；遑论一乘妙旨也耶！幸国家有佛教总会规程，各省皆设分会。果有人心之士，切实提倡，认真整理，前途未必无可观。广东佛教分会于是应机成立。负责诸公，固有积极进行之仁者，可与共扶一乘法幢者也。进行实施，详如会章。成绩表现，以《圆音月刊》纪其事。盖本“圆音一演，异类等解”之义，借月刊发露一乘妙旨也。倘月月相续，而精神不懈，曹溪威光当有重灿广东之概，或且推动全国，进而影响全球，终致世界于安定，未可量也！出版之初，不可无登刊之词，举此以代颂祷。⑥

按：《圆音月刊》第一期的撰稿者有：冯达庵、汤瑛、罗时宪、程裕初、刘汉甫、黄

---

① 《佛教源流》，冯达庵：《佛法要论》，北京：宗教文化出版社，2006 年，第 21 页。
② 《佛教源流》，冯达庵：《佛法要论》，北京：宗教文化出版社，2006 年，第 25 页。
③ 《佛教源流》，冯达庵：《佛法要论》，北京：宗教文化出版社，2006 年，第 30 页。
④ 《佛教源流》，冯达庵：《佛法要论》，北京：宗教文化出版社，2006 年，第 33 页。
⑤ 《佛教源流》，冯达庵：《佛法要论》，北京：宗教文化出版社，2006 年，第 37 页。
⑥ 《圆音月刊发刊词》，冯达庵：《佛法要论》，北京：宗教文化出版社，2006 年，第 178 页。

咏台、释宽让、释虚云和释观本等。本期还发表《佛教源流》（冯达庵讲，伍普聪记）。《圆音月刊》的刊物题字是隶书，由毅生题写。毅生就是胡汉民之弟胡毅生。《圆音月刊》当期封三还载该刊情况：

出版者：广州市六榕寺内圆音月刊社；

发行者：广州市六榕寺内中国佛教会广东分会；

发行人：林警魂；

编辑人：（以姓字笔划少多为次）王衍孔、梁育之、汤瑛、刘汉甫、罗时宪、释宽让。

印刷者：广州市西湖路五十五号中英印务局。①

据笔者所查，《圆音月刊》只出版了两年，一九四八年六月六日出版的第九期、第十期合刊是笔者所见的最后一期。合刊所载社长是虚云，发行人仍是林警魂，编辑人是汤瑛。撰述者则包括：王衍孔、余毅公、李圆净、梁育之、冯达庵和罗时宪。罗时宪是冯达庵学生。《圆音月刊》每期均刊登冯达庵的文章，且基本处于刊中较前位置，说明冯达庵是《圆音月刊》的重要撰稿人。

四月十五日，《圆音月刊》第二期出版，载有冯达庵讲、伍普聪记《佛教源流》（续）。②

五月七日，在广州为所著《佛教真面目》作自序：

佛教亦称佛学，就垂示言曰教，就参究言曰学，要以明心见性为宗。未明心前，多资权教作梯阶；既见性后，更资密教求究竟。其竟也，任何事理，莫不洞彻根源，斯谓之佛。佛之行，积极救世；随缘设教，不离正宗。钝根众生，弗喻厥旨，辄流消极；开明之世，渐成国家赘疣；长此不思奋勉，恐难立足。大心之士，早已提撕、儆惕于其间矣。然如何前进，方适于时代性？眼光浅近者，宁得其宜？则佛教之积极发扬，不可不赖智识界优秀分子之兴起。一部大藏，权、实杂陈，各标对机之说为至上，真面目安在？意识所不能辨。苟无指针，学人或滞于一偏，或废于半途，佛教精神奚由弥纶世界？是书之作，冀引其端。古云："作始也简，将毕也巨。"后哲功行胜余百千万亿倍者，当有规模绝大之编，畅发余所未逮也。馨香祝之。③

《达庵自传》载冯达庵著《佛教真面目》的原因：

一九四六年广州佛教界就六榕寺解行精舍故址成立广东佛教会，举虚云老和尚为会长，并要推我为监察员。我无此等兴趣，一意不受。会众亦未便相强，但请我到会讲说"佛教源流"三天。以后我仍绝少出户。佛教中人有欲解决教理者，间来我家访问。我审察一般佛教徒对于佛教真相多不认识，于佛学前途有防碍。亦因佛学义理纷繁，难得要领之故。一九四七年特撰《佛教真面目》一册，以供智识分子之研究。④

六月十五日，《圆音月刊》第三、四期合刊出版，并发表冯达庵讲、伍普聪记《般若波罗蜜多心经大义口说》。⑤

---

① 封三，《圆音月刊》第1期，1947年3月。

② 《圆音月刊》第2期，1947年4月。

③ 《佛教真面目》，冯达庵：《佛法要论》，北京：宗教文化出版社，2006年，第76页。

④ 冯达庵：《达庵自传》手抄稿，录自百度"唐密贴吧"。

⑤ 《圆音月刊》第3期、第4期合刊，1947年6月。

七月二十一日，《圆音月刊》第五、六期合刊出版，继续发表冯达庵讲、伍普聪记《般若波罗蜜多心经大义口说》(续)。[①]

七月，佛乘学社印行《佛教真面目》初版。[②]

附：《佛教真面目》目录：

秋日，为《般若波罗蜜多心经广义》作自序：

佛学在在求证，固与普通哲学有别，亦与寻常宗教不同。可以比拟者，厥惟世间高等科学。然科学以人趣六识所能征验之尘相为研究对象，佛学则超乎尘相而径证法界性理焉。彼此观点，复非一致耳。原夫法性无穷无尽，从而所证境界无量无边。学者入手之初，端系解行并进。及与般若波罗蜜多相应，佛学要领了解矣。以解辅行，义有详略。直指此波罗蜜多之《心经》，文相极简，后世解家甚众，各自有其宗旨；余尝刊行本经《大义》一册，却重显密双谈。演讲时，口说颇详。退而编成备忘录，约十万言，更名《广义》，实彷唐贤疏钞体例也。[④]

民国三十七年（1948）　戊子　六十二岁

三月一日，《圆音月刊》第七、八两期合刊出版，载有冯达庵《般若波罗蜜多心经大义口说》(续)[⑤]

六月六日，《圆音月刊》第九、十两期合刊出版，载有冯达庵文章《禅宗明心见性与密宗即身成佛》。[⑥] 据杨佛兴介绍：

抗战之后，佛教中某些增上慢教徒各执邪见，评论各宗高下，广州《圆音月刊》主编汤瑛为了主持公正，请教冯老师。冯老师乃作《禅宗明心见性与密宗即身成佛》一文在《圆音月刊》发表。此文发表之后，谁也不敢“多嘴”了。因为“禅宗本旨”为何、“密宗本旨”为何、如何是“明心见性”、如何是“即身成佛”，没有实证境界是写不出来的。所以他们见该文之后再也不敢乱逞邪见了，自知萤火之光难与日月之明相比也。[⑦]

附：《禅宗明心见性与密宗即身成佛》内容包括——

---

① 《圆音月刊》第5期、第6期合刊，1947年7月。

② 《佛教真面目》，冯达庵：《佛法要论》，北京：宗教文化出版社，2006年，第76页。

③ 《目录》，冯达庵：《佛法要论》，北京：宗教文化出版社，2006年。

④ 《般若波罗蜜多心经广义·自序》，冯达庵：《佛法要论》，北京：宗教文化出版社，2006年，第333页。

⑤ 《圆音月刊》第7期、第8期合刊，1948年3月。

⑥ 《禅宗明心见性与密宗即身成佛》，冯达庵：《佛法要论》，北京：宗教文化出版社，2006年，第255页。

⑦ 《答余立书（一）》，杨佛兴：《一乘法要》，北京：宗教文化出版社，2009年，第218页。

第一节　决择

第二节　明心见性

第三节　即身成佛

第四节　结论[①]

《圆音月刊》第九、十两期合刊还继续载冯达庵《般若波罗蜜多心经大义口说》(续)。[②] 合刊的“商榷”栏目，另载有冯达庵书信两封，所答者分别来自湖南和江西，可证冯达庵影响遍及全国。

其一，《答湖南陈敬之居士二问》：

(1) 研究般若应参考何书？又如何用功方收波罗蜜实效？

研究般若波罗蜜之参考书，以《大般若经》(《金刚经》在内)、《大智度论》为巨擘。然遍读此等经论，若不能直会“一无所得”真旨，终是说食数宝；不克与般若波罗蜜相应。如何方能相应？自以亲近明师，得随机指点，时从本地风光实地练习，收效乃速。明师不易遇，而欲闭户自修，须穷“想蕴”之根株。识得根株所在而摧撼之，心体自现，不受六尘扰乱矣。到此时节，仍须力求向上。否则只与权乘灭尽定为侣，不足以称真实波罗蜜。如何方得真实？更须求善知识点睛也。

(2) 禅净双修程序若何？

两宗若遽行齐修，则犹左手画方，右手画圆，方圆皆不能成。须次第修之。下列二种程序，可择用焉：

(甲) 由禅入净　先做参禅功夫；及与般若波罗蜜相应，得见五蕴皆空。则于一无所得心中，密密提起阿弥陀名相，不久自感佛相现前。虽然见佛，当下知是镜花水月，绝无滞碍，临终可得上品往生。

(乙) 由净会禅　先人念佛入手，虔恳之心能杜六尘侵扰，则可由一心不乱渐得见佛。见之亲切，而能觉佛相不过虚影，归诣无所得，便与般若波罗蜜相应，即与禅宗融合。[③]

其二，《答江西袁正思居士二问》：

(1) 须弥山究在何处？辟源谓即喜马拉山，其信然耶？

须弥山义为妙高，庄严殊胜，乃天眼所行境界；人类普通肉眼不能感见。因眼球构造不与天境相应也。喜马拉山是肉眼对象，谓即须弥，殊误！

(2) 出家人不能拜在家人，是否？

此三乘教权说也。有许多根机，欲求解脱轮回，须从对治烦恼入手。极端对治，非出家苦行不可。三乘教希冀学人严持出家戒律，褒为“众中尊”以励之。胶柱鼓瑟者不解大权方便，对在家善知识不肯敬礼。马鸣菩萨最初提倡一乘，悯三乘人狃于积习；曾云：“出家人以在家人为师，若恐权乘疑谤，可于师前置经像而礼拜之”。(出马鸣菩萨事师法五十颂) 亦一方便法也。[④]

十月十日，在广州为《法华特论》作自序：

① 《目录》，冯达庵：《佛法要论》，北京：宗教文化出版社，2006年。

② 《圆音月刊》第9、10期合刊，1948年6月。

③ 冯达庵：《答湖南陈敬之居士二问》，《圆音月刊》第9、10期合刊，1948年6月。

④ 冯达庵：《答江西袁正思居士二问》，《圆音月刊》第9、10期合刊，1948年6月。

《妙法莲华经》流传中国，隋译比较完备，凡二十七品，文相显豁，都八万言。本论别出手眼，撷其精英，以三十品分配之。义理深奥，迥超余经之上。论列要旨，泰半须宗密法，否则囫囵吞枣，食而不知其味焉。原夫一乘大道，佛性为根；仅明妙体，可称入门；兼得妙用，方许升堂；依性起相，曼荼罗如实现前，庶几登峰造极。其涉俗不染，应机自在，而弗能开显庄严佛境者，犹局般若藏范围，非所语于陀罗尼藏。诸佛最高法会，座中大菩萨必深达陀罗尼妙用，盖非如是不足以获醍醐上味，《六波罗蜜经》之言可证也。《法华》素号诸经之王，允具醍醐价值，然不精习经中诸陀罗尼，纵契"十如是句"，只飧熟酥。精习而神化之，至于体用交彻，性相互融，则全部《法华》句句皆自胸襟出，且知诸佛共同加持为一经旨归。宝塔现形也，龙女成佛也，菩萨上涌也，乃至一切瑞相流露也，无一不仗三密加持力而然。与加持力相应，随时得预《法华》之域，奚必待佛将般涅槃之际始有所见闻耶？欲求相应，当先学密。佛云"此经难信难解"，对显教根机言之耳。有尝醍醐大志者，盍兴乎来！①

按：《法华特论》是对《妙法莲花经》的解释、发挥。《法华特论》包括自序、发凡，发凡包括：（一）一乘与三乘之别；（二）显教与密教之别；（三）《华严》与《法华》之别；（四）经疏与经论之别。之后，从"第一序品"至"第三十嘱累品"，逐次对《妙法莲花经》各部分进行解释和发挥。②

《达庵自传》另载："一九四八年，更撰《法华特论》一册，以结束释迦如来一代教法大旨。从此我的精神渐逊，不能再有大规模创作；唯继续佛学实践功夫而已。"③

《法华特论》，曾被翻译成日文流入日本，备受推崇，泰国、缅甸、高棉、韩国等均有译本传入，可算近代佛学权威著述。④

民国三十八年（1949）　己丑　六十三岁

是年，中华人民共和国成立。《达庵自传》载冯达庵解放之际情况："一九四九年秋，广州解放。我于实践之外，亦间读当地日报，或参观新书，以扩充现代知识。适龄佛友有劳动能力者，纷纷从事生产工作，未暇学佛，少来探访。偶来见面者，大都超龄旧佛友也。"⑤

按：郑群辉提及：

新中国成立后，冯达庵停止了一切公开的佛教活动，而对社会人士及其弟子的私人问学请益，仍很诚恳地接待。例如，60 年代初尚有广西人（居住在广州）唐普式、程志行、谢荣芬、杨容甫，惠州人杨佛兴，香港张国权、邬道友（未知真名）等，经常向其请益。"文革"期间，冯受到不公正待遇，1968 年被扣在学校，1969 年退职疏散到始兴县做公社社员，1978 年 9 月 22 日在家中圆寂，世寿 92。弟子中较知名者有唐普式和杨佛兴，现在

① 《法华特论·自序》，冯达庵：《佛法要论》，北京：宗教文化出版社，2006 年，第 525 页。
② 《目录》，冯达庵：《佛法要论》，北京：宗教文化出版社，2006 年。
③ 冯达庵：《达庵自传》手抄稿，录自百度"唐密贴吧"。
④ 《达庵平生》，《南方都市报》，2008 年 10 月 23 日。
⑤ 冯达庵：《达庵自传》手抄稿，录自百度"唐密贴吧"。

广州等地仍有东密活动的余绪。[1]

公元一九五〇年　庚寅　六十四岁

土改运动开始。

公元一九五一年　辛卯　六十五岁

是年，“三反”“五反”运动开始。

公元一九五二年　壬辰　六十六岁

公元一九五三年　癸巳　六十七岁

是年，社会主义三大改造开始。

公元一九五四年　甲午　六十八岁

公元一九五五年　乙未　六十九岁

公元一九五六年　丙申　七十岁

四月廿五日，作《达庵自传》，该文约三千六百字。[2]
是年，作《七十自感诗》云：
阳春烟景古稀年，法界生身记普贤。
念载发弘唯一乘，十方随喜有诸天。
缺缘不复谈弘法，余寿翻宜理旧编。
永转法轮何处是？密严净土广无边！[3]
是年，社会主义改造完成。

公元一九五七年　丁酉　七十一岁

公元一九五八年　戊戌　七十二岁

是年，“大跃进”和人民公社化运动开始。

公元一九五九年　己亥　七十三岁

是年，三年自然灾害开始。

---

① 郑群辉：《潮汕佛教研究》，广州：暨南大学出版社，2015 年，第 172 页。
② 冯达庵：《达庵自传》手抄稿，录自百度“唐密贴吧”。
③ 杨佛兴：《序》，冯达庵：《佛法要论》，北京：宗教文化出版社，2006 年，第 2 页。

公元一九六〇年　庚子　七十四岁

公元一九六一年　辛丑　七十五岁

公元一九六二年　壬寅　七十六岁

是年，为东莞杨了达女士谈佛理，并以密教方法为其逝前消灾，事见《杨了达女士往生净土因缘》：

东莞杨女士了达，世居广州；性情和淑。以童真身在家学佛，皈依三宝；严守斋戒，好读法典；频赴经筵。博闻强记，知解渐丰。复语善友，聚首一堂。潮流所趋，同修净土。

戊辰之夏，广州创建密坛，首迎潮安王大阿阇黎传胎藏法。了达奉无量寿佛为本尊，进修密轨。阅四年，更受金刚灌顶，净基日厚。国难时期，未遑专功。胜利以还，重发大心。一乘顿教，熏习颇富。每以所得利益他人。

癸巳深秋，受莲化部红光诀，转度乃母。母已耄，欣然实践。三日而生西。了达喜出望外矣。

荏苒九载，自知余寿有限。然冀亲睹世界和平而后逝。去冬饮食始困难。今春验医院，认为食道生癌。奏刀割癌，可活二三载。惟年逾古稀，割殊危险。不割，势将痛苦数月，委顿而死。此情难语了达；语诸亲友而已。或曰：宜趁痛苦未作之先，急求生西以避之。但了达不预知危，尚欲留寿观世。亲友未便进言。

阴历四月十五为佛门休夏日。中东佛教国家多以是日纪念释尊诞辰。善友数人联袂来我舍，愿闻释尊应世实况。了达与焉。余绪谈如来三身演化要旨，以法理分析之，并勖了达速登净土。听者皆大欢喜。

了达残年记忆犹健。来时途遇大雨，衣服尽湿，却以法雨摄之。十六日有人特叩所闻。了达悉举以告。双方交悦。乘此功德，竟获“重业轻报”之效。十八日了达照常外出收租。是夕，忽呕吐倾盆，继以下泻，积毒扫除过半。兼觉头昏，绝无痛苦。在旁调护者，谊孙女惠娴及同居善友陈昌从也。翌晨，续祛余毒，仍不觉苦。昌从以前途可虑，使人促其谊女普兰迅往处理。了达对普兰曰：老身无恙，汝何必来！

余于普兰之往也，观机知可提前西逝，隔江遥加持之。午睡初醒，心觉了达有所留恋，继以忿怒明王教令轮为摧障碍。未几，普兰电话谓：了达于十二时三十五分往生净土。（壬寅四月十九午时）事后补述曰：往生前若干分，了达在床遽握兰手不舍，而目暗黑。兰坚持甘露真言以应之。寻放手，示愿去意，且嘱为盖陀罗尼经被。尔时了达容颜乍现红润。被未及盖，已含笑而逝。顶上留暖，中夜乃散。世寿七十有三。①

公元一九六三年　癸卯　七十七岁

是年，冯达庵答中国科学技术大学学者杨某问。

---

① 《杨了达女士往生净土因缘》，冯达庵：《佛法要论》，北京：宗教文化出版社，2006年，第253－254页。

杨某问："哲学大略分唯心和唯物两派。我是搞稀有元素分析的。我相信唯物主义，一般宗教被判为唯心主义，你所弘扬的一乘顿教是否也属唯心主义？"

冯答：哲学的唯心之心，指的是人类意识；唯物之物，佛教称为尘相。一般宗教不离意识（包括未能明心见性的佛教徒）。一乘顿教深入实际，直达法界源底，洞明尘相乃实际之晕影，复悉意识乃了别尘相之工具，皆属枝叶范围。是故，唯心和唯物二名都不能强加之于深入实际的一乘在学者。必欲明一乘佛学唯何？答曰：略说是唯性，详说是六大缘起（性有六种功能）。附说：佛教原有"万法唯心"之说，但万法唯心之心指的是阿赖耶识，不同哲学上的唯心主义专指意识。①

是年，"四清"运动开始。

公元一九六四年 甲辰 七十八岁

暮春既望（农历十六），为《佛教源流》作弁言：

抗战胜利后，广东佛教会迁穗改组，积极进行，切愿会众略明佛教源流，俾知趋向。达庵被推演讲，随缘口说，务叶机宜。伍居士普聪执笔记录，大致无差。继而载入一、二期《圆音月刊》中。逾十余年，余偶检阅所刊，觉讲词有需修订之处，爰加整理，作为定本。所采法要，直溯天竺，中华创始诸宗、蒙藏喇嘛诸教，概未涉及。当日演讲范围力求精简云尔。②

公元一九六五年 乙巳 七十九岁

据冯广淳回忆是年冯达庵对他的开示，下文的法师指的就是冯达庵：

20世纪60年代，世界矛盾尖锐，气氛紧张，"大战"颇有一触即发之势。我心不安。1965年11月恳请法师开示，他老复函曰："美国财阀衰兆已形，不能更搅世界大战矣。"颇有石破天惊之感，显与时髦观点相左。我当然不放心，怕"困兽犹斗"呀！他老旋又复函曰："'本'能制'末'，'末'不能制'本'，则待将来事实证明之"。历史的脚步走过了当年的迷雾，又一次印证了他老人家论断的精确，以及道境的渊深。③

公元一九六六年 丙午 八十岁

是年，文化大革命开始。

杨佛兴叙述："文革"期间，冯达庵闭门谢客，潜心修证。惟将门匙交给杨佛兴，以便杨佛兴来广州时可以直接开门拜见。在此期间，冯达庵对杨佛兴专心培育，并将重要法宝传给杨佛兴。④

---

① 杨佛兴：《一乘法要》第一章《一乘顿教法要》，北京：宗教文化出版社，2009年，第52页。转引自冯达庵：《新时代的佛法》附录。

② 《佛教源流》，冯达庵：《佛法要论》，北京：宗教文化出版社，2006年，第18页。

③ 《达庵平生》，《南方都市报》，2008年10月23日。

④ 《冯达庵大阿阇黎简介》，杨佛兴：《一乘法要》，北京：宗教文化出版社，2009年，第452页。

公元一九六七年　丁未　八十一岁

公元一九六八年　戊申　八十二岁

公元一九六九年　己酉　八十三岁

公元一九七〇年　庚戌　八十四岁

公元一九七一年　辛亥　八十五岁

是年，据后来杨佛兴叙述，“运动就深入到街道了。阿公也受到了冲击，被抄了家，钱都被抄走了，顿时买粮食都成了问题，家门口还有红袖章在监视。”当时杨佛兴工资分成三份——杨佛兴自己一份，杨佛兴之母一份，阿公一份。杨佛兴“给阿公送钱，要等到红袖章吃午饭的时候，才能偷偷走进阿公的住所。”①

杨佛兴还叙述：“面对当时的严酷现实，很多人都害怕了，根本不敢来见阿公，就是我冒着生命危险去见阿公。所以，除了目的明确之外，还要有决心和毅力。人生的取向很重要。这个社会这么乱，做人这么苦，如果不走学佛这条路，有什么意思？于是就下定决心：就是死，也是为法而死。”②

公元一九七二年　壬子　八十六岁

公元一九七三年　癸丑　八十七岁

公元一九七四年　甲寅　八十八岁

公元一九七五年　乙卯　八十九岁

公元一九七六年　丙辰　九十岁

二月三日（元月初四）上午，杨佛兴拜见冯达庵。冯达庵正和杨佛兴说法，章惠卿走来拜年，冯达庵即向章惠卿介绍杨佛兴，“这是我的继承人!”关于此事，杨佛兴留有笔记。③

按：章惠卿自称，她在一九九三年时，实龄九十三岁，回忆世事，人生如梦，一切都不值得留恋，而最有价值、最有意义的是：先后受过四代唐密正传祖师的法益，即受过第四十八代祖师权田雷斧、第四十九代祖师王弘愿、第五十代祖师冯达庵的法益；一九八〇

① 杨佛兴：《一乘法要》第三章《唐密修持开示》，北京：宗教文化出版社，2009 年，第 307 页。

② 杨佛兴：《一乘法要》第三章《唐密修持开示》，北京：宗教文化出版社，2009 年，第 308 页。

③ 《访问正直明智的章惠卿老师纪实》，杨佛兴：《一乘法要》，北京：宗教文化出版社，2009 年，第 270 页。

年左右又新受持杨佛兴传准提法。①

是年，文化大革命结束。

公元一九七七年 丁巳 九十一岁

八月，冯达庵预告门人："我明年入灭。"当时他身体健康，红光满面。②

是年，作偈："显密交融，解行相应，弘一乘教，嗣真言宗。"③

公元一九七八年 戊午 九十二岁

七月二十四日（农历六月二十日），色身融入法界，以大印身示寂。入灭前数十分钟还在床上修法，多人共见。④

《冯达庵大阿阇黎简介》则载：冯达庵"后果于一九七八年六月二十日十三时四十五分涅槃。入灭前数十分钟还在修法，修完后还饮了一些鲜奶和橙汁，然后以大印身圆寂。"⑤

又据冯广淳回忆：

达庵居士于1978年7月22日圆寂，安葬于南海。1996年3月迁葬于花都永久墓园。墓园很大气，是杨钊、杨勋先生出资兴建的，我参与了全过程。圆寂之日，几乎满山都是他老的弟子和门人。仪式非常庄严隆重。我以侄孙身份尽礼，与舍弟广霖，亲身捧奉法师的真骨舍利重送入土。不觉已12年，今每年均行春秋二祭，法脉兴盛。⑥

另据杨佛兴记述：

阿公入灭之前曾经脚肿，梁三姑以可怜的口气说："阿公你脚肿。老人脚肿……"阿公威严地反问："什么话，老人脚肿就摆（客家话：罢了，完了）的是吗？"（其时阿公仍威严地坐在客厅上。）梁三姑心慌，说："不！……阿公那么摆的呀！"梁三姑走后，何善辉又问："公，你脚肿如此，你觉得如何呀？……"答："我无事！"⑦

冯达庵指定的继承者是杨佛兴，后者回忆：

冯达庵的哥哥冯重熙曾在广州见到他，冯达庵当时六十多岁。冯重熙问起将来接班人问题。当时中大教授罗时宪很聪明，冯重熙问："罗时宪这个人行不行？"冯达庵就摆手，又问："王树柏这个人行不行？"冯达庵也摇头。问来问去都问不出来，冯重熙干脆直接问，"究竟你心中有没有比较相中的接班人呢？"冯达庵就点了杨佛兴的名。杨佛兴当时奇怪：当时杨佛兴很年轻，就被相中。⑧

杨佛兴还述及，冯达庵入灭之前，很重视培养接班人。他有一首诗："据点大开雄猛

---

① 《访问正直明智的章惠卿老师纪实》，杨佛兴：《一乘法要》，北京：宗教文化出版社，2009年，第269页。

② 杨佛兴：《序》，冯达庵：《佛法要论》，北京：宗教文化出版社，2006年，第2页。

③ 杨佛兴：《一乘法要》第一章《一乘顿教法要》，北京：宗教文化出版社，2009年，第60页。

④ 杨佛兴：《序》，冯达庵：《佛法要论》，北京：宗教文化出版社，2006年，第2页。

⑤ 《冯达庵大阿阇黎简介》，杨佛兴：《一乘法要》，北京：宗教文化出版社，2009年，第452页。

⑥ 《达庵平生》，《南方都市报》，2008年10月23日。

⑦ 《几位修行者的重要经历和体验》，杨佛兴：《一乘法要》，北京：宗教文化出版社，2009年，第261－262页。

⑧ 杨佛兴：《一乘法要》第三章《唐密修持开示》，北京：宗教文化出版社，2009年，第349－350页。

性，肉身顿转普贤身。祖师龙智慈悲愿，留寺千载利后人。”①

罗时宪的主要成就在唯识学方面，这可能是冯达庵认为他不能成为密宗嗣法者的原因。

按：笔者查冯达庵弟子，重要者当推杨佛兴和唐普式，两人都有著述能力。有的资料称唐普式是冯达庵之后的第五十一代大阿阇黎。然而，笔者查杨佛兴的重要著作《一乘法要》，难以发现唐普式的相关事情，似乎杨佛兴在回避唐普式这位同门。至于杨佛兴是不是冯达庵的唯一嗣法者，也并不重要了。因为在杨佛兴、唐普式之后，唐密在国内就没有出现嗣法的大阿阇黎。唐密在当代衰落，已是事实。

是年，中共十一届三中全会召开。

附：迄今为止，冯达庵取得的佛学成就和对其成就的研究并不成为正比。二〇〇八年十月二十三日《南方都市报》有专版《达庵平生》，文中载记者采访广州中山大学邓新文教授，现引述如下——

记者：达庵居士功行极高，缘何寂寂无闻于世？

邓新文：这有两个方面的原因：一是弘法缺缘，二是不求闻达。冯公得绍唐密祖位之后，先后经历抗日战争、解放战争以及“以阶级斗争为纲”时期，众生因缘所致，未能广播法流、利益人天。这是外缘方面。冯公70岁时有诗为证。诗云：“阳春烟景古稀年，法界生身记普贤。念载发弘唯一乘，十方随喜有诸天。缺缘不复谈弘法，余寿翻宜理旧编。永转法轮何处是？密严净土广无边。”内因方面，冯公走的是“智增菩萨”路线，志在实践密宗即身成佛之旨，而未能像“悲增菩萨”那样明心见性之后即下化众生。在其《禅观随笔》中，冯公写道：“宗门行者既开正眼，通例即继之以行履，且须广参善知识，练成能征惯战之身，方足称为大作家。余志不欲盘桓于是，但急求向上，实践‘即身成佛’之旨。若以作家居士相期，唯有敬谢不敏。”

记者：请您阐述一下达庵居士佛学思想最显著的特征？

邓新文：冯公佛学思想最显著的特征是“显密交融”与“解行相应”。在冯公看来，“显密教法虽异，要须互相补助。显教诸经，往往参加陀罗尼，以促学人行持之效。东土僧伽每以大悲等咒为常课，即承此旨。密教虽直提佛德，然于显教若无相当研究，或致知见不正，误入歧途，佛法翻成魔道。”为此，他的佛学思想始终贯彻“显密交融”的原则。关于佛法的理解与行持的关系，冯公认为，应当以行为主，以解为辅：行进一步，解亦进一步；行愈深，解愈精；有行无解，变成世间宗教；有解无行，变成人类哲学。而佛法既“超出普通宗教范围”，又“不坠普通哲学窠臼”，因此必须始终坚持“解行相应”的原则，否则很难保证佛教的独特性和纯正性。

冯公佛学思想的另一个显著特征，是“慧定等持”基础上的“不变随缘”与“随缘不变”。可以说，这是冯公佛学思想在精神风貌上最不同凡响的特征。从“不变随缘”的方面来看，冯公佛学思想没有像同时代的大多数宗教作品或人文著述那样满怀忧患并厚古薄今，相反地，它总是洋溢着一种豁达乐观的精神。冯公不是没有注意到他所处的时代一

① 杨佛兴：《冯达庵大阿阇黎简介》，姚秦译本、冯达庵提纲：《金刚般若波罗蜜经》，出版地不详，1996年，第4页。

切都在变，但他却没有因此而眼花缭乱，更没有为之黯然神伤、畏葸不前。所以他才敢说："新时代的一切事物都在或大或小或明或暗或迟或速的转变里，唯有佛法的真理不变，且永远不变！"

记者：请您评价一下达庵居士的著述。

邓新文：冯公佛学著述是宝贵的民族文化遗产，具有极高的研究价值。这些著述大致可以分为四个部分：一是总论佛教之概论，二是随机说法、应病与药之散论，三是重要经典之专论，四是密宗行持方面的开示。我对冯公著述的评价可以用三句话来概括：一是深彻透底，二是博大精深，三是言简意赅、契理契机。2006 年 7 月宗教文化出版社将冯达庵居士的佛学遗著以《佛法要论》为书名结集出版。其中的"要"字可谓画龙点睛。要，有简明、精辟、关键、重大等含义。就著述而言，简明，指的是著述形式的简练、明快；精辟，指的是著述内容的透辟、精炼；关键，指的是著述有的放矢、切中要害；重大，指的是著述的意义非同小可。时人著述，四种"要"义能得其一，已经可喜可贺；四者兼备，不说绝无仅有，至少也是凤毛麟角。而冯公就是这凤毛麟角中的佼佼者。

记者：请您评价一下达庵居士的历史地位和成就。

邓新文：有人说："自从一读《楞严》后，不看人间糠秕书。"说实话，自从 10 年前读到冯达庵居士的著作，我有一种强烈的相见恨晚的感觉。我读他的第一篇文字是《佛法要论·世界篇》，全文只有 4 个自然段，920 个字，义理精湛透辟，文字一气呵成，如此透彻简明的手笔，真有点信为古佛再来，不敢相信能出自世人之手！10 年来浸润冯公著述，对冯公的历史地位颇有与学术界不同的看法。我觉得历史有两种：一是已然写成的历史，一是写不了或未写的历史，而冯公更多地属于后者。达庵居士一生爱国爱教，学问广博渊深，对我国三大传统文化，尤其是佛学，具有精深的研究和极高的造诣。这是前一种历史中的冯公，读过其佛学著述的人都会有口皆碑的。若论后一种历史中的冯公，恐怕就会仁者见仁智者见智了。居士一生的德学成就，恐怕真能知晓者不说绝无仅有，至少也是凤毛麟角。我所能评价的是，冯达庵居士的佛学是佛法三藏十二部在现当代拨云见日的最高成就，是大乘佛法最可靠、最精要的总结和提炼，是佛教在新时代该何去何从的指路明灯！

附录：达庵自传[①]

我姓冯，名宝瑛，别号达庵，一八八六年二月二十一日出生于惠州。籍贯虽属博罗，实则迁居惠州城已五世矣。父亲是当地小商家，可以维持一家生活。我七岁足岁计便入私塾读书。直至十五岁三月，考入前清公立惠州中学。十八岁二月，考升广东高等学堂，原名广东大学堂。二十岁十一月，选充外国游学生；先在广州设馆补习英日语言。当时同学多有革新思想，遭粤督岑春煊之忌，中途下令解散。时在一九零六年八月也。次年二月，我往廉州中学教书，连续四年。辛亥革命，民国肇兴。一九一二年即民国元年三月，我在广州民治日报社任编辑。社长杨叔隅，系游学馆同学。次年广东讨袁军失败；伪当局以我报有攻击袁世凯文字，于十月间勒令停版。我避居惠州；嗣在惠阳公立高等小学教书。一九一八年三月，广州开办公立甲种工业学校。代理校务周醒南，亦游学馆同学，招我前往专教数学。时孙中山先生领导的援闽粤军，以陈炯明为总司令，在闽南大有进展。是年七月，设立财政局于漳州，任周醒南为局长。我随往充局内统计主任。逾年醒南调充工务局长，而以钟秀南继长财局。我照旧供职，但改称第三科长。一九二〇年冬，粤军回粤。次年二月，财局迁粤办收束。我的统计任务至六月才毕。积劳成疾，肺病颇剧。时秀南为广东财政厅长，以旧日财局高级职员均蒙省府委给优差；我独带病，不堪出任繁剧；特陈请省府委为总务科员，只管煤仓收发事务。但八个月后，我病总未见好；随即退职家居，住广州市作长期休养计。此是一九二二年三月间事。

我闻人言：肺病治疗，除医药外，宜兼习静坐法，乃易根本肃清。又闻静坐功夫，佛学讲说甚详。于是多买佛书以供参考。自退职之日起，实行静坐三年，肺病彻底痊愈。残弱之身，转为康健。其时年尚未满四十，本应再寻职业。但我一向有志研究人生观及宇宙观；闻佛学学理精深，可以解决重要疑问。唯内容过丰，头绪纷繁；非长期实践，无从窥见此中真面目。十余年来因职务缠身，无暇专究此道，每以为憾。今因养病三年，静坐中体会佛理，颇得要领。兴味甚浓，不忍释卷。自计以前投资商业所得之股息，年中可有数百元，足以维持一家数口之生活费；遂不复出预世事。一意闭户研究佛学，期成一代专门学者。

我妻钟净澜，性勤俭，善储蓄；历年家计均赖其经理。本是多病之身；见我学佛能致康健，则亦学习焉。其始有一子一女；但女早夭。及我父母俱逝世，子寄怀出外就学，家中太觉寂寥；乃以自幼认为谊女之伍普兰，转来我家作养女，并从我姓。我外母及侄女名普静，无父母，亦时来居住。普兰随本生父母住河南时，邻居有佛教独身女，每说当时婚

① 说明：本文录自百度“唐密贴吧”，为冯达庵手写稿。据称，该手写稿藏于香港何泽红女士处。

姻制度不良，女子倘遇不淑，终身苦恼。普兰习闻其说，遂常与一般女佛教徒来往。本生父母已殁，即愿来住我家，以便学佛；并矢志奉母终身，不谈婚事。

我研究佛学，系自三十六岁春间开始。实习五年，对于大乘显教诸宗，均能了解其义理。每抽其要领加以笔记。间亦出简易作品，以公诸世。如《天眼通原理》《宿命通原理》《禅宗六祖传》《佛法要论》等……惟密教真言一宗，无师指示，不能入手。访闻香港有“佛教真言居士林”之设；林长黎一真先生，是有师承者。一九二六年我亲往见之，蒙授以中级教法。归而实践数年，渐渐发现其中理趣。时潮安王弘愿先生研究密教多年，名播海内；尝以出版物公开高级教理。我为进步起见，屡次函请指示，得益不少。有中山先生旧属赵士觐者，因反对蒋介石，被其通缉，避居香港；灰心仕途，一心学佛。亦曾向黎先生学习中级密教。西南独立，广州脱离蒋政权，士觐乃返市，借六榕寺左边余地建筑解行精舍，为专修密宗场所。欲求深造，于一九三二年暑假期间，特聘王弘愿先生来市说法。佛教中人如有志求学者，均得参加。并声明只学习佛法，不得涉及他事。我当时是参加者之一。次年暑假，亦复如是。我与士觐及汪彦平，并蒙传授高级教法。一九三四年王先生抱病，不能再来。一九三五年士觐逝世。精舍及藏经法器等物，概由梁季宽负责保存。时王先生病情迄未好转；一九三六年六月招我及彦平前往潮安，示以最高学理。我从此对于大乘显密各宗，均能彻底明了。为纠正佛徒对于密宗种种误解，著有《学密须知》一本行世。

一九三七年二月五日，王先生在潮安逝世。梁季宽以我所学，得力于解行精舍实多，宜为舍中诸友服务，月中讲解学理数天。我亦愿意效劳。但诸友大都一味信仰，不求理解，甚少来听。其有志研究者，不过十余人。男界如黄叔向、梁业基、金志廷，女界如伍慧宗、朱頀、刘竹问、龚卓琪，皆与我较常接近者也。是秋抗战军兴，市民渐次疏散。解行精舍遂告收束。

一九三二年以前，我家生活费，系靠两处商业股息支给；一属航业，一属盐业。后因航业结束，收回船款，将住宅芳草横街二号头座加建木楼一层，招人承租。月得房租数十元，以资弥补。国难已作，房租骤落。盐船又被征用堵塞虎门海道，盐业完全破产。幸我子寄怀嗣毕业于中山大学，出任职务，家用赖以维持。

一九三八年春，敌氛日恶，到处淫掠。我家准备迁徙，搜集积存余款数百元，作为逃难费。先发遣普兰、普静随河南佛教女友同往香港青山暂避。我与净澜及外母于秋间广州沦陷前夕，乃避往三水县。寄怀则随大队北上。我等初由河口窜三水元潭墟。未及一月，风声又紧，再避入鹿洞之蒲坑村。此村水土颇差。冬至前数日，外母病殁；冬至后乃转徙澳门。先我到澳避难者，六榕旧友有汪彦平夫妇，及朱頀、刘竹问二人。侨寓中仍以佛学相切磋。历九个月，外汇暴跌，计所携资不堪久住。探闻敌军暂放弃东江，我乃偕净澜取道香港，由淡水返惠州祖屋居住。此是一九三九年九月间事。

惠州生活较低，前此随身逃难费，所余无多，而得寄怀由曲江付款接济，尚堪度日。一九四一年敌军再袭惠州，劫掠物资西下。临行纵火焚烧民房过半。我之祖居在被烧之列。烬余之地，只我所住小室一间，及厨房二所而已。是年冬香港沦陷，敌军乘势三袭惠州。成年以上男丁，一见便杀。我当时避居较僻之乡村。事后调查，被杀约二千人。时寄怀仍在曲江教书，以我等长住惠州，危险殊甚，函请北上。并说北上之路，以取道广州较为易行。其时避难港澳之侨胞，自港陷后，逐渐遁回广州。普兰、普静亦跟随女友返居河南；亦曾与我函约，齐集广州，以便一同北上。

一九四二年二月，我偕净澜跟随水客行踪，由惠州步至石滩，转东来广州市。步行曾历三天。净澜体弱，不堪奔驰。到市后，暂在故宅休养。先后同市之佛教女友如伍慧宗、朱艧、刘竹问、龚卓琪及汪彦平之妻章雅若，时彦平已病殁皆来慰问。男友如黄叔向、梁业基、金志廷，闻我暂留广州，亦来探访。但净澜因过劳引起老病；虽间有起色，不久却仍严重。普兰、普静忙于看护，北上计划无从说起。诸友知我旅费有限，寄怀不能汇款到此间，屋租又极低下，如何过日？即由朱艧发起，按月集资赠给我等粮食，及净澜药费。困难中得此援助，友谊良厚。逾年净澜迄未获痊，竟于十二月十七日逝世。在此期间，我著《佛学起源》及《金刚经提纲》各一册。诸友来讨论佛学义理者，我则详为解答。

丧事已完，重提北上问题，却有两重困难：(1) 得到寄怀消息，谓已离开曲江，前往湘桂铁路任职，暂住衡阳，将来或迁桂林。地点距离太远；我自顾身濒老境，不复能长途跋涉。(2) 当时本市社会秩序颇乱，住宅一无人居，便遭毁拆，亦有住客因贫自拆者。为保存我宅计，不得不逗留广州。此时净澜已不在世。月费只属我及普兰、普静粮食。诸友仍酌量赠送，以资维持。在此期间，我著《心经大义》一册。诸友来问学理者，照常解答。

一九四五年九月二日，敌军签订投降书，市民大量回来。十二月寄怀亦安然返家，出任市立第一职业学校教员。薪金足以维持家用；屋租亦日有起色。我无内顾之忧，复得专心学佛。一九四六年广州佛教界就六榕寺解行精舍故址成立广东佛教会，举虚云老和尚为会长，并要推我为监察员。我无此等兴趣，一意不受。会众亦未便相强，但请我到会讲说“佛教源流”三天。以后我仍绝少出户。佛教中人有欲解决教理者，间来我家访问。我审察一般佛教徒对于佛教真相多不认识，于佛学前途有防碍。亦因佛学义理纷繁，难得要领之故。一九四七年特撰《佛教真面目》一册，以供智识分子之研究。一九四八年，更撰《法华特论》一册，以结束释迦如来一代教法大旨。从此我的精神渐逊，不能再有大规模创作；唯继续佛学实践功夫而已。一九四九年秋，广州解放。我于实践之外，亦间读当地日报，或参观新书，以扩充现代知识。适龄佛友有劳动能力者，纷纷从事生产工作，未暇学佛，少来探访。偶来见面者，大都超龄旧佛友也。

当一九四六年间，寄怀以数年所积之薪金无可安置，爰与亲戚合营鞋业。次年与扶轮学校铁路局办女教员谢丽琼订婚。一九四八年七月，行结婚礼。逾年六月，生子名溥门。所营鞋业则因铺主变卖其铺，已于是年春间收束。自此不复再营商业。秋间即遇解放。一九五〇年一月，寄怀调任省立肇庆中学校长；丽琼则改充铁路小学教员。因业务太忙，雇一保姆携带溥门，兼理室内什物。由是我家人口，自身而外，子一，媳一，女一，孙一，侄女一，保姆一，共七人。另寄居亲戚二人不在内，一家生活费，由寄怀丽琼分担之。现在寄怀改充教育厅主办之港澳学生补习学校教导主任；丽琼则充铁路中学班主任。

一九五六年四月念五日

参考文献

［1］冯达庵：《佛法要论》，北京：宗教文化出版社，2006 年。

［2］冯达庵：《达庵自传》手写稿，录自百度“唐密贴吧”。

［3］姚秦译本、冯达庵提纲：《金刚般若波罗蜜经》，出版地不详，1996 年。

［4］杨佛兴：《一乘法要》，北京：宗教文化出版社，2009 年。

［5］王弘愿著述，于瑞华主编：《密教讲习录》，北京：华夏出版社，2009 年。

［6］陈健民著述，陈相攸主编：《曲肱斋全集》，北京：中国社会科学出版社，2002 年。

［7］罗时宪：《罗时宪著作全集》（卷六），北京：中国社会科学出版社，2010 年。

［8］慧原编：《潮州市佛教志・潮州开元寺志》，潮州：开元寺，1992 年。

［9］余庆绵主编：《广州六榕寺志》，广州：六榕寺，1999 年。

［10］李仲伟、林子雄、崔志民编著：《广州寺庵碑铭集》，广州：广东人民出版社，2008 年。

［11］惠州市地方志编纂委员会编：《惠州市志》（四），北京：中华书局，2008 年。

［12］陈兵编著：《新编佛教辞典》，北京：中国世界语出版社，1994 年。

［13］张志哲主编：《中华佛教人物大辞典》，合肥：黄山书社，2006 年。

［14］《岭南文化百科全书》编辑委员会编：《岭南文化百科全书》，北京：中国大百科全书出版社，2006 年。

［15］郑群辉：《潮汕佛教研究》，广州：暨南大学出版社，2015 年。

［16］蒋维乔：《中国佛教史》，扬州：广陵书社，2008 年。

［17］赵春晨、郭华清、伍玉西：《宗教与近代广东社会》，北京：宗教文化出版社，2008 年。

［18］张曼涛主编：《密宗思想论集》（密宗专集之三，《现代佛教学术丛刊》第 73 种），北京：北京图书馆出版社，2005 年。

［19］《达庵平生》，《南方都市报》，2008 年 10 月 23 日。

［20］《海潮音》月刊：1924 年第 11 期；1928 年第 4 期；1933 年第 7 期。

［21］《圆音月刊》：第 1 期，1947 年 3 月；第 2 期，1947 年 4 月；第 3 期、第 4 期合刊，1947 年 6 月；第 5 期、第 6 期合刊，1947 年 7 月；第 7 期、第 8 期合刊，1948 年 3 月；第 9、10 期合刊，1948 年 6 月。

［22］《世灯》月刊：第 2 期，1934 年 8 月；第 3 期，1934 年 9 月；第 4 期，1934 年 10 月。

［23］《佛学半月刊》：总第 46 期，1933 年 1 月；总第 47 期，1933 年 1 月；总第 142 期，1937 年 1 月；总第 143 期，1937 年 1 月；总第 145 期，1937 年 2 月；总第 147 期，1937 年 3 月。

［24］《佛教季刊》：第一年第 1 期，1937 年。

［25］《人海灯》季刊：第 2 期，2013 年。

［26］《频伽音》不定刊：第 5 期，1934 年 1 月。

［27］《解行精舍第一次特刊》，广州解行学社，1932 年。

［28］《勷勤大学工学院半月刊》：第 2 期，1933 年 10 月 1 日。

附表一 潮汕名流与密教关系

人物	身份	与王弘愿的交往
释根慧	潮州开元寺监院	王弘愿弟子兼道友，1930 年 7 月 22 日受胎藏界“受明灌顶”；1931 年 4 月 5 日受“金刚界灌顶”
释纯密	开元寺僧，后任潮州开元寺主持	王弘愿的姻亲，早年受王弘愿鼓励而学习密宗
饶氏家族	潮州巨族	潮州巨富饶锷之子饶宗颐曾跟随王弘愿学习古文、因明、密宗。饶宗颐的表兄、表弟也都跟随王弘愿学习密法
方养秋	潮安人，当地富商，曾任“旅港潮州八邑商会”首届名誉会长	潮州刻经处董事，“震旦密教重兴会”赞助人
阮淑清	湖南岳阳人，曾任潮安县长	对王弘愿自称后学，二人有通家之好。曾帮助王补齐《藏经》
陈旭明	海阳人，曾开办善堂，创立岭东佛教支会	1924 年受“受明灌顶”。“震旦密教重兴会”赞助人
吴子寿	潮安人，号称“潮汕报坛盟主”，曾创办《大岭东日报》。历任中国同盟会潮州交通部部长，汕头自治会会长、汕头市第一届参议会议长	1924 年受“受明灌顶”，与王共同发起“震旦密教重兴会”
黄虞石	潮安人，曾掌汕头革命党统筹部编制，后任汕头市市政厅代厅长	1924 年受“受明灌顶”，与王共同发起“震旦密教重兴会”
洪兆麟	湖南宁乡县西冲山人，官至洪威将军、粤军副总指挥兼第二军军长、潮梅护军使	1924 年受“受明灌顶”，“震旦密教重兴会”赞助人
吴少荃	潮安人，曾任潮安县长	王弘愿的叔父，1924 年受“受明灌顶”，“震旦密教重兴会”赞助人
内田五郎	日本驻汕头领事馆领事	密教信徒，1924 年受“受明灌顶”，“震旦密教重兴会”赞助人

说明：上表来源于中山大学史学硕士李郑龙的论文《密宗的回传：以王弘愿为中心的考察》，载于《广东首届禅学研究大讲坛暨学术研讨会论文集汇》（该论坛由广东省社会科学联合会、中共云浮市委宣传部主办）第 304－305 页。后该文载于林有能、李尧坤主编：《六祖慧能与岭南禅宗历史文化研究文集》，香港：香港出版社，2015 年，第 429－430 页。

附表二　广州名流与密教关系

姓名	身份	与密教关系
释铁禅	广东省佛教协会会长，六榕寺主持	壬申法会发起人，将六榕寺“大梅堂”拨给解行精舍使用
赵士觐	国民党元老，曾任大元帅府财政委员会委员兼两广盐运使	王弘愿弟子，壬申法会发起人。1932 年 8 月 7 日受金刚界“受明灌顶”，后出家为僧
赵士养	赵公璧之弟，曾任大元帅府金库统计科主任	王弘愿弟子，壬申法会发起人。1932 年 8 月 7 日受金刚界“受明灌顶”
胡毅生	国民党元老，胡汉民堂弟，广东反蒋势力重要人物	王弘愿弟子，壬申法会发起人。1932 年 8 月 7 日受金刚界“受明灌顶”
胡宁瑗	同盟会元老，胡汉民七妹	密教弟子，壬申法会发起人。1932 年 7 月 18 日曾担任护摩坛赞众，8 月 9 日受金刚界“受明灌顶”
俞卓云	国民党第二十三师第二旅旅长	王弘愿弟子，壬申法会发起人。1932 年 8 月 7 日受金刚界“受明灌顶”
江孔殷	广州著名士绅	解行精舍赞助人，1932 年 8 月 3 日受结缘灌顶
谢英伯	广州报界知名人物，曾任广东省高等首席检察官	王弘愿弟子，1932 年 7 月 25 日受胎藏界“受明灌顶”，曾负责王弘愿演讲的笔录工作
胡汉民	国民党元老，广东反蒋势力精神领袖	赵士觐好友，曾为解行精舍题词：“禅密双修”，《解行精舍第一次特刊》书名亦由其书写
陈济棠	国民党要人，广东反蒋势力重要人物	1934 年 8 月为密教期刊《世灯》题词“普照大千”
唐绍仪	近代著名政治家，广东反蒋势力重要人物	1934 年 7 月为密教期刊《世灯》题词“天鼓雷音”
邓泽如	国民党元老，广东反蒋势力重要人物	1934 年 7 月为密教期刊《世灯》题词“觉眼开敷”
蒋光鼐	曾任第十九路军总指挥，广东反蒋势力重要人物	曾在 1916 年皈依释铁禅，入“大梅堂”修行佛法。1932 年受赵士觐、胡毅生之请，布施六榕寺“花塔”维修经费一万银元

（续上表）

姓名	身份	与密教关系
温丹铭	著名士绅，曾任中山大学广东通志馆纂修兼主任、中山大学硕士委员会委员等职	王弘愿好友，曾邀王为省志馆征访
罗时宪	近代唯识学宗师，曾任中山大学文学院教授	1934 年因听王弘愿演讲而对唯识，密宗生敬信心，曾受胎藏法及千手千眼观音法

说明：上表来源于中山大学史学硕士李郑龙的论文《密宗的回传：以王弘愿为中心的考察》，载于《广东首届禅学研究大讲坛暨学术研讨会论文集汇》（该论坛由广东省社会科学联合会、中共云浮市委宣传部主办）第 306－308 页。后该文载于林有能、李尧坤主编：《六祖慧能与岭南禅宗历史文化研究文集》，香港：香港出版社，2015 年，第 431 页。

《潮汕文库》大型丛书第一辑书目

系列名	书名	作者
潮汕文库·研究系列（第一辑）	潮汕史简编	黄挺著
	潮汕方言歌谣研究	林朝虹、林伦伦著
	潮汕华侨史	李宏新著
	选堂诗词集通注	饶宗颐著，梅大圣注
	饶宗颐辞赋骈文笺注	饶宗颐著，陈伟注
	饶宗颐绝句选注	饶宗颐著，陈伟注
	汕头影踪	陈嘉顺著
	汕头埠老报馆	曾旭波著
	潮人旧书	黄树雄著
潮汕文库·文献系列（第一辑）	潮州耆旧集	（清）冯奉初辑，吴二持点校
	郭子章涉潮诗文辑录	（明）郭子章撰，周修东辑校
	潮汕女性口述历史：潮州歌册	刘文菊、陈俊华、李坚诚、吴榕青、刘秋梅编著
	人隐庐集	（清）吴汝霖、吴沛霖撰，吴晓峰辑校
	做“缶”与卖“缶”：近现代枫溪潮州窑陶瓷业访谈录	韩山师范学院图书馆、颐陶轩潮州窑博物馆主编，李炳炎、陈俊华、陈秀娜编
	瞻六堂集	（明）罗万杰撰，黄树雄、王缨缨、林小山整理
	四如堂诗集	（清）陈锦汉著，陈伟导读
	醉经楼集	（明）唐伯元撰，黄树雄、王缨缨、陈佳瑜整理
	百怀诗集　龙泉岩游集	（清）陈龙庆撰，陈琳藩整理
	重刻灵山正宏集	（清）释本果撰，郭思恩、陈琳藩整理
	立雪山房文集	（清）黄蟾桂撰，陈景熙、陈孝彻整理
	汕头福音医院年度报告编译（1866—1948）	（英）吴威凛（William Gauld）等著，朱文平编译